FÜR MICH

Rezepte und Verwöhnideen für Körper, Geist und Seele

Amber Rose wuchs in Neuseeland mit den alten Obst- und Gemüsesorten im ökologischen Permakulturgarten ihrer Mutter auf. Sie arbeitet als Foodstylistin und kocht regelmäßig für und bei Prominenten (z. B. Gwyneth Paltrow und Kate Hudson). In der Küche legt Amber großen Wert auf naturbelassene, traditionelle Kost aus Zutaten mit hoher Nährwertdichte und lässt sich von den Jahreszeiten inspirieren. Ihr erstes Buch war der internationale Bestseller *Natürlich Backen mit Amber Rose*.

Sadie Frost lebt mit ihren vier Kindern in London. Neben ihrer Arbeit als Schauspielerin und als Designerin für ihre Marke *frostfrench* (mit den Labels *Floozie* und *Iris and Edie*) engagiert sich Sadie für ihre Filmfirma *Blonde to Black Pictures*, die jüngst zwei Spielfilme produziert hat und viele weitere folgen lassen will. Daneben hat Sadie ihren Master in Filmwissenschaften bei *Raindance*, einem Partnerinstitut der Staffordshire University, abgeschlossen. Immer schon war sie an Gesundheit und Fitness interessiert, und so beschäftigt sie sich seit fast 20 Jahren mit Yoga, Meditation und Ernährung. Sie sagt selbst, dass sie erst dadurch gelernt habe, eine gewisse Gelassenheit und mentale Ausgeglichenheit zu erreichen.

Holly Davidson wuchs im ländlichen England auf und entwickelte schon früh einen aktiven Lebensstil. In den letzten zehn Jahren hat sie sich in abwechslungsreichen Rollen als Film- und Fernsehdarstellerin etabliert, arbeitet mittlerweile aber auch als Personal Trainer und Fitnesslehrerin. Zu ihren Kunden zählen zahlreiche Prominente. Bekannt für ihre Begeisterung und Motivationsfähigkeit, beherrscht Holly eine ganze Reihe von Techniken (z. B. Kickboxen, Pilates, Kettlebells, TRX-Training oder Rückbildungsgymnastik) und hält Kurse zur Ernährungs- und Lebensumstellung. Sie lebt und arbeitet in London.

Amber
Für meinen wunderbaren, inspirierenden Sohn, für all die tollen,
starken Frauen in meinem Leben und für alle Alleinerziehenden
dieser Welt – ihr seid alle Helden.

Sadie
Für Fin, Raff, Iris und Rudy, meine kleinen Schätzchen. Und für
meine Mutter Mary Davidson und meine Großmutter Betty Nolan –
die fürsorglichsten Frauen, die ich kenne.

Holly
Für meine wundervollen Eltern. Danke, dass ihr immer an mich
geglaubt habt. Ich hätte es nicht besser treffen können.

FÜR MICH

*Rezepte und Verwöhnideen für
Körper, Geist und Seele*

Amber Rose, Sadie Frost & Holly Davidson

Fotografien von David Loftus

CALLWEY

Die Originalausgabe erschien 2014 unter dem Titel
Nourish bei Kyle Books, ein Imprint von Kyle Cathie
Limited,
192-198 Vauxhall Bridge Road,
London SW1V 1DX
general.enquiries@kylebooks.com
www.kylebooks.com

Text © Amber Rose, Sadie Frost & Holly Davidson 2014
Fotografie © David Loftus 2014
Design © Kyle Books 2014

Koordination Autoren: Amber Rose
Redaktion: Stephanie Evans
Assistenz: Tara O'Sullivan
Design: BuroCreative
Fotografie: David Loftus
Food- & Sportstyling: Amber Rose
Stylistin: Fabiola De Freitas
Produktion: Gemma John & Nic Jones

© 2015 der deutschen Ausgabe
Verlag Georg D.W. Callwey GmbH & Co. KG
Streitfeldstraße 35
D-81673 München

callwey.de
buch@callwey.de

Die Deutsche Nationalbibliothek verzeichnet diese Pu-
blikation in der Deutschen Nationalbibliografie; detail-
lierte bibliografische Daten sind im Internet über http://
dnb.d-nb.de abrufbar.

ISBN 978-3-7667-2134-1

Die Informationen und Ratschläge in diesem Buch sind
allgemein gehalten. Weder die Autoren noch die Heraus-
geber haften für Schadensfälle bei fehlerhafter Anwendung von Heilmitteln oder falscher Ausführung von
Trainingsvorschlägen. Stellen Sie keine Selbstdiagnose
und führen Sie keine Eigenbehandlung durch, sondern
suchen Sie einen Arzt auf. Mit einem Trainingsprogramm
oder einer Heilbehandlung sollte nicht begonnen werden,
wenn Sie Medikamente einnehmen oder eine Therapie
durchführen. Fragen Sie in diesem Fall Ihren Arzt. Auch
bei langanhaltenden Symptomen suchen Sie bitte einen
Arzt auf.

Für die deutsche Ausgabe:
Übersetzung aus dem Englischen: Lisa Voges, Köln
Lektorat: Lara Tunnat, Braunschweig
Satz und Projektkoordination: bookwise GmbH,
München
Umschlag: Heike Wagner unter Vorlage der Original-
ausgabe

Achtung: Personen, für die eine Salmonelleninfektion ein
besonderes Risiko darstellt (Ältere, Schwangere, kleine
Kinder und Menschen mit einer Immunerkrankung), sollten möglichst keine rohen Eier oder Speisen, die rohes Ei
enthalten, konsumieren.

Colour reproduction by ALTA London
Printed and bound in China by C&C Offset
Printing Co., Ltd

INHALT

EINFÜHRUNG

In diesem Buch geht es um Gesundheit und Nahrung für Körper, Geist und Seele.

Wir sind drei Frauen, drei Freundinnen, drei Menschen, deren große Leidenschaft Ernährung, Gesundheit und Sport ist. Auf die eine oder andere Weise waren wir alle schon mit gesundheitlichen Problemen und emotionalen Krisen konfrontiert. In diesem Buch haben wir Tipps und Tricks, Lösungen und Antworten zusammengestellt, die uns geholfen haben, unseren Körper wieder in Form zu bringen, nach einer Krankheit wieder auf die Beine zu kommen, trotz Arbeits- und Familienstress gelassen zu bleiben, einfach positiv zu denken und letzten Endes Spaß am Leben zu haben.

Mit diesem Buch wollen wir Informationen an Frauen, Familien und Generationen weitergeben. Es geht um Lebenserfahrung und Fürsorge, um Gemeinschaft und Zusammenhalt, darum, einander zu unterstützen, damit wir ein möglichst gutes, glückliches Leben führen können, immer im Wissen, dass wir ein paar Tricks und Methoden auf Lager haben, um Hindernisse zu beseitigen und unseren Weg weiterzugehen.

Dieses Buch ist in drei Hauptkapitel unterteilt: Ernährung, Geist und Körper. Amber Rose verrät Ihnen mit ihren Rezepten, wie Sie jeden Tag etwas für mehr Gesundheit und Glück tun können. Die saisonalen Gerichte besitzen eine hohe Nährwertdichte,

stärken den Körper, unterstützen das Immunsystem und fördern eine gesunde Verdauung. Es sind erprobte Rezepte, mit denen Amber Familie und Freunde verwöhnt, ob bei einem Essen unter der Woche, beim gemütlichen Wochenend-Brunch oder bei einer großen Feier. Egal, für welche Gelegenheit, es gibt immer Möglichkeiten, gesund und lecker zu kochen.

In Sadie Frosts Kapitel finden Sie tolle Beautyrezepte und -anwendungen für zu Hause, um müde Haut zu erfrischen, neuen Glanz ins Haar zu bringen oder sich nach einer anstrengenden Arbeitswoche zu verwöhnen. Sadie zeigt Ihnen außerdem wertvolle und hilfreiche Meditations-, Yoga- und Entspannungsübungen für mehr innere Ruhe und Gelassenheit.

Holly Davidson schließlich hat ein paar tolle Übungseinheiten zur Stärkung und Kräftigung für Sie zusammengestellt. Lassen Sie sich von Hollys Begeisterung anstecken und inspirieren. Die Übungen sind leicht umzusetzen – mit erstaunlichen Ergebnissen. In diesem Buch, so hoffen wir, finden Sie Anleitung, Information und Motivation, die Sie auf Ihrem Weg unterstützen – so wie sie uns geholfen haben. Viel Spaß!

Herzlichst
Amber, Sadie & Holly

SUPERFOOD

Amber

Meine Kindheit war sehr unbeschwert. Ich pflückte Wiesenblumen und sammelte wilde Früchte, Beeren und andere Schätze. Für die dickste Brombeere ganz oben am stacheligsten Strauch nahm ich bereitwillig ein schmutziges oder zerrissenes Kleid in Kauf. Gekocht und gegessen wurde, was der Garten meiner Mutter hergab. Mindestens genauso schön wie die gemeinsamen Mahlzeiten fand ich das Pflücken, Sammeln und Vorbereiten der Zutaten. Das, was wir ernten und zubereiten, nährt uns und unsere Lieben.

Essen ist ein integraler Bestandteil des Lebens, unserer Familien und aller größeren Gemeinschaften. Es kann bestimmen, wer wir sind, wie wir uns zueinander verhalten und wie wir uns fühlen. Ich finde es toll, wie Essen Menschen zusammenbringen kann. Gemeinschaft war schon immer wichtig für mich. Ich fühle mich den Menschen um mich herum, den Menschen, die ich liebe, verbunden, und eine Art, wie ich das ausdrücke, ist durch Essen. Essen kann Wärme und Trost spenden, kann erdig und rustikal sein – genau das, was wir in den kalten Wintermonaten brauchen, wenn die Tage kurz sind und wir Stärkung und Behaglichkeit brauchen. Oder es kann in den wärmeren Frühlings- und Sommermonaten leicht, fein und erfrischend, stärkend oder reinigend sein.

Essen ist ein integraler Bestandteil des Lebens, unserer Familien und aller größeren Gemeinschaften. Es kann bestimmen, wer wir sind, wie wir uns zueinander verhalten und wie wir uns fühlen.

Was wir essen, bestimmt in großem Maß, wie wir uns in unserer Haut fühlen. Das wird nur allzu schnell vergessen. Meine Art zu kochen und zu backen ist eng mit den Zutaten verknüpft und richtet sich nach bewährten Ernährungsformen mit nährstoffreichen Produkten, gesunden Fettsäuren aus schonendem Anbau. So kochte meine Mutter für mich, und so koche auch ich für mich und meine Familie. Nahrhafte Mahlzeiten zuzubereiten ist eine ernste Angelegenheit, was aber nicht heißt, dass es nicht auch einfach und vergnüglich sein kann – ein Genuss und eine Freude, die man mit anderen teilt.

Ich hatte nie eine professionelle Kochausbildung. Ich bin Autodidaktin, aber mit einer großen Leidenschaft und Begeisterung für gutes Essen. Die habe ich von meiner Mutter geerbt, die einen der wunderbarsten Gärten Neuseelands mit über 800 alten Gemüse- und Obstsorten hat, und von meinem Vater, der Koch war. Unser Vorratsschrank war der Garten meiner Mutter, eine Freiluftspeisekammer, wenn Sie so wollen. Als ich Kind war, kam das auf den Tisch, was der Gemüsegarten meiner Mutter hergab. Daran hat sich über die Jahre nicht viel geändert: Meine Küche hat einen stark jahreszeitlich geprägten, flexiblen Ansatz; mein Kochstil ist sehr einfach und bedient sich vieler frischer Kräuter. Was ich meinem Sohn zu essen gebe, esse ich auch selbst. Er ist ein begeisterter Esser, und das liegt nicht

zuletzt daran, so glaube ich, dass wir unsere Mahlzeiten zusammen einnehmen und diese gemeinsamen Momente genießen. Schon ganz früh aß er kleine Bissen Salat von meinem Teller und probierte immer wieder Neues, weil er sah, wie es mir schmeckte. Mahlzeiten sollten gemeinsam eingenommen werden und Spaß machen. So lernen Kinder, Essen zu schätzen und zu verstehen.

Die Inspiration für dieses Buch gründet in meinem Verständnis von Familie, Gemeinschaft, Freundschaft, Teilen, Lieben, Lernen und Wachsen. Ich finde es wunderbar, dass sich drei Freundinnen zusammengefunden haben, um weiterzugeben, was sie auf verschiedenen Lebenswegen gelernt und erfahren haben, um sich und Frauen überall auf der Welt dabei zu helfen, uns selbst und unsere Familien zu unterstützen.

Ich bin alleinerziehende Mutter und verdanke es meinem Freundeskreis, dass ich da bin, wo ich heute stehe. Durch dieses Buch möchte ich mit Ihnen teilen, was ich auf meinem Weg gelernt habe – von dieser unbeschwerten Kindheit bis hin zur Unterstützung von Frauen als Geburtsbegleiterin und als Mutter, Freundin und jemand, die es liebt, ihr Wissen und ihre Erfahrung an alle weiterzugeben, die daran interessiert sind.

Herzlichst
Amber

SMOOTHIES

&

GETRÄNKE

Hier finden Sie nicht nur Säfte und Smoothies, die eine tolle Art sind, den Tag zu beginnen, sondern auch meine allerliebste heiße Schokolade, die so lecker ist, dass man es kaum glauben mag, und dabei auch noch gesund!

Einen Smoothie trinke ich oft unter der Woche morgens zum Frühstück, wenn ich es eilig habe und es hektisch wird. Unter der Woche passt einfach manchmal kein großes Frühstück in meinen Plan. Säfte und Smoothies sind reinigend und nahrhaft, so erhält man alle Nährstoffe und ausreichend Energie, die man morgens braucht – ohne das schwere Gefühl im Magen nach einem großen Frühstück. Verstehen Sie mich nicht falsch, ich liebe es, ausgiebig zu frühstücken. Ich spare mir das fürs Wochenende auf, da ist es dann eine entspannte Angelegenheit.

In meiner Kindheit bin ich oft durch den Garten meiner Mutter gelaufen und habe Kräuter und Blüten gesammelt. Ich habe immer lieber Tee aus frischen Kräutern getrunken als aus getrockneten. Frischer Kräutertee ist so einfach zuzubereiten, und wenn Sie selbst Kräuter im Garten oder auch getrocknete Kräuter haben, können Sie nach Lust und Laune eigene Mischungen ausprobieren. Ich gebe z. B. gerne Zitrone oder Limette in meinen frischen Kräutertee. Außerdem schmecken frische Kräutertees viel besser als alles, was Sie in Beuteln kaufen können, und sind trotzdem schnell und einfach zubereitet.

Dann sind da natürlich die Momente, in denen es nichts Besseres gibt als eine perfekt gebrühte Tasse schwarzen Tee; ich selbst liebe nichts mehr als einen wunderbaren Earl Grey mit etwas Milch oder selbst gemachter Mandelmilch und ein bisschen Honig. Perfekt!

Die zwei größten Vorteile selbst zubereiteter Säfte und Smoothies sind, dass sie erstens viel besser schmecken als alles, was es zu kaufen gibt, und zweitens frisch aus ganzen Früchten zubereitet und weder abgefüllt noch pasteurisiert sind wie quasi alle Säfte und Smoothies, die in den Handel kommen. Durch die Pasteurisierung werden alle nützlichen Enzyme, die die Verwertung der tollen Inhaltsstoffe von Obst und Gemüse unterstützen, abgetötet. Wenn Sie also einen Saft oder Smoothie kaufen, ist es meist nur flüssiger Zucker – es sei denn, er ist kalt gepresst, unpasteurisiert und ganz frisch.

Gibt man etwas Kefir oder vollfette Kokosmilch in den Smoothie, gelangen ein paar gute Fette ins Getränk, die Mikronährstoffe für den Körper besser verwertbar machen. Wenn ich einen Saft frisch zubereite, gebe ich immer einen Schuss gutes Saaten- oder Nussöl oder sogar etwas Lebertran dazu. Man bekommt Letzteren auch ohne Fischgeschmack und trotzdem mit reichlich essenziellen Fettsäuren. Es gibt gute Gründe, seine eigenen Getränke zuzubereiten. Sie schmecken nicht nur superlecker, sondern sind auch nahrhaft und gut für Ihren Körper.

KÖSTLICHER GRÜNER SMOOTHIE

Das ist mein absoluter Lieblingssmoothie, quasi die Quintessenz aus grünem Gemüse.

1 kleine Banane, in Scheiben geschnitten und eine Weile tiefgekühlt
1 Handvoll Spinat- oder Grünkohlblätter, gewaschen und abgetropft
1 TL Ihres bevorzugten Graspulvers (z. B. Weizen-, Gersten- oder Dinkelgraspulver)
1 TL natives Kokosöl (Bioladen)
1 TL Fischöl oder Ihr bevorzugtes Omega-Öl
1 TL Roh-Honig oder Biohonig
300 ml gefiltertes Wasser, Mandelmilch (siehe Seite 119) oder Kokoswasser

Alle Zutaten in den Mixer geben und glatt pürieren.

TOLLER BEEREN-KEFIR-SMOOTHIE

Kefir steckt voller probiotischer Stoffe und Enzyme und hat einen feinsäuerlichen Geschmack, der perfekt durch die roten Beeren ergänzt wird. Kefir fördert die Verdauung und unterstützt das Immunsystem. Ein toller Smoothie für Groß und Klein.

250 ml Kefir
1 EL Roh-Honig oder Biohonig
1 TL natives Kokosöl (Bioladen)
½ große Banane, in Scheiben geschnitten und eine Weile tiefgekühlt
1 Handvoll rote Beeren (Erdbeeren, Himbeeren, Johannisbeeren), eine Weile tiefgekühlt
1 gehäufter EL getrocknete Gojibeeren, über Nacht in gefiltertem Wasser eingeweicht und abgetropft

Alle Zutaten in den Mixer geben und 2 Minuten glatt pürieren.

Trinken und genießen.

Rote Beeren enthalten viele Antioxidantien.

BROMBEER-SCHOKO-SMOOTHIE MIT ROSENWASSER

Ein leckeres Getränk für Kinder und Erwachsene. Für Kinder sollten Sie das Rosenwasser weglassen, es ist eher ein Aroma für Erwachsene. Wer es wie ich zu schätzen weiß, findet es aber umso leckerer!

1 große Banane, geschält
1 große Handvoll Brombeeren oder Beerenmix (Tiefkühlware)
1 TL natives Kokosöl (Bioladen)
1 TL Roh-Honig oder Biohonig
1 TL Rosenwasser (Apotheke)
2 TL Roh-Kakaopulver (Internethandel)
250 ml Mandelmilch (siehe Seite 119)
½ TL Kakaosplitter (Internethandel; nach Belieben)

Alle Zutaten bis auf die Kakaosplitter in den Mixer geben und 2 Minuten glatt pürieren.

In ein Glas füllen und nach Belieben mit den Kakaosplittern bestreuen.

BANANEN-MANDEL-SMOOTHIE

mit Zimt

Ein ganz fantastischer Smoothie! Ein paar Bananen habe ich immer im Gefrierfach, und Zimt steht ja in fast jedem Gewürzregal. Dann ist dieser Smoothie, auf den Große wie Kleine stehen, auch ganz schnell zubereitet. Zimt ist übrigens ein gutes Mittel gegen Heißhunger auf Süßes und passt super zur Banane.

1 große Banane, in Scheiben geschnitten und eine
  Weile tiefgekühlt
300 ml Mandelmilch (siehe Seite 119)
1 gehäufter TL Mandelmus (Bioladen)
1 TL natives Kokosöl (Bioladen)
¼ TL Zimt
½ TL Roh-Honig oder Biohonig

Zum Garnieren
Zimtpulver
**1 Handvoll eingeweichte Mandeln, abgetropft und
  grob gehackt (nach Belieben)**

Alle Zutaten in den Mixer geben und glatt pürieren.
In ein Glas füllen, mit etwas Zimt bestäuben und nach
Belieben mit den Mandeln bestreuen.

GRÜNER MORGEN-SMOOTHIE

mit Extraprotein

*Protein ist ein wichtiger Bestandteil der Ernährung.
Nüsse sind eine wirklich gute Quelle dafür, insbesondere
für Vegetarier und Veganer.*

1 kleine Handvoll eingeweichte Mandeln oder
  Cashewkerne, abgetropft
1 EL Mandelmus (Bioladen)
2 Medjool-Datteln, entsteint
4 Grünkohlblätter, von der Mittelrippe befreit und
  gehackt
1 TL Ihres bevorzugten Graspulvers (z. B. Weizen-,
  Gersten- oder Dinkelgraspulver)
250 ml Kefir oder ungesüßte Mandelmilch (siehe
  Seite 119)
1 große Handvoll Eiswürfel

Alle Zutaten in den Mixer geben und 2 Minuten glatt
pürieren. Für eine dünnere Konsistenz etwas mehr
Kefir, Mandelmilch oder Wasser zugeben.

ROTE-BETE-KWASS

Rote Bete enthält viele wertvolle Nährstoffe, deshalb ist dieser Kwass auch ein echtes Gesundheitselixier. Das aus fermentierten Roten Beten hergestellte günstige Tonikum hat einen wunderbar erdigen, leicht säuerlichen Geschmack. Ein kleines Glas am Morgen und Abend wirkt blutverdünnend und verdauungsfördernd, macht den Körper basisch, reinigt die Leber und ist eine gute Behandlung für Nierensteine und andere Zipperlein. Vor dem ersten Probieren war ich zugegebenermaßen skeptisch, aber ich stehe nun mal auf Rote Bete, und mittlerweile liebe ich diesen Kwass. Man könnte fast sagen, dass ich süchtig danach bin.

Für 1 Einmachglas (2,5 l)
2–4 Rote Beten (je nach Größe)
50 ml Molke (siehe Tipp)
1 EL Meer- oder Himalajasalz (kein Tafelsalz)
gefiltertes Wasser (kein Leitungswasser – eventuelle Zusätze könnten die Fermentierung behindern)

Kwass hat medizinische Eigenschaften und wirkt sich positiv auf die Verdauung aus.

Die Roten Beten schälen und in etwa 2 Zentimeter große Würfel schneiden.

Die Bete-Würfel in ein sterilisiertes Einmachglas (2,5 Liter) geben. Molke und Salz zufügen und mit Wasser auffüllen. Mit einem sauberen Küchentuch abdecken und 2 Tage stehen lassen. Fest verschließen und den Kwass im Kühlschrank aufbewahren.

Morgens und abends 1 Glas (etwa 80 Milliliter) trinken. Wenn der Kwass aufgebraucht ist, können Sie die Bete-Würfel als milchsauer eingelegtes Gemüse essen. Der Rote-Bete-Kwass ist im Kühlschrank mehrere Monate haltbar (aber bis dahin haben Sie ihn vermutlich längst weggetrunken).

Tipp:
Zur Herstellung von Molke einfach 350 Gramm Naturjoghurt (3,5 % Fett) in ein Käsetuch geben, zuschnüren und über einer Schüssel aufhängen. (Ich stelle die Schüssel ins Spülbecken und binde das Joghurtsäckchen am Wasserhahn fest.) Die Molke tropft dann in die Schüssel. Durch Zugabe von Molke wird unerwünschtes Bakterienwachstum während der Milchsäuregärung unterbunden. Der abgetropfte Joghurt kann wie Frischkäse verwendet werden.

BLUTORANGEN-GRANATAPFEL-GRAPEFRUIT-SAFT

Dieser leuchtend rote Saft steckt voller gesunder Anthocyane. Das sind wirkungsvolle Antioxidantien, die für die rote bzw. rosa Färbung von Blutorangen, Grapefruits und Granatäpfeln verantwortlich sind. Ein besonderes Getränk, wenn Blutorangen gerade Saison haben.

4 Blutorangen, geschält und geviertelt
Kerne von 1 Granatapfel
½ pinke Grapefruit, geschält und halbiert
¼ Zitrone, geschält

Die Früchte in einen Entsafter geben und den Saft auspressen. Sofort servieren.

GRÜNER SAFT

Dieser Gemüsesaft ist nährstoffreich, reinigend und köstlich! Die Minze hebt die Aromen hervor und sorgt für einen Frischekick.

1 grüner Apfel, geschält und in Stücke geschnitten
½ Gurke, geschält und in Stücke geschnitten
½ Fenchelknolle, in Stücke geschnitten
1 Handvoll Grünkohlblätter, gewaschen
1 Kiwi, geschält
3 Stängel Minze, gewaschen
3 Stängel Petersilie, gewaschen
¼ Zitrone, geschält
1 Stück Ingwerwurzel (1 cm), geschält

Alle Zutaten in einen Entsafter geben und den Saft auspressen. Sofort servieren.

ABC-SAFT

mit Ingwer & Kurkuma

Ich trinke gerne einen Saft vor 10 Uhr morgens, wenn der Entgiftungsprozess des Körpers auf Hochtouren läuft. Säfte wirken auf den Organismus in erster Linie reinigend und erfrischend und liefern viele Enzyme und immunstärkende Vitalstoffe. Bekommen Sie keine frische Kurkuma, nehmen Sie 1 Prise gemahlene Kurkuma.

1 Apfel, geschält und in Stücke geschnitten
1 Rote Bete, geschält und in Stücke geschnitten
6 Karotten, geschält und in Stücke geschnitten
1 Stück frische Ingwerwurzel (1 cm), geschält
1 Stück Kurkuma (1 cm; siehe oben), geschält
¼ Zitrone, geschält
1 TL Ihres bevorzugten Omega- oder Fischöls
frisch gemahlener Pfeffer

Alle Zutaten außer Öl und Pfeffer in einen Entsafter geben und den Saft auspressen. In ein Glas füllen, mit dem Öl verrühren und mit etwas Pfeffer würzen. Sofort servieren.

INGWERTEE

mit Honig

Der einfachste Tee überhaupt, aber
so gut und leicht. Er wirkt basisch
und kann den ganzen Tag über
getrunken werden.

**1 Stück frische Ingwerwurzel
 (1 cm), geschält und in Scheiben
 geschnitten**
1 TL Roh-Honig oder Biohonig

200 Milliliter Wasser zum Kochen
bringen und in eine Teetasse oder
einen Becher füllen. Den Ingwer
zugeben und 1–2 Minuten ziehen
lassen, dann Honig unterrühren.

BASISCHER
APFELESSIG-TEE

mit Honig

Ein toller Tee, um gut in den Tag zu
starten. Er macht den Körper basisch
und kurbelt die Leberfunktion an.

**1 TL unpasteurisierter
 naturtrüber Apfelessig
 (Bioladen)**
1 TL Roh-Honig oder Biohonig

200 Milliliter Wasser zum Kochen bringen, in eine Teetasse
oder einen Becher füllen und
1–2 Minuten abkühlen lassen.
(Durch das kurze Abkühlen
bleiben die gesundheitsfördern-
den Eigenschaften von Essig und
Honig erhalten.) Essig und Honig
unterrühren. Vor dem Trinken
nochmals umrühren.

MINZE-
ORANGEN-
BLÜTEN-TEE

Minze und Orangenblüten wirken
belebend – das sorgt für gute Laune
und ein Lächeln auf den Lippen.
Der Tee hat eine reinigende Wirkung
und schmeckt dazu noch köstlich.

**6 frische oder getrocknete
 Minzeblätter**
**6 frische oder getrocknete
 Orangenblüten**
Honig zum Süßen (nach Belieben)

Minze und Orangenblüten in eine
Teekanne geben und mit 1 Liter
kochendem Wasser übergießen.

Den Tee 6–7 Minuten ziehen lassen.
Nach Belieben mit Honig süßen
(mir schmeckt er ohne besser).

Superleckere

HEISSE SCHOKOLADE

*Diese phänomenale heiße Schokolade schmeckt, wie eine heiße Schokolade
schmecken soll, hat aber nichts mit den üblichen zuckerlastigen
Getränken gemein. Sie enthält Kakao, der voller Gute-Laune-Stoffe und nützlicher
Antioxidantien steckt. Sie liefert gesunde Fette, die gut für die Hirnaktivität sind und
Energie bereitstellen, ohne auf den Hüften anzusetzen. Sie ist natürlich gesüßt
und vor allem ein herrliches, wohlig-wärmendes Getränk an einem kalten,
verregneten Tag, wenn man sich einfach nur an einem gemütlichen Plätzchen
in eine Decke kuscheln möchte.*

**1 kleine Handvoll Cashewkerne, einige Stunden oder
über Nacht in gefiltertem Wasser eingeweicht**
400 ml vollfette Kokosmilch
1½ EL Roh-Kakaopulver (Internethandel)
**1 EL Roh-Honig, Biohonig oder nativer Dattelsirup
(siehe Seite 119; mehr nach Geschmack)**

Zum Aromatisieren (nach Belieben):
1 Prise Zimt
¼ TL abgeriebene Bioorangenschale
oder
¼ TL gemahlene Vanille
oder
je 1 Prise Chiliflocken und Zimt

Die Cashewkerne abtropfen lassen und abspülen.

Alle Zutaten, nach Belieben auch die zum Aromatisieren, in den Mixer geben und glatt pürieren.

Die Mischung in einen Topf füllen und sanft erhitzen, bis die gewünschte Temperatur erreicht ist. Probieren und nach Belieben mehr Honig oder Sirup zufügen.

GURKENWASSER MIT MINZE, LIMETTE & KIWI

Dies ist eine reinigende, erfrischende Art, Ihren Flüssigkeitsbedarf in den heißen Sommermonaten zu stillen. Sie können das Gurkenwasser am Vorabend für den nächsten Morgen zubereiten. Für zusätzliche Frische geben Sie einige Eiswürfel hinein.

½ **Gurke, gewaschen und in Scheiben geschnitten**
6 **Stängel frische Minze, gewaschen**
3 **Biolimetten, heiß abgespült und in Scheiben geschnitten**
2 **Kiwis, geschält und in Scheiben geschnitten**
2 l **Mineralwasser (still oder mit Kohlensäure) oder gefiltertes Wasser**

Alle Zutaten in einen großen Krug geben und an einem kühlen Ort oder im Kühlschrank mindestens 30 Minuten ziehen lassen.

SOMMERBEEREN-WASSER
mit Zitrone & Rosenblättern

Wasser mit dem Duft von Rosen und Erdbeeren und dem Geschmack von erfrischenden Zitronen! Zitronen und Beeren sorgen außerdem für eine reinigende Wirkung. Das Beerenwasser sollte noch am selben Tag getrunken werden. Wenn ich richtig durstig bin oder Gäste habe, fülle ich den Krug im Laufe des Tages immer wieder mit frischem Wasser auf. Damit es kühl bleibt, gebe ich Eiswürfel dazu.

300 g **gemischte rote Beeren (Erdbeeren und Himbeeren)**
2 **Biozitronen, heiß abgespült und in Scheiben geschnitten**
2 **große unbehandelte Rosenblüten, Blütenblätter abgezupft**
2 l **Mineralwasser (mit oder ohne Kohlensäure) oder gefiltertes Wasser**

Alle Zutaten in einen großen Krug geben und an einem kühlen Ort oder im Kühlschrank mindestens 30 Minuten ziehen lassen (oder am Vorabend zubereiten, damit Sie das Wasser gleich am Morgen genießen können).

FRÜHSTÜCK

Manchmal ist das Frühstück das Highlight meines Tages; ich bin ein echter Frühstücksfan und liebe alles daran, von der Zubereitung des eigenen Knuspermüslis über Pfannkuchen bis hin zu den klassischen gebratenen Zutaten – ja, das gibt es auch gesund! Auch mein Sohn frühstückt gern. Unter der Woche versuche ich, vorbereitet zu sein und ein frisches Fruchtkompott im Kühlschrank zu haben, das ich morgens in einen Haferbrei oder mit Joghurt und Müsli mischen kann. Egal, ob fürs schnelle Wochentagsfrühstück oder den entspannten Start ins Wochenende – es gibt viele gute Gründe, sich etwas Schönes, saisonal Frisches und Nährstoffreiches zuzubereiten. In diesem Kapitel finden Sie, so hoffe ich, reichlich Inspiration und viele neue Ideen zum Ausprobieren.

OMELETT MIT ZITRONE & MOHN

Wie wär's mit einem süßen, erfrischenden Start in den Tag? Die feinsäuerliche Zitrone macht wach und hebt die Stimmung; Mohn sorgt für den gewissen Knuspereffekt. Und was könnte besser sein als Ahornsirup und Beeren? Das Omelett ist glutenfrei und enthält viele essenzielle Fettsäuren, die Ihr Gehirn für einen geschäftigen Arbeitstag braucht. Wenn Sie Milchprodukte vermeiden wollen, verwenden Sie Soja- oder Reisjoghurt, der nicht nur gesund, sondern auch unheimlich lecker ist.

Für 1 Person
2 Eier (Freilandhaltung)
1 Prise gutes Salz
1 ordentlicher TL Ahornsirup und Ahornsirup zum Beträufeln
abgeriebene Schale von ¼ Biozitrone
1 TL Mohnsamen
1 TL Kokosöl (Bioladen)

Zum Servieren
1 ordentlicher Klecks Ihres Lieblingsjoghurts
1 kleine Handvoll Blaubeeren

Eine kleine Pfanne bei mittlerer Hitze erwärmen. Die Eier in einer Schüssel luftig-locker aufschlagen (je schaumiger die Masse, desto lockerer wird das Omelett). Salz, Sirup, Zitronenschale und die Hälfte des Mohns unterrühren.

Das Kokosöl in der heißen Pfanne zerlassen und mit einem hölzernen Pfannenwender in der ganzen Pfanne verteilen. Die Eimischung hineingießen. Das gestockte Ei mit dem Pfannenwender vorsichtig von außen nach innen schieben und das noch flüssige Ei durch Schwenken der Pfanne in die Lücken laufen lassen. Fortfahren, bis die ganze Masse gestockt ist. Das Omelett wenden und von der anderen Seite etwa 30 Sekunden backen.

Das Omelett auf einen Teller gleiten lassen, mit Joghurt und Blaubeeren garnieren, mit Ahornsirup beträufeln und mit dem restlichen Mohn bestreuen. Anschließend sofort servieren.

KLEINE KOKOSPFANNKUCHEN
MIT BANANE

Ich liebe Pfannkuchen – wer tut das nicht? Diese kleinen Exemplare schmecken großartig mit frischem Obst und Joghurt zum Frühstück oder Brunch, aber auch mit Konfitüre und Schlagsahne als Dessert. Hört sich ungesund an, muss es aber nicht sein: Wenn Sie Schlagsahne durch aufgeschlagene, mit Honig gesüßte Kokoscreme (siehe Seite 118) ersetzen und eine kalt gerührte, zuckerfreie Konfitüre verwenden, ist alles gut, und Sie servieren ein absolutes Verwöhnprogramm.

Für 2–3 Personen
2 reife Bananen, in Stücke geschnitten
4 Eier
2 EL Honig
70 g Kokosraspel
100 g Mandelmehl (Bioladen)
½ TL glutenfreies Backpulver
Ghee oder Kokosöl (Bioladen) zum Backen

Zum Servieren
einige Löffel Ihres Lieblingsjoghurts
1 Handvoll Ihres saisonalen Lieblingsobsts
geröstete Kokoschips oder Kakaosplitter
   (Internethandel)

Bananen, Eier und Honig in den Mixer geben und pürieren, bis die Masse luftig-locker ist, oder in einer Schüssel mit dem Stabmixer pürieren. Kokosraspel, Mandelmehl und Backpulver unterrühren.

Ganz wenig Ghee bei schwacher bis mittlerer Hitze in einer Pfanne zerlassen. Gut esslöffelgroße Teigportionen in die Pfanne geben (zu große Pfannkuchen lassen sich schwer wenden) und portionsweise von beiden Seiten je 1½ Minuten goldbraun backen. (Dass es Zeit zum Wenden ist, sehen Sie daran, dass sich an der Teigoberfläche kleine Blasen zeigen.) Die fertigen Pfannkuchen warm halten, bis der Teig aufgebraucht ist. Nach jeder Portion etwas Fett in die Pfanne geben.

Die Pfannkuchen warm mit Joghurt, Obst und Kokoschips oder Kakaosplittern servieren.

POCHIERTE EIER

mit gebratenem Blumenkohl,
Grünkohl & Dukkah

Dieses köstliche Gericht ist einer meiner Allzeitfavoriten. Gebratene Blumenkohlscheiben
dienen als Unterlage für die pochierten Eier und sorgen gleichzeitig für Biss, ohne dass
man Brot dazu servieren muss.

Für 2 Personen
1 Blumenkohl, geputzt
5 EL kalt gepresstes Olivenöl
2 EL Dukkah (siehe Seite 115) oder leicht zerstoßene
  Kreuzkümmelsamen und Dukkah zum Bestreuen
1 EL Butter
2 Knoblauchzehen, in feine Scheiben geschnitten
½ rote Chili, in feine Ringe geschnitten (nach
  Belieben)
6–8 größere Grün- oder Schwarzkohlblätter,
  Mittelrippen entfernt
Salz
4 Eier (Freilandhaltung)

Zum Servieren
natives Olivenöl extra
frisch gemahlener Pfeffer
Saft von ½ Zitrone

Den Backofen auf 200 °C (Ober-/Unterhitze) vorheizen und ein Backblech mit Backpapier auslegen. Den Blumenkohl in 4 etwa 1,5–2 Zentimeter dicke Scheiben schneiden. Auf das Backblech legen, mit 3 EL Olivenöl beträufeln und mit der Dukkah bestreuen. Im Ofen etwa 30 Minuten garen, bis die Blumenkohlscheiben braun zu werden beginnen.

Nach 20 Minuten Garzeit die Butter mit dem restlichen Olivenöl in einem Topf bei mittlerer Hitze zerlassen. Knoblauch und nach Belieben Chili darin 30 Sekunden anbraten. Die Kohlblätter mit einigen Esslöffeln Wasser und 1 Prise Salz zugeben. Zugedeckt unter gelegentlichem Rühren 10 Minuten dünsten. Wenn der Kohl zu stark kocht, die Hitze reduzieren oder mehr Wasser dazugeben.

In der Zwischenzeit einen breiten Topf mit kochendem Wasser füllen. Das Wasser auf dem Herd leicht zum Sieden bringen, dann 1 Prise Salz zufügen. Die Eier einzeln in eine Tasse aufschlagen, in das siedende Wasser gleiten lassen und einige Minuten pochieren (je nach Größe braucht ein weiches Ei etwa 2 Minuten, ein eher festes Ei rund 4 Minuten).

Die Blumenkohlscheiben auf vorgewärmte Teller geben und je 1 pochiertes Ei daraufsetzen. Den Grünkohl daneben anrichten. Mit etwas Dukkah bestreuen, mit Olivenöl beträufeln und mit Pfeffer würzen. Den Grünkohl mit einigen Tropfen Zitronensaft beträufeln.

EINFACHES OMELETT

Damit das Omelett sättigender und (er-)füllender wird, können Sie Verschiedenes untermischen. Eine meiner Lieblingszugaben ist reichlich Sauerampfer. Ich liebe seinen feinsäuerlichen Geschmack. Außerdem enthält das Kraut viel Kalzium und Magnesium, und davon können wir immer mehr gebrauchen. Das Omelett schmeckt aber auch mit gebratenen Süßkartoffeln oder Kürbis und einem grünen Salat oder anderem Grünzeug. Gedämpftes grünes Gemüse schmeckt lecker mit guter Butter und 1 Prise Meersalz.

Für 1 Person
1 TL Butter oder neutrales Kokosöl (Bioladen)
2 Eier, leicht verquirlt
Meersalzflocken und frisch zerstoßener Pfeffer

Ein paar leckere Zugaben zum Omelett
• **einige Avocadoscheiben**
• **frisch gehackte Kräuter**
• **geriebener Käse, vor dem Zusammenklappen aufs Omelett gestreut**
• **Radieschensalat mit Zitrone & Petersilie (siehe Seite 53)**
• **einige Cocktailtomaten, in Butter und Thymian geschwenkt**
• **gedämpftes grünes Gemüse (z.B. Grünkohl, Brokkoli, Bohnen)**
• **grüner Blattsalat (z.B. Grünkohl oder Romanasalat), mit Zitronensaft und Olivenöl angemacht**
• **Babyspinat, kurz in sehr wenig Butter oder Öl gedünstet**
• **1 Prise Dukkah (siehe Seite 115)**

Die Butter in einer heißen Pfanne zerlassen. Sobald sie zu schäumen beginnt, die verquirlten Eier hineingießen und durch Schwenken auf dem Pfannenboden verteilen. Das gestockte Ei mit dem Pfannenwender vorsichtig von außen nach innen schieben und das noch flüssige Ei in die Lücken laufen lassen. Fortfahren, bis fast die ganze Masse gestockt ist. Das Omelett zusammenklappen, auf einen Teller gleiten lassen und sofort servieren.

FRÜHSTÜCKSBREI

mit frischen Sommerbeeren, Zitronenschale,
Ahornsirup & gerösteten Kokosraspeln

Klassischer Haferbrei ist in der Regel etwas für den Winter, wenn man ein
schön wärmendes Frühstück braucht, aber manchmal genieße ich ihn auch als
sommerliches Frühstück mit Beeren. Dadurch wird der Brei leichter und bekommt
einen frischen, spritzigen Geschmack. Diese Version ist angenehm sättigend.

Für 2 Personen
Für den Brei
100 g Haferflocken
480 ml ungesüßte Mandelmilch (siehe Seite 119) oder
    stilles Mineralwasser
¼ TL fein abgeriebene Schale einer Biozitrone
1 Prise Salz

Zum Servieren
20 g Kokosraspel
Ihr Lieblingsjoghurt
2 große Handvoll Sommerbeeren Ihrer Wahl (ich
    bevorzuge Blaubeeren und Himbeeren)
Ahornsirup nach Geschmack

Erst die Kokosraspel rösten. Dafür eine große Pfanne bei mittlerer Hitze einige Minuten erwärmen, bis man mit der darübergehaltenen Hand die Hitze aufsteigen spürt. Die Kokosraspel hineingeben und mit einem Holzlöffel rühren, bis sie langsam beginnen, goldbraun zu werden (gegebenenfalls die Hitze etwas erhöhen). Wenn die Kokosraspel goldbraun sind und köstlich duften, sofort zum Abkühlen in eine Schüssel geben.

Für den Brei alle Zutaten in einen Topf geben und bei mittlerer bis starker Hitze zum Kochen bringen. Wenn der Brei kocht, mit einem Holzlöffel 5–6 Minuten rühren. In zwei Schalen füllen.

Den Frühstücksbrei jeweils mit 1 ordentlichen Klecks Joghurt und frischen Beeren garnieren, mit Ahornsirup beträufeln und, mit den Kokosraspeln bestreut, genießen.

BUCHWEIZENBREI

mit Zimt & Sultaninen

Dieser Brei hält Sie lange satt und in Form. Er schmeckt so göttlich, dass Sie im Frühstückshimmel sein werden – ich bereite ihn mir sogar manchmal als Dessert zu. Brombeeren und Birnen sind eine perfekte Kombination für den Spätsommer und Herbst; sie stecken voller Antioxidantien, helfen dem Verdauungsapparat und sind reich an Ballaststoffen, den Vitaminen C und E sowie anderen Vitalstoffen. Zimt ist ein wärmendes Gewürz, das die Lust auf Süßes stillt; Thymian sorgt für eine köstliche süße Note. Trotz des Namens ist Buchweizen botanisch gesehen kein Getreide, sondern ein Knöterichgewächs. Er ist glutenfrei und hat ein nussiges Aroma, das gut zu Birnen passt.

Für 2 Personen
200 g Buchweizen
¼ TL Zimt
1 kleine Handvoll Sultaninen
1 kleine Handvoll Brombeeren
230 ml stilles Mineralwasser
480 ml ungesüßte Mandelmilch (siehe Seite 119) oder andere Pflanzenmilch
1 Prise gutes Salz

Zum Servieren
Ihr Lieblingsjoghurt
1 reife Birne, längs geviertelt und in Fächer geschnitten
Ahornsirup nach Geschmack
1 kleine Handvoll grob gehackte geröstete Mandeln
einige Zweige Thymian (nach Belieben, aber zu empfehlen)

Buchweizen, Zimt, Sultaninen und Brombeeren mit dem Wasser in einen Topf geben und zum Kochen bringen. Die Hitze reduzieren und sehr sanft köcheln lassen. Wenn der Buchweizen beginnt, das Wasser aufzunehmen, die Hälfte der Mandelmilch unterrühren. Zugedeckt weitergaren und regelmäßig mit einem Holzlöffel umrühren. Wenn die Milch fast aufgenommen ist, die restliche Mandelmilch mit dem Salz sorgfältig unterrühren und zugedeckt weitergaren, bis die Milch vollständig aufgenommen ist. (Das Ganze sollte 20–30 Minuten dauern. Eventuell müssen Sie ein wenig Wasser zugeben, damit der Buchweizen nicht austrocknet, bevor er gar ist. Also nicht aus den Augen lassen!)

Den Brei in Schalen füllen, mit Joghurt und Birnenvierteln garnieren, mit Ahornsirup beträufeln und, mit den Mandeln und nach Belieben etwas Thymian bestreut, servieren.

GLUTENFREIES KNUSPERMÜSLI

mit Rosenwasser, Aprikosen & Pistazien

Eine himmlische fruchtig-blumige Kombination. Die Zutaten für dieses luxuriöse Knuspermüsli sind zugegebenermaßen nicht ganz billig, aber es hält eine Weile und ist kein Müsli, das man in riesigen Portionen isst. Ich serviere es am liebsten mit frischen Früchten und Joghurt oder garniere damit Smoothies. Es sieht hübsch aus und sorgt bei allem, zu dem Sie es servieren, für Biss und Aroma.

Für 1 Vorratsglas (1 l)

50 g natives Kokosöl (Bioladen)

80 ml Honig

80 ml Ahornsirup

200 g Kokoschips

120 g Pistazienkerne, grob gehackt

150 g Mandeln, sehr grob gehackt

80 g Sonnenblumenkerne

80 g Kürbiskerne

1 TL Rosenwasser (Apotheke; nach Belieben)

200 g getrocknete Aprikosen, grob gehackt

2 EL Hanfsamen (Bioladen)

2–3 EL getrocknete unbehandelte Rosenblütenblätter

Den Backofen auf 170 °C (Ober-/Unterhitze) vorheizen und zwei tiefe Backbleche mit Backpapier auslegen. Kokosöl, Honig und Ahornsirup in einem kleinen Topf erhitzen, bis die Mischung siedet, dann den Herd ausschalten.

Kokoschips, Pistazien, Mandeln, Sonnenblumen- und Kürbiskerne in einer großen Schüssel mischen. Die Honigmischung darübergießen und mit einem Holzlöffel sorgfältig untermischen. (Die Trockenzutaten sollten alle rundum mit der Honigmischung bedeckt sein. Wenn Sie meinen, dass nicht genug Honigmischung vorhanden ist, arbeiten Sie noch ein bisschen mehr davon aus gleichen Teilen zerlassenem Honig und Kokosöl ein.)

Die Müslimischung auf den vorbereiteten Blechen verteilen. (Die Schicht sollte nicht zu dick sein, sonst wird das Müsli nicht richtig knusprig.) Im Ofen 15–20 Minuten backen, bis das Müsli eine schöne goldene Farbe hat. Dabei alle 3–4 Minuten wenden, damit vor allem die Kokoschips nicht zu dunkel werden. Herausnehmen, leicht abkühlen lassen und nach Belieben mit dem Rosenwasser beträufeln. Aprikosen, Hanfsamen und Rosenblütenblätter untermischen.

Auskühlen lassen und in ein luftdicht schließendes Glas füllen. Innerhalb von 2 Wochen verbrauchen.

LIEBLINGSPUDDING AUS CHIASAMEN MIT JOGHURT & BEEREN

Ein tolles Frühstück – sooo lecker und mit reichlich Energie für den Tag. Ich frühstücke nicht immer direkt nach dem Aufstehen, und wenn ich sehr früh aus dem Haus muss, nehme ich mir ein gesundes Frühstück für unterwegs mit. Dann bereite ich diesen Pudding am Vorabend zu und stelle ihn in einem Schraubglas in den Kühlschrank. Im Glas lasse ich noch so viel Platz, dass ich Joghurt und Früchte darübergeben kann. So habe ich ohne viel Aufwand ein Frühstück zum Mitnehmen. Soll es hübsch aussehen, schichten Sie das Ganze in schöne Gläser, zuerst den Chiapudding, gefolgt von Joghurt und Früchten, dann bestreuen Sie es mit Knuspermüsli (siehe Seite 40). Eine prima Sache auch für Kinder.

Für 2 Personen
Für den Pudding
350 ml Pflanzenmilch Ihrer Wahl
100 g gemischte Beeren (Schwarze Johannisbeeren, Himbeeren, Erdbeeren und Blaubeeren)
6 EL Chiasamen (Internethandel)
1 EL natives Kokosöl (Bioladen) und 1 EL Kokosöl (nach Belieben)
Ahornsirup, Roh-Honig oder Biohonig zum Beträufeln

Zum Servieren (mehrere oder alle Zutaten)
1 kleine Handvoll Beeren
Ihr Lieblingsjoghurt
Kerne von ½ Granatapfel
2 EL geschälte Hanfsamen (Bioladen)
Kakaosplitter (Internethandel)
gehackte Nüsse

Für den Pudding alle Zutaten in den Mixer geben und sorgfältig mixen. Je ein Drittel der Mischung in zwei Gläser und das letzte Drittel in einen kleinen Behälter füllen. Abgedeckt über Nacht im Kühlschrank fest werden lassen.

Vor dem Servieren die Gläser aus dem Kühlschrank nehmen und einige Beeren auf dem Chiapudding verteilen. Eine Schicht Joghurt darübergeben. Den Chiapudding aus dem Behälter zu gleichen Teilen auf der Joghurtschicht verteilen. Mit Früchten und den vorgeschlagenen Zutaten nach Belieben garniert servieren.

AVOCADO MIT BASILIKUM & CHILI AUF TOAST

*Das ist eines meiner einfachsten und doch leckersten Rezepte, und vielleicht bereite ich
es deshalb am häufigsten zu – zum Frühstück, zum Brunch (mit einem pochierten Ei),
als Mittagssnack (mit zwei Eiern) und manchmal auch zum Abendbrot, wenn ich keine
Lust zum Kochen habe. Es ist supergesund mit reichlich gesunden Fetten und essenziellen
Vitalstoffen, die das Immunsystem ankurbeln.*

Für 2 Personen
1 Avocado
¼ TL Chiliflocken (Asialaden)
6 Basilikumblätter, zerzupft
3 EL natives Olivenöl extra
1 Spritzer Zitronensaft
Meersalz und frisch gemahlener Pfeffer

**2 Scheiben Ihres Lieblingsbrots (z. B. dunkles
Roggenbrot oder gebratene Blumenkohlscheiben,
siehe Seite 34)**
1 Knoblauchzehe, halbiert
2 EL gutes Olivenöl

Zum Servieren
Dukkah (siehe Seite 115; nach Belieben)

Die Avocado halbieren und entkernen. Das Fruchtfleisch mit einem kleinen, scharfen Messer in große
Würfel schneiden, ohne die Schale zu verletzen. Die
Würfel mit einem Löffel aus der Schale lösen und in
eine Schüssel geben. Chili, Basilikum und Öl zugeben.
Mit dem Zitronensaft beträufeln und mit Salz und
Pfeffer würzen. Vorsichtig vermengen (die Mischung soll
nicht matschig werden).

Die Brotscheiben toasten und mit den Knoblauchhälften einreiben. (Ich mag's richtig knoblauchig. Wenn Sie
es weniger kräftig mögen, reiben Sie die Brotscheiben
nur ganz leicht ein.) Mit dem Öl beträufeln und mit
etwas Meersalz bestreuen. Etwas Pfeffer über die Brotscheiben mahlen, die Avocadomischung darauf verteilen
und, nach Belieben mit Dukkah bestreut, servieren.

GEWÜRZBOHNEN
AUF TOAST

Ich liebe Bohnen auf Toast, und diese Version bereite ich schon seit Jahren zu. Auch Kinder mögen es. Servieren Sie das Gericht auf einem leckeren Stück getoastetem Sauerteigroggenbrot, glutenfrei auf gebratenen Blumenkohlscheiben (siehe Seite 34) oder mit leicht gedämpftem Grünkohl, einem weich pochierten Ei, Ofengemüse oder was Ihnen sonst dazu schmeckt.

Für 4–6 Personen

3 EL kalt gepresstes Olivenöl

2 Zwiebeln, grob gehackt

2 Knoblauchzehen, gepresst oder fein gehackt

½ TL gemahlener Kreuzkümmel

½ TL Kreuzkümmelsamen

400 g stückige Tomaten aus der Dose

1 EL Tomatenmark

70 ml Ahornsirup

80 ml Apfelessig

800 g weiße Bohnen aus der Dose, abgespült und abgetropft

Salz und Pfeffer

Zum Servieren (nach Belieben)

einige Scheiben Ihres Lieblingskäses

einige Stängel Koriander, gehackt

½ rote Chili, entkernt und in feine Streifen geschnitten

Das Öl in einem großen, schweren Topf oder einer Pfanne erhitzen. Zwiebeln, Knoblauch und Kreuzkümmel darin unter Rühren 3–5 Minuten andünsten, bis die Zwiebeln glasig und weich sind.

Tomaten, Tomatenmark, Sirup, Essig und 250 Milliliter Wasser zugeben und zum Kochen bringen, dann die Bohnen untermischen. Ohne Deckel bei schwacher Hitze etwa 1½ Stunden köcheln lassen. Dabei regelmäßig umrühren und Wasser zugießen, falls die Bohnen zu trocken werden (am Ende der Garzeit sollten die Bohnen wunderbar weich und die Sauce schön sämig sein). Mit Salz und Pfeffer abschmecken.

Wenn ich es üppiger haben will, hoble ich ein bisschen von meinem Lieblingskäse darüber oder bestreue das Ganze mit gehacktem Koriander und Chilistreifen. Wonach immer Ihnen ist, genießen Sie die Bohnen, solange sie heiß sind.

SOM TUM POLLAMAI

Obstsalat mit Thai-Kräutern & Limettensaft

Ein richtig spritziger, leckerer Fruchtsalat, der in Thailand als Som Tum Pollamai bekannt ist. Die Thai-Kräuter sorgen für ein sehr frisches, etwas anderes Aroma. Sie können Früchte Ihrer Wahl nehmen, aber die von mir ausgewählten gehören zu den nährstoffreichsten ihrer Art. So enthalten Granny-Smith-Äpfel bis zu 17-mal mehr sekundäre Pflanzenstoffe als andere Sorten, und rote Beeren liefern reichlich Anthocyane mit starker antioxidativer Wirkung.

Für 4 Personen

1 Granny-Smith-Apfel, mit Schale halbiert und in feine Spalten geschnitten

300 g Beeren und Früchte (z. B. Blaubeeren, Brombeeren, Erdbeeren, Himbeeren, Boysenbeeren oder rote Trauben)

2 weißfleischige Pfirsiche oder Nektarinen, entsteint und in Spalten geschnitten

1 Mango, Fruchtfleisch in Scheiben oder Würfel geschnitten

Kerne von ½ Granatapfel

3 EL nativer Dattelsirup (siehe Seite 119), Roh-Honig oder Biohonig

2 EL frisch gepresster Limettensaft

¼ TL Meersalz

1 EL sehr fein gehacktes Zitronengras

8–10 Minzeblätter, fein gehackt

abgeriebene Schale von 1 Biolimette

Zum Servieren

1 Handvoll Kokoschips, leicht im Ofen geröstet

Joghurt (am besten Kokosjoghurt, wenn Sie welchen finden)

Alle vorbereiteten Früchte in eine Schüssel geben. Sirup, Limettensaft und Salz in einer Schale verrühren, über die Früchte gießen und unterheben. Den Fruchtsalat 5 Minuten ziehen lassen. Vor dem Servieren Zitronengras, Minze und Limettenschale untermischen.

In Schalen füllen und sofort, mit Kokoschips und Joghurt garniert, genießen.

SUPPEN, SALATE
&
BEILAGEN

Hier ist eine Auswahl an Gerichten, die Sie durch die Jahreszeiten begleiten und verschiedenen Stimmungen gerecht werden. Ich habe versucht, die Salate eher als Beilagen zu halten, die zu den Hauptgerichten passen. Sie können sie aber jederzeit mit ein bisschen von diesem und jenem zu einer vollen Mahlzeit aufwerten, wie ich es oft tue. Ich improvisiere immer und verwerte, was ich gerade zu Hause habe – manchmal ist das der beste Weg. Wenn Sie ein bisschen Inspiration oder eine kleine jahreszeitliche Anleitung brauchen, stöbern Sie einfach in diesem Kapitel nach leckeren Ideen. Ich halte meine Salat- und Suppenrezepte recht flexibel, damit Sie sie für ein Mittag- oder Abendessen mit der ein oder anderen Zutat variieren können. Manchmal gibt es nichts Besseres als einen einfachen Radieschensalat mit einem leckeren Stück Weichkäse, einem Spritzer Zitronensaft und ein paar frischen Kräutern, die für Frische und Biss sorgen. Sie sehen also, wie einfach es ist, etwas Gesundes, Appetitliches und Leckeres auf den Tisch zu bringen.

HÜHNERSUPPE

für die Seele (auf zweierlei Art)

Diese Suppe ist ziemlich unkompliziert und, was die positive gesundheitliche Wirkung angeht, flüssiges Gold. Wann immer mein Sohn oder ich uns unwohl fühlen, bereite ich eine Portion Brühe zu und trinke morgens, mittags und abends eine Tasse. Sie kräftigt, lindert, stärkt, wärmt und nährt. Ich zeige Ihnen hier zwei Varianten, die ich am häufigsten zubereite – beide sind ausgesprochen lecker.

Für 4–6 Personen
1 Biosuppenhuhn, abgespült
1 TL Pfefferkörner
3 Lorbeerblätter
3 Selleriestangen, in Stücke geschnitten
2 Zwiebeln, geviertelt
2 Knoblauchzehen, geschält
4 Karotten, in Stücke geschnitten
3 EL naturtrüber Apfelessig
1 Handvoll Petersilie, gewaschen
einige Zweige Thymian, gewaschen
Meersalz und frisch gemahlener Pfeffer

Zum Servieren
entweder
1 violetter oder grüner Grünkohl, Mittelrippen
  entfernt, Blätter gehackt
1 Bund Karotten, schräg in Scheiben geschnitten
700–750 g vorgegarte Quinoa
Saft von 1 Zitrone
3 EL natives Kokosöl (Bioladen)
einige Zweige Thymian
oder
1 Stück Ingwerwurzel (3 cm), fein gerieben
1 kleines Bund Minze, gezupft
1 kleines Bund Koriander, gezupft
1 Chili, entkernt und in feine Streifen geschnitten
Saft von 1 Zitrone
3 EL natives Kokosöl (Bioladen)

Für die Brühe alle Zutaten in einen großen Topf geben und knapp mit Wasser bedecken. (Das Wasser sollte vorzugsweise gefiltert sein, denn je besser das Wasser, desto besser die Brühe.)

Bei starker Hitze zum Kochen bringen, dann die Hitze reduzieren, sodass die Brühe ganz leicht köchelt. Zugedeckt 3 Stunden köcheln lassen. Die Brühe etwas abkühlen lassen, dann durch ein Sieb abgießen. Alle festen Bestandteile bis auf das Huhn entsorgen.

Das Fleisch in großen Stücken von der Karkasse lösen (nicht zerkleinern). Die abgekühlte Brühe mit dem Hühnerfleisch wieder in den Topf geben.

Nun die Einlagen nach Wahl zubereiten. Für die erste Variante Kohl und Karotten in die Brühe geben und in etwa 10 Minuten weich garen, dann mit Salz und Pfeffer abschmecken. Quinoa unterrühren und 1 Minute ziehen lassen. Die Suppe in Schalen füllen, mit dem Zitronensaft beträufeln und je ½ EL Kokosöl einrühren. Mit je 1 Thymianzweig garnieren.

Für die zweite Variante den Ingwer in die Brühe rühren und erhitzen, dann abschmecken. Die Brühe in Schalen füllen und je einige Kräuterblätter und Chilistreifen hineingeben. Je 1 Spritzer Zitronensaft und ½ EL Kokosöl unterrühren. Heiß servieren.

SUPPE MIT ROTEM MANGOLD

Eine ganz einfache Suppe und eine tolle sommerleichte Art, grünes Gemüse zu verwerten. Sie können auch andere Arten von Mangold oder auch Grünkohl verwenden. Die leichte Gemüse- oder Hühnerbrühe ist sehr wohltuend und vollaromatisch.

Für 5–6 Personen

3 EL kalt gepresstes Sonnenblumenöl oder neutrales natives Kokosöl (Bioladen)
1 große Zwiebel, fein gewürfelt
etwa 8 rotstielige Mangoldblätter, Stiele in Stücke und Blätter in etwa 2,5 cm breite Streifen geschnitten
800 g weiße Bohnen aus der Dose, abgespült und abgetropft
2,5 l Gemüse- oder Hühnerbrühe
Salz und Pfeffer
5–6 EL Chiliöl

Das Öl in einem großen Topf erhitzen. Die Zwiebel darin bei starker Hitze kurz anbraten, dann bei schwacher Hitze etwa 5–6 Minuten dünsten. (Die Zwiebel soll glasig werden, aber keine Farbe annehmen.) Mangoldblätter und -stiele zugeben. Die Bohnen untermischen und mit der Brühe aufgießen.

Etwa 20 Minuten köcheln lassen. Den Topf vom Herd nehmen und die Suppe abschmecken.

In vorgewärmte Schalen füllen und, mit dem Chiliöl beträufelt, servieren.

BORLOTTI-BOHNEN
mit Artischocken

Diese leckere Beilage schmeckt zu Huhn, Fisch oder geröstetem Gemüse. Besonders gut schmecken die Bohnen mit Aioli zu einem Stück gegrilltem Weißfisch mit Kräutern – eine göttliche Kombination.

Für 4–6 Personen (als Beilage)

10 geröstete Artischocken in Öl, abgetropft und Öl aufgefangen
800 g Borlotti-Bohnen aus der Dose, abgespült und abgetropft
1 Spritzer Zitronensaft
Meersalz und frisch gemahlener Pfeffer

Eine Pfanne stark erhitzen. Die Artischocken vierteln und mit einigen Esslöffeln des aufgefangenen Öls in die Pfanne geben.

Die Bohnen vorsichtig untermischen, damit sie nicht zerfallen, und 2–3 Minuten erhitzen.

In eine Schale füllen und mit dem Zitronensaft beträufeln. Mit Salz und Pfeffer würzen und servieren.

RADIESCHENSALAT
mit Zitrone & Petersilie

Klein, aber oho! Radieschen haben es unter gesundheitlichen Aspekten in sich: Zum einen reinigen sie den Körper und helfen, Giftstoffe und freie Radikale zu binden. Zum anderen beruhigen sie das Verdauungssystem, beugen viralen Infektionen vor und hydratisieren.

Für 4 Personen (als Beilage)
600 g Radieschen, geputzt
Saft von ½ Zitrone
Olivenöl
Meersalz und frisch gemahlener Pfeffer
1 kleine Handvoll Petersilie, fein gehackt

Die Radieschen in feine Scheiben schneiden und in eine Schüssel geben. Mit dem Zitronensaft und etwas Olivenöl beträufeln und mit Salz und Pfeffer abschmecken. Die Petersilie zugeben, alles kurz vermengen und sofort servieren.

PUY-LINSEN
mit Spinat

Eine leckere, sättigende, glutenfreie Beilage: Erdige, proteinreiche Linsen passen wunderbar zu zartem, kurz gedünstetem Spinat. Sie schmecken zu geröstetem Kürbis & Gelber Bete (siehe Seite 59), harmonieren mit Hummus (siehe Seite 107) oder mit Fisch oder Huhn und selbst gemachter Mayonnaise (siehe Seite 111).

Für 4 Personen
200 g Puy-Linsen
700 ml Hühner- oder Gemüsebrühe oder Wasser
3 EL Olivenöl
1 TL Butter
100 g Babyspinat
Meersalz und frisch gemahlener Pfeffer

Die Linsen unter fließendem kaltem Wasser abspülen und in einem großen Topf mit der Brühe bedecken. Aufkochen und zugedeckt bei mittlerer Hitze in 20–25 Minuten gar kochen. (Sie sollten noch etwas Biss haben und nicht matschig-weich sein.) Abgießen.

Eine große Pfanne bei mittlerer bis starker Hitze erwärmen und die Linsen mit Öl und Butter hineingeben. Den Spinat untermischen und in etwa 1 Minute zusammenfallen lassen. Mit Salz und Pfeffer abschmecken und servieren.

FENCHELSALAT

mit Blutorangen & Büffelmozzarella

Das ist etwas für besondere Anlässe, da Blutorangen nur eine begrenzte Zeit erhältlich sind. Sie sehen toll aus und gehen mit Mozzarella, Dill und Fenchel eine köstliche Verbindung ein. Dieser Salat ist reinigend und hat einen klaren, sauberen Geschmack. Ich liebe ihn zu Brathähnchen und einem großen grünen Salat. Er schmeckt auch als Belag auf einer Scheibe geröstetem Roggenbrot, leicht mit Knoblauch eingerieben und mit Öl beträufelt … mmmhhh! Der Salat eignet sich als Beilage zum Mittagessen und schmeckt zu einem feinen Abendessen.

Für 6 Personen

2 Fenchelknollen, geputzt

2 Blutorangen oder Orangen (wenn Blutorangen keine Saison haben), gut geschält und in Scheiben geschnitten

2 Kugeln Büffelmozzarella

4 Stängel Dill, gezupft

4 EL kalt gepresstes Olivenöl

Saft von ½ Zitrone

Meersalz und frisch zerstoßener Pfeffer

Von den Fenchelknollen unten eine dünne Scheibe abschneiden. (So werden braune Stellen entfernt und die Knollen haben einen guten Stand zum Kleinschneiden.) Die Knollen aufrecht stellen und in möglichst feine Scheiben schneiden.

Fenchel- und Orangenscheiben auf einer Servierplatte anrichten. Den Mozzarella in mundgerechte Stücke zupfen und auf Fenchel und Orangen verteilen. Mit dem Dill bestreuen und mit Olivenöl und Zitronensaft beträufeln. Mit 1 Prise Meersalz und etwas Pfeffer gewürzt genießen.

ZERDRÜCKTER GURKENSALAT

Eine kreative Art, eine allzu reiche Gurkenernte zu verwerten, und ein wunderbarer Salat – erfrischend und spritzig, besonders zu gegrilltem Fleisch oder Huhn. Er hat eine reinigende Wirkung. Die Enzyme, Kräuter und Ingwer helfen dabei, andere Speisen leichter zu verdauen.

Für 6 Personen
Für das Dressing
1 Knoblauchzehe, gepresst
ein Stück frische Ingwerwurzel (5 cm), fein gerieben
35 ml Apfelessig
1½ TL Ahornsirup
2 TL geröstetes Sesamöl (Asialaden)
1 Prise Meersalz

Für den Salat
3 Gurken, geschält
2 Frühlingszwiebeln, in feine Ringe geschnitten
½ grüne Chili, entkernt und in feine Streifen geschnitten
½ rote Chili, entkernt und in feine Streifen geschnitten
5 TL fein gehackte Minzeblätter (oder Perillablätter, wenn Sie welche bekommen können)
4 TL fein gehackter Koriander
Meersalz und frisch gemahlener Pfeffer

Für das Dressing Knoblauch, Ingwer, Essig, Sirup und Öl sorgfältig verrühren. Mit dem Salz abschmecken.

Für den Salat die Gurken in 6 Zentimeter große Stücke schneiden und mit der flachen Seite eines Kochmessers zerdrücken. In eine Schüssel geben und mit Frühlingszwiebeln, Chilis, Minze und Koriander vermengen. Mit 1 Prise Salz und etwas Pfeffer würzen. Das Dressing sorgfältig unterheben und den Salat servieren.

PASTINAKEN
mit Parmesan

Echtes Seelenfutter, das schnell und einfach zuzubereiten ist. Dafür werden Pastinaken und Ofenkartoffeln nicht im Ofen gegart. So schmecken sie fast noch besser. Toll mit einem Ei zum Frühstück oder als Beilage zu Mittag- oder Abendessen.

Für 4 Personen
3 EL natives Olivenöl extra
2 Ofenkartoffeln, abgebürstet, längs halbiert und in feine Scheiben geschnitten
2 Pastinaken, geschält, längs halbiert und in feine Scheiben geschnitten
Meersalz und frisch gemahlener Pfeffer
1 kleine Zwiebel, fein gehackt
50 g gehobelter Parmesan

Das Öl in einer großen, beschichteten Pfanne erhitzen. Kartoffeln und Pastinaken darin bei mittlerer bis starker Hitze mit etwas Salz und Pfeffer 10–12 Minuten braten, bis das Gemüse gar ist und eine schöne Farbe hat. Die Zwiebel untermischen und weiterbraten, bis alles gut gebräunt ist. Die Pfanne vom Herd nehmen und den Parmesan unter das Gemüse mischen. Abschmecken und servieren.

GERÖSTETER FENCHEL
mit Cocktailtomaten

Meine Regel ist: Wenn etwas roh gegessen wird, sollte es so dünn wie möglich geschnitten werden; wenn es gegart wird, dann sanft mit reichlich Butter und gesunden Ölen. Fenchel liebt Zitrone, deshalb kommt eine Menge Zitronenschale in dieses Rezept, egal, ob die Knolle roh oder gegart serviert wird. Dieses Gericht ist die perfekte Beilage für gebratenen Red Snapper, schmeckt aber auch toll mit Quinoa (siehe Seite 62) und Mayonnaise (siehe Seite 111). Himmlisch!

Für 4–6 Personen
3 Fenchelknollen
20 g Butter (oder Öl, falls Sie keine Butter verwenden möchten)
abgeriebene Schale und Saft von ½ Biozitrone
Olivenöl zum Beträufeln
200 g Rispen-Cocktailtomaten
Meersalz und frisch gemahlener Pfeffer

Den Backofen auf 180 °C (Ober-/Unterhitze) vorheizen. Den Fenchel putzen und alles Grün entfernen, das nicht mehr gut genug zum Essen aussieht. Den Fenchel in Spalten schneiden (üblicherweise schneide ich jede Hälfte der Knolle in 3 Spalten). Die Spalten in einer Auflaufform verteilen und die Butter in Flöckchen daraufsetzen. Mit der Zitronenschale bestreuen und mit Öl beträufeln.

Im Ofen 25 Minuten rösten. Die Cocktailtomaten auf die Fenchelspalten setzen und weitere 15 Minuten im Ofen rösten, bis sie zusammenfallen und die Schalen aufgeplatzt sind.

Mit dem Zitronensaft beträufeln und mit Salz und Pfeffer würzen.

MEIN LIEBLINGSPÜREE

Dies ist mein Lieblingspüree. Ich ziehe es Kartoffelpüree vor, das ich ein bisschen langweilig finde, und bin mir sicher, dass auch Sie normales Püree fade finden werden, nachdem Sie diese farbenfrohe Version probiert haben. Diese Püreevariante ist erdig, cremig, nahrhaft und lecker und passt zu fast allem.

Für 4 Personen
125 g Pastinaken, geschält und in Stücke geschnitten
100 ml Milch
1 Lorbeerblatt
½ TL frisch geriebene Muskatnuss
250 g Süßkartoffeln, geschält und in Stücke geschnitten
400 g Butternusskürbis, geschält, entkernt und in Stücke geschnitten
Meersalz und frisch gemahlener Pfeffer
50 g Butter
3 EL grob gehackte Schnittlauchröllchen

Die Pastinaken mit Milch, Lorbeerblatt und Muskatnuss in einen Topf geben und in etwa 20 Minuten weich dünsten. In der Zwischenzeit Süßkartoffeln und Kürbis in einem Topf mit Salzwasser gar kochen.

Das Gemüse abgießen, dabei die Milch auffangen. Das Gemüse getrennt auf einem Blech ausbreiten und einige Minuten ausdampfen lassen.

Die Pastinaken in eine Schüssel geben und mit dem Stabmixer glatt pürieren. 1 Stückchen Butter und so viel Milch einarbeiten, dass das Püree cremig wird. Die restliche Milch mit der übrigen Butter in einem Topf erwärmen. Vom Herd nehmen, Süßkartoffeln und Kürbis zugeben und fein zerstampfen. Mit Salz und Pfeffer abschmecken. Das Pastinakenpüree unterziehen. In eine Schale füllen und, mit dem Schnittlauch bestreut, servieren.

GERÖSTETER KÜRBIS & GELBE BETE

mit rosa Knoblauch

Der seidige Kürbis, die erdigen Beten und der duftende Knoblauch gehen eine überaus aromatische Mischung ein, die Sie lieben werden. Dieser lauwarme Gemüsesalat ist supereinfach und sieht dank der leuchtenden Farben toll aus. Er kann als Beilage zum Abendessen serviert werden. Mit Hummus (siehe Seite 107) und grünem Gemüse wird daraus ein leichtes, aber nahrhaftes Mittagessen.

Für 8 Personen (als Beilage)

½ **Butternusskürbis, geschält und entkernt**

4 **Gelbe Beten, geschält und in je 6 Spalten geschnitten**

1 **orangefarbener Kürbis (Eichel- oder Hokkaidokürbis), halbiert und entkernt**

1 **Knolle rosa Knoblauch, ungeschält in Zehen zerteilt**

Olivenöl zum Beträufeln

Meersalz und frisch gemahlener Pfeffer

Den Backofen auf 180 °C (Ober-/Unterhitze) vorheizen. Den Butternusskürbis in 4 Spalten schneiden und mit der Gelben Bete auf einem tiefen Backblech verteilen. Die Kürbishälften jeweils in etwa 4 Spalten schneiden und ebenfalls auf das Backblech geben. Den Knoblauch zwischen dem Gemüse verteilen.

Alles großzügig mit Olivenöl beträufeln und mit Salz und Pfeffer würzen. Im Ofen 30–35 Minuten rösten. (Lassen Sie das Gemüse dabei nicht zu lang aus den Augen: Es soll an den Rändern gebräunt und durchgegart sein. Machen Sie immer wieder eine Garprobe, indem Sie mit einem Messer hineinstechen.)

Das Gemüse aus dem Ofen nehmen und leicht abkühlen lassen. Auf einer Platte anrichten und servieren.

GRÜNKOHL

mit Zitrone & karamellisierter roter Zwiebel

Ganz abgesehen vom kräftigen Geschmack enthalten Grün- und Schwarzkohl sehr viel Vitamin K und A sowie Magnesium, Kupfer, Kalzium, Eisen, B-Vitamine und weitere Vitalstoffe. Sie sind nahrhaft und eine gute Ballaststoffquelle. Zusammen mit süßlichen Zwiebeln und einem Spritzer erfrischendem Zitronensaft wird daraus eine runde Sache. Wenn Sie Schwarzkohl bekommen, probieren Sie das Rezept unbedingt einmal damit.

Für 4 Personen
10–12 Stängel Grün- oder Schwarzkohl
1 EL Butter oder neutrales natives Kokosöl (Bioladen) und Butter für den Kohl
1 EL Olivenöl
1 große rote Zwiebel, halbiert und in feine Scheiben geschnitten
Meersalz und frisch gemahlener Pfeffer
Saft von ½ Zitrone

Eine große Pfanne mit Deckel stark erhitzen. In der Zwischenzeit den Kohl kurz abspülen, die harten Mittelrippen entfernen (die Kaninchen freuen sich darüber) und die Blätter in kleine Stücke zerteilen. Die Butter mit dem Olivenöl in der heißen Pfanne zerlassen. Sobald sie schäumt, die Zwiebel darin bei schwacher bis mittlerer Hitze unter ständigem Rühren 8 Minuten andünsten, bis sie weich und süß ist.

Den Kohl mit etwa 20 Milliliter Wasser zugeben und zugedeckt kurz dünsten, bis das Wasser verdampft ist (also nicht zu viel Wasser zugeben).

Nach 4–5 Minuten den Deckel abnehmen und rühren. Falls das Gemüse nicht dampfend heiß ist, die Hitze erhöhen. Wird die Pfanne zu trocken und droht das Gemüse anzubrennen, ein kleines Stück Butter zugeben.

Wenn der Kohl knackig gegart ist, die Pfanne vom Herd nehmen und das Gemüse mit Salz und Pfeffer abschmecken. Mit dem Zitronensaft beträufeln und servieren.

GEDÄMPFTES GEMÜSE

japanische Art

Wenn ich das Gefühl habe, zu sehr gesündigt zu haben, ist dieses Gericht die perfekte Lösung – eine einfache, reine Art, Gemüse zu genießen. Sie können es als Beilage servieren; ich esse es oft pur. Besonders lecker schmeckt frisch geerntetes, sonnenverwöhntes zartes Gemüse aus dem eigenen Garten.

Für 2–4 Personen
Auswahl an saisonalem Gemüse (z. B. Kürbis, geschälte Süßkartoffeln, geschälte Karotten, Blumenkohl, Brokkoli, Zuckererbsen, Spargel)
Olivenöl zum Beträufeln
Saft von ½ Zitrone
Meersalzflocken

Zum Bestreuen
1 kleine Handvoll gehackte Frühlingszwiebeln
2 EL leicht geröstete Sonnenblumenkerne
2 EL leicht geröstete Kürbiskerne
2 EL leicht geröstete Sesamsaat

Für die Sauce
50 ml Sojasauce
2 EL Mirin (japanischer Reiswein; Asialaden)
1 Stück frische Ingwerwurzel (4 cm), fein gerieben
2 TL Ahornsirup
½ TL geröstetes Sesamöl (Asialaden)

Außerdem
Topf mit Dämpfeinsatz oder dreistöckiger Bambusdämpfkorb (Asialaden), der in einen großen Topf mit Deckel passt

Das ausgewählte Gemüse in mundgerechte Stücke schneiden und in einzelnen Schichten in die Körbe legen. Dabei Gemüse mit längerer Garzeit wie Kürbis und Süßkartoffeln in den unteren Korb, Brokkoli, Blumenkohl sowie Karotten in den mittleren und schnell garendes Gemüse wie Spargel und Erbsen in den oberen Korb geben.

Einen Topf mit einigen Zentimetern Wasser füllen und bei starker Hitze zum Kochen bringen (nicht zu viel Wasser einfüllen, damit es nicht in den Dämpfeinsatz steigt und das Gemüse dünstet, statt es zu dämpfen).

Den Korb mit dem Gemüse mit der längsten Garzeit als Erstes einsetzen und zugedeckt 6–7 Minuten dämpfen. Den zweiten Korb daraufsetzen und zugedeckt weitere 3–4 Minuten dämpfen. Den dritten Korb daraufsetzen und zugedeckt 1 weitere Minute dämpfen. (Auf diese Weise sollte das gesamte Gemüse gleichzeitig knackig und gar sein, ohne an Farbe zu verlieren. Stechen Sie zur Garprobe mit einem kleinen Gemüsemesser hinein; es sollte sich leicht wieder herausziehen lassen.)

Das Gemüse auf einer Platte anrichten, mit Öl und Zitronensaft beträufeln und mit Salz, Frühlingszwiebeln und gerösteten Saaten bestreuen. Die Zutaten für die Sauce in einer Schale verrühren und zum Gemüse reichen.

QUINOA

mit Gemüse & Kräutern

*Dieses Gericht habe ich zum ersten Mal am Geburtstag meiner Freundin Ieva zubereitet.
Die kleinen Körner und die Granatapfelkerne sehen aus wie Juwelen und stecken
voller köstlicher Aromen. Sie können das Gericht als Beilage zu einem herzhaften
Schmorgericht oder mit Avocado und einem grünen Blattsalat als Mittagsmahl servieren.*

Für 6–8 Personen
3 kleine rote Zwiebeln
gutes Olivenöl zum Beträufeln
Meersalz und frisch gemahlener Pfeffer
**½ Butternusskürbis, geschält, entkernt und in
1,5 cm große Würfel geschnitten**
700–750 g Quinoa, gegart und zimmerwarm
Kerne von 1 Granatapfel
80 g Petersilie, fein gehackt
80 g Minze, gezupft und fein gehackt
Saft von 1 Zitrone
einige Stängel Dill, gezupft

Zum Servieren
unbehandelte Rosenblütenblätter (nach Belieben)

Den Backofen auf 180 °C (Ober-/Unterhitze) vorheizen. Die Zwiebeln schälen und halbieren, dabei den Wurzelansatz intakt lassen. Jede Hälfte in 3 Spalten schneiden (sie werden durch den Wurzelansatz zusammengehalten). In eine kleine Auflaufform geben, mit Olivenöl beträufeln und mit Salz und Pfeffer würzen. In den Ofen schieben.

Mit den Kürbiswürfeln in einer zweiten Form ebenso verfahren. Das Gemüse im Auge behalten: Nach 15–20 Minuten sollten die Zwiebeln gar und an den Rändern karamellisiert sein, dann sofort aus dem Ofen nehmen. Der Kürbis braucht weitere 10–15 Minuten, bis er gar und an den Rändern gebräunt ist.

Quinoa in eine große Schüssel geben. Kürbis und Zwiebeln darauf verteilen. Zwei Drittel der Granatapfelkerne, Petersilie und Minze zugeben. Mit dem Zitronensaft und 1 großzügigen Schuss Olivenöl beträufeln und mit Salz und Pfeffer abschmecken. Alles vorsichtig, aber sorgfältig vermengen.

Mit den restlichen Granatapfelkernen und Dill bestreuen und, nach Belieben mit Rosenblütenblättern garniert, servieren.

HAUPTGERICHTE

Grundlage für dieses Kapitel sind Zutaten, die ich zum Abendessen mag. Es sind Gerichte, die kombiniert oder allein mit einem einfachen grünen Salat serviert werden können. Die Rezeptauswahl ist bunt – vom einfachen Gemüsechili bis hin zum mexikanischen Festessen. Alle Gerichte sind gesund, enthalten viele immunstärkende Vitalstoffe und gute Fette. Meine Hauptmahlzeit ist das Abendessen. Ich bin in einer großen Familie aufgewachsen, und abends saß man immer beim Essen zusammen – eine Tradition, die ich mit meinem Sohn weiter pflege. Wenn ich nicht beruflich unterwegs bin, essen wir immer zusammen. Das fördert gute, gesunde Essgewohnheiten und ist eine tolle Art, Zeit miteinander zu verbringen und über den Tag zu reden. Manchmal habe ich die Energie, groß aufzutischen, während es an anderen Abenden nur ein einfaches Omelett mit einem grünen Salat gibt. Solange etwas Gesundes mit guten Fetten und reichlich Ballaststoffen auf den Tisch kommt, ist selbst das einfachste Essen äußerst nährreich. Mein Geschmack ist recht international, und mein Sohn liebt nichts mehr als ein tolles, frisch zubereitetes Curry mit leckeren Zutaten oder das wunderbare mexikanische Festessen. Deshalb wollte ich in dieses Kapitel verschiedene Aromen aus der ganzen Welt aufnehmen, Gerichte, die ich regelmäßig zubereite, wenn ich viel bzw. wenig Zeit habe. In jedem Fall werden Sie reichlich gesunde Kost finden.

MEINE NÄHRSTOFFSCHALE

Der Gedanke hinter dieser Nährstoffschale ist, sich Zutaten zusammenzustellen, die einem schmecken, das Auge ansprechen und allen Aspekten hinsichtlich Nährwerten und Vitalstoffen genügen. Dazu gehören Gemüse mit hoher Nährwertdichte, gesunde Fette, hochwertige Proteine und probiotische Lebensmittel, mit denen sättigende Mahlzeiten komponiert werden können.
Diese Nährstoffschale eignet sich vor allem als Mittagsimbiss, kann aber auch als leckeres Abendessen dienen. Nach Lust und Laune können Sie das kombinieren, was Sie in Ihrem Vorratsschrank haben.
Es handelt sich also eher um ein Baukastensystem als ein Rezept. Ich habe Ihnen ein paar Zutaten aufgelistet, die ich gerne verwende, aber nehmen Sie einfach das, wonach Ihnen ist. Es gibt ein paar tolle Gerichte in diesem Buch, die Sie mit Zutaten aus der Nährstoffschale kombinieren können. Wenn Sie beispielsweise Hummus zubereitet haben und etwas Huhn oder Tempeh übrig ist – perfekt: Geben Sie einfach ein paar gesunde Fette und nährstoffreiches Gemüse dazu – und fertig.
Welche Komponenten Sie auch aussuchen, halten Sie es einfach (wie wenn Sie ein paar Zutaten für einen leckeren Salat zusammenstellen), damit die Sache Spaß macht.

Proteine
Tempeh
Fisch
Pute
Huhn
Eier, weich gekocht
Gemüsechili (siehe Seite 79)
Käse
Linsen
Hummus (siehe Seite 107)
geröstete Saaten/Tamari-
  Kürbiskerne
Nüsse
Quinoa

Gute Fette
Avocado/Guacamole (siehe
  Seite 72)
Käse
kalt gepresste Öle (siehe Seite 247)
Nüsse/Saaten

Rohes und gegartes Gemüse mit hoher Nährwertdichte
Artischocken
Beten
bittere Blattsalate (Rucola,
  Brunnenkresse, Löwenzahn,
  Radicchio, Mizuna)
gerösteter oder gedämpfter
  Kürbis
grüne Bohnen
Radieschen
Sprossen
Tomaten

Probiotische Lebensmittel
Kimchi (siehe Seite 110)
milchsaures Gemüse (z. B.
  Rettich, Blumenkohl, Karotten)
Sauerkraut

Alle ausgewählten und vorbereiteten Zutaten in einer Schale anrichten. Mit Zitronensaft und hochwertigem nativem Olivenöl extra beträufeln. Mit gutem Meersalz und frisch zerstoßenem Pfeffer würzen.

JAPANISCHE REISSCHALE

mit Gemüse & Kimchi (zwei Varianten)

Für die gesunde Portion Protein können Sie sich zwischen Fisch und indonesischem Tempeh entscheiden, einem fermentierten Produkt aus gegarten Sojabohnen, das mehr Protein und Ballaststoffe enthält als Tofu. Naturreis und Quinoa liefern dazu weitere Ballast- und Vitalstoffe.

Für 6–8 Personen
700–750 g Naturreis oder Quinoa, gekocht

Für das Ofengemüse
**1 Kürbis, halbiert, entkernt und in Spalten
  geschnitten**
1 Stück frische Ingwerwurzel (1 cm), gerieben
1 Knoblauchzehe, gepresst
2 TL geröstetes Sesamöl (Asialaden)
**2 EL Tamari, Shoyu oder andere Sojasauce
  (Asialaden)**
2 EL kalt gepresstes Sonnenblumenöl

Für die vegetarische Variante
**200 g Tempeh (Bioladen), in 1,5 cm dicke
  Scheiben geschnitten**

Für den Rosenkohl
**500 g Rosenkohl oder anderes grünes Gemüse
  (z. B. Bohnen oder Brokkoli), geputzt**
3–4 EL kalt gepresstes Sonnenblumenöl
Meersalz und frisch gemahlener Pfeffer

Für die Fischvariante
12 kleine Sardinen oder 4 Makrelen, küchenfertig
Olivenöl zum Bestreichen
Saft von ½ Zitrone

Zum Servieren
**2 TL Furikake (japanische Würzmischung;
  Internethandel) oder geröstete Sesamsaat**
Tamari (Asialaden) zum Beträufeln
1 kleine Schale Kimchi (siehe Seite 110)
1 Zitrone, in Spalten geschnitten

Den Backofen auf 180 °C (Ober-/Unterhitze) vorheizen. Für das Ofengemüse den Kürbis in eine Bratform geben und mit den übrigen Zutaten vermengen. Für die vegetarische Variante den Tempeh untermischen.

Im Ofen 30 Minuten rösten, bis der Kürbis weich und an den Rändern leicht gebräunt ist.

Inzwischen für den Rosenkohl einen Topf zur Hälfte mit kochendem Wasser füllen und bei starker Hitze auf den Herd stellen. Rosenkohl darin etwa 2 Minuten blanchieren, dann in kaltem Wasser abschrecken. Abtropfen lassen, trocken tupfen und die Röschen halbieren.

Das Öl in einem Topf bei mittlerer bis starker Hitze erwärmen und den Rosenkohl darin unter häufigem Rühren in 6–8 Minuten karamellisieren. (Lassen Sie den Topf nicht aus den Augen, denn der im Kohl enthaltene Zucker kann leicht verbrennen.) Vom Herd nehmen, mit Salz und Pfeffer würzen und warm stellen.

Für die Fischvariante eine Grillpfanne stark erhitzen. Den Fisch abspülen, mit Küchenpapier trocken tupfen, mit Öl bestreichen und in der Pfanne von beiden Seiten kräftig braun braten (2–3 Minuten je Seite für die Sardinen, 5–6 Minuten für die Makrelen), dann vom Herd nehmen. (Alternativ den Fisch im Ofen garen, das ist geruchsneutraler). Den Fisch mit dem Zitronensaft beträufeln und mit Salz und Pfeffer würzen.

Zum Servieren das Gemüse und nach Belieben den Fisch anrichten. Furikake, Tamari, Kimchi und Zitrone in Schalen geben und dazureichen, damit sich jeder selbst bedienen kann.

HUHN AUF JAPANISCHE ART

*Ein leckeres Rezept, für das Sie auch weißfleischiges Fischfilet oder Lachs verwenden können –
reduzieren Sie einfach die Garzeit entsprechend. Es schmeckt sensationell mit geröstetem Kürbis,
Naturreis oder Quinoa – oder mit Quinoa und Roter Bete, wenn's ein bisschen bunter sein soll.*

Für 4–6 Personen
**8–10 Hähnchenoberschenkel (mit Knochen,
  aber ohne Haut)**

Für die Marinade
**4 dicke Knoblauchzehen, gepresst
1 Stück frische Ingwerwurzel (4 cm), fein gerieben
2 TL rotes Miso (Asialaden)
3 EL dunkler Honig
3 EL natürlich fermentierte Tamari (Asialaden)
½ TL Togarashi oder Chiliflocken (Asialaden;
  weglassen, falls Kinder mitessen)**

Zum Servieren
zerdrückter Gurkensalat (siehe Seite 56)

Die Hähnchenschenkel abspülen und trocken tupfen.
Knoblauch, Ingwer, Miso, Honig, Tamari und Togarashi
in einer großen Schüssel zu einer Marinade verrühren.

Die Hähnchenschenkel in der Marinade wenden und
abgedeckt im Kühlschrank mehrere Stunden oder über
Nacht marinieren.

Den Backofen auf 180 °C (Ober-/Unterhitze) vorheizen.

Die Hähnchenschenkel in eine flache Bratform eng
nebeneinanderlegen und mit der Marinade übergießen.
Im Ofen 50 Minuten garen, dabei ab und zu mit der
Marinade begießen.

In der Zwischenzeit den Gurkensalat zubereiten.

Die Hähnchenschenkel sind gar, wenn beim Einste-
chen mit einem Messer klarer Saft austritt und sich das
Fleisch leicht vom Knochen lösen lässt.

Mit Naturreis oder Quinoa servieren.

ZITRONEN–SUMACH–HUHN

mit Cocktailtomaten & Oliven

Für dieses Gericht werden nur ein paar Zutaten gemischt und in den Ofen geschoben, und doch steckt es voller Aromen und Farben. Das ist meine liebste Art zu kochen. Zitronen-Sumach-Huhn schmeckt Groß und Klein und ist ein fester Bestandteil meines Küchenrepertoires. Servieren Sie es als leichtes Sommeressen mit Fenchelsalat mit Blutorangen (siehe Seite 54) oder als nahrhafteres Winteressen mit geröstetem Kürbis und Gelber Bete (siehe Seite 59).

Für 4–6 Personen
4 Hähnchenkeulen (Freilandhaltung)
1 Handvoll gute schwarze Oliven
Olivenöl zum Beträufeln
2 TL gemahlener Sumach (Gewürzhandel)
Meersalz und frisch zerstoßener oder
  gemahlener Pfeffer
1 große Handvoll reife Cocktailtomaten
1 eingelegte Zitrone (Internethandel), in Scheiben
  geschnitten

Den Backofen auf 180 °C (Ober-/Unterhitze) vorheizen.

Die Hähnchenkeulen abspülen, trocken tupfen und in eine Bratform legen. Die Oliven darauf verteilen und alles mit Olivenöl beträufeln. Mit dem Sumach bestäuben und mit Salz und Pfeffer würzen.

Im Ofen auf der mittleren Schiene 30 Minuten garen. Tomaten und Zitronenscheiben zugeben und weitere 20–30 Minuten garen (die Tomaten sollten aufgeplatzt, die Zitronenscheiben am Rand etwas gebräunt sein. Das Fleisch sollte sich leicht vom Knochen lösen).

Die Hähnchenkeulen direkt aus dem Ofen servieren. Ich liebe dieses Hühnchengericht mit einem angenehm bitteren Radicchiosalat.

MEXIKANISCHES FESTESSEN

Für 4–6 Personen

Zum Servieren
8–12 frische Maistortillas
200 g saure Sahne

Mit der Zubereitung des Hähnchens beginnen. Während es mariniert, die anderen Gerichte zubereiten. Vor dem Servieren die Tortillas in einer heißen Pfanne von jeder Seite 30 Sekunden braten, auf einem Teller stapeln und zum Warmhalten abdecken.

Alle Gerichte auf den Tisch stellen, damit jeder seine Tortillas unterschiedlich belegen kann. Den Mais dazu servieren. Die Tortillas zum Schluss mit saurer Sahne, eingelegten roten Zwiebeln oder auch beidem verfeinern. Guten Appetit!

GEBRATENE BOHNEN MIT FETA

1 EL Olivenöl
1 große Zwiebel, klein gewürfelt
1 Knoblauchzehe, fein gehackt
400 g schwarze Bohnen (aus der Dose)
1 TL Chipotlepulver (geräuchertes Chilipulver; Gewürzhandel) und mehr zum Bestäuben
Salz und frisch gemahlener Pfeffer
100 g Feta

Das Öl in einem Topf erhitzen und die Zwiebel darin etwa 5 Minuten anbraten. Knoblauch und Bohnen samt Flüssigkeit zugeben und etwa 20 Minuten sanft köcheln lassen. Das Chilipulver unterrühren und weitere 5 Minuten köcheln lassen. Wenn die Bohnen zu trocken werden, etwas Wasser zufügen (zumal sie beim Abkühlen eindicken), aber nicht zu viel Flüssigkeit zugeben. Die Bohnen in eine Schüssel füllen, mit Salz und Pfeffer abschmecken und den Feta darüberkrümeln. Mit etwas Chipotlepulver bestäuben.

GUACAMOLE

6 reife Avocados, halbiert und entkernt
abgeriebene Schale und Saft von 1 Biozitrone
abgeriebene Schale von 1 und Saft von 2 Biolimetten
1 rote Zwiebel, klein gewürfelt
2 Knoblauchzehen, gepresst
1 kleines Bund Koriander, grob gehackt, und Koriander zum Garnieren
8 EL kalt gepresstes Olivenöl und mehr zum Beträufeln
Salz und frisch gemahlener Pfeffer

Das Avocadofruchtfleisch aus den Schalen lösen und in einer Schüssel mit einer Gabel zerdrücken. Zitronen- und Limettensaft unterrühren, dann die übrigen Zutaten untermischen. Probieren und mit Salz und Pfeffer abschmecken. In eine Schale füllen, mit etwas Olivenöl beträufeln und mit einigen Korianderblättern garnieren.

GEGRILLTER MAIS

4 Kolben Zuckermais, Hüllblätter entfernt, in je 3 Stücke geschnitten
2 EL kalt gepresstes Sonnenblumenöl
1 TL geräuchertes Paprikapulver
1 TL Meersalz und etwas frisch gemahlener Pfeffer

Einen mittelgroßen Topf mit Wasser zum Kochen bringen und den Mais darin zugedeckt etwa 10 Minuten köcheln lassen. Abgießen, trocken tupfen und beiseitestellen.

Eine Grillpfanne stark erhitzen. In der Zwischenzeit die Maiskolbenstücke mit dem Öl bestreichen. In die heiße Pfanne geben und in 2–3 Minuten rundum anbräunen.

Den gegrillten Mais aus der Pfanne nehmen, mit Paprika, Salz und Pfeffer würzen und auf einem schönen Teller anrichten.

EINGELEGTE ROTE ZWIEBELN

2 TL Pfefferkörner
8 Pimentkörner
2 Gewürznelken
1 gestrichener TL Oregano
1 rote Zwiebel, halbiert und in
   feine Scheiben geschnitten
¾ TL Meersalz
50 ml Apfelessig
Saft von 3 saftigen Limetten

Pfeffer, Piment, Gewürznelken und Oregano in einem Mörser oder einer Gewürzmühle zu einem groben Pulver verarbeiten.

Die Zwiebelscheiben in eine Schüssel geben und die Würzmischung hineinreiben. Salz, Essig und Limettensaft zugeben und sorgfältig untermischen.

Die Mischung in ein hohes Schraubglas füllen, verschließen und 24 Stunden ziehen lassen. Das Glas ab und zu schütteln. Die eingelegten Zwiebeln sind im Kühlschrank bis zu 1 Woche haltbar.

PICO DE GALLO

300 g bunte Tomatenmischung
1 rote Chili, fein gewürfelt
1 grüne Chili, fein gewürfelt
1 kleine rote Zwiebel, klein
   gewürfelt
1 Knoblauchzehe, gepresst
Saft von 1 Limette
abgeriebene Schale und Saft von
   ½ Biozitrone
1 kleines Bund Koriander, grob
   gehackt

Die Tomaten je nach Größe halbieren oder vierteln. Mit den übrigen Zutaten in eine Schüssel geben und gut vermengen. In eine Servierschüssel füllen und bis zum Servieren kalt stellen.

MEIN MEXIKANISCHER SALAT

1 rote Zwiebel, halbiert und in
   feine Scheiben geschnitten
1 Gurke, längs in fingergroße
   Stifte geschnitten
1 Bund Koriander, geputzt
2 Limetten, in je 8 Spalten
   geschnitten

Alle Zutaten auf einem schonen Teller anrichten.

MARINIERTES HÄHNCHEN PULLED STYLE

4 getrocknete Guajillo-Chilis
   (Gewürzhandel), Stielansatz
   entfernt, aufgeschlitzt und
   entkernt
1 Stück frische Ingwerwurzel
   (2 cm), geschält
2 Knoblauchzehen, geschält
1 TL gemahlener Kreuzkümmel
1½ TL Salz
150 ml kalt gepresstes Olivenöl
8 Hähnchenoberschenkel (ohne
   Haut)

Die Chilis in warmem Wasser 30 Minuten einweichen. Abtropfen lassen und mit Ingwer, Knoblauch, Kreuzkümmel, Salz, Olivenöl und 100 Milliliter Wasser im Mixer glatt pürieren. In eine große Schüssel geben und die Hähnchenschenkel sorgfältig darin wenden. Abgedeckt mindestens 4 Stunden oder über Nacht im Kühlschrank marinieren.

Den Backofen auf 180 °C (Ober-/Unterhitze) vorheizen. Das Fleisch samt Marinade in eine Bratform geben und im Ofen etwa 1 Stunde garen, bis es sich leicht vom Knochen losen lässt.

Aus dem Ofen nehmen und das Fleisch mit zwei Gabeln vom Knochen lösen. Die abgelösten Hähnchenfleischstreifen zum Servieren in eine schöne Servierschale geben.

PERFEKT GEBRATENES FISCHFILET

Für 1 Person

1 Fischfilet mit oder ohne Haut (ca. 230 g; z.B. Lachs, Wolfsbarsch, Alaska-Seelachs, Kabeljau, Red Snapper, Hecht oder Rotbarbe)
Meersalz und frisch gemahlener Pfeffer
Olivenöl, Ghee (indisches Butterschmalz; Bioladen) oder Traubenkernöl zum Braten
1 TL Butter (nach Belieben)
½ Zitrone zum Servieren

Eine schwere Edelstahlpfanne bei mittlerer bis starker Hitze einige Minuten sehr heiß werden lassen. (In einer beschichteten Pfanne würde der Fisch nicht richtig braun.)

Das Fischfilet abspülen und gründlich mit Küchenpapier trocken tupfen (so wird er außen schön knusprig). Von beiden Seiten mit Salz und Pfeffer würzen.

Etwas Fett in die heiße Pfanne geben. (Fett mit hohem Rauchpunkt wie Ghee oder Traubenkernöl ist ideal.) Sobald das Fett zu rauchen beginnt, den Fisch mit der Hautseite nach unten hineingeben. Das Eiweiß reagiert sofort auf die Hitze: Das Filet zieht sich zusammen und biegt sich nach oben. Mit einem Silikonpfannenwender vorsichtig flach drücken und einige Sekunden halten, damit die gesamte Fläche gebräunt und knusprig wird.

Den Fisch weiterbraten, bis die Unterseite am Rand schön braun und das Fleisch glasig wird, dann mit einem Pfannenwender wenden. (Vorsicht, der Fisch zerfällt leicht.) Nun ist der Fisch zu etwa 70 Prozent durchgegart und benötigt nur noch einige Minuten auf der anderen Seite.

Für mehr Geschmack nach Belieben die Butter zum Fisch geben und diesen damit während des Bratens beträufeln. Sofort servieren, dazu Zitronenspalten reichen.

GEBACKENER SEELACHS
mit Ingwer, Tomaten & Pinienkernen

Ein wunderbares Gericht, das toll aussieht, lecker schmeckt und kinderleicht zuzubereiten ist. Servieren Sie es mit einem grünen Salat oder Puy-Linsen mit Spinat (siehe Seite 53). Ein großartiges Sommerrezept!

Für 4 Personen
4 Alaska-Seelachsfilets (à ca. 180 g)
1 große Handvoll Cocktailtomaten

Für die Marinade
1 kleine Handvoll Basilikumblätter, zerzupft
1 rote Chili, entkernt und in feine Streifen geschnitten
3 EL Olivenöl
1 kräftige Prise Meersalzflocken
30 ml Zitronensaft
30 ml Wasser
1 Stück frische Ingwerwurzel (2 cm), fein gerieben
1 Knoblauchzehe, gepresst
150 g Pinienkerne

Zum Servieren
10 Minzeblätter, zerzupft
½ rote Chili, entkernt und in feine Ringe geschnitten
1 kleine Handvoll zerzupfte Basilikumblätter

Die Fischfilets und die Tomaten in eine nicht allzu große Auflaufform geben. Die übrigen Zutaten für die Marinade mit 30 Milliliter Wasser zu einer Marinade verrühren. Die Fischfilets damit überziehen und abgedeckt 1 Stunde marinieren.

Backofen auf 180 °C (Ober-/Unterhitze) vorheizen. Den Fisch im Ofen auf der mittleren Schiene je nach Größe 12–15 Minuten garen. Herausnehmen und 2 Minuten ruhen lassen.

Mit Minze, Chili und Basilikum garniert servieren.

FISCHERTOPF

mit Fenchel & Estragon-Gremolata

Eine überzeugende Kombination mediterraner Aromen: Meeresfrüchte, Fenchel, Tomaten, Knoblauch und eingelegte Zitronen. Das besondere Etwas ist die Estragon-Gremolata. Mir schmeckt dieses Gericht ohne alles, es kann aber auch auf einem Quinoabett serviert werden.

Für 6 Personen
2 EL Olivenöl
3 große Knoblauchzehen, in feine Scheiben
  geschnitten
3 Fenchelknollen, in Spalten geschnitten,
  Fenchelgrün zum Garnieren aufbewahren
650 ml Fischfond
½ eingelegte Zitrone (Internethandel), geviertelt
8 große Strauchtomaten, geviertelt
1 EL Paprikapulver (edelsüß)
1 kräftige Prise Safran
1 kleine Handvoll gehackte glatte Petersilie
250 g Lachsfilet (ohne Haut), in 6 Stücke geschnitten
250 g Kabeljau- oder anderes weißfleischiges
  Fischfilet (ohne Haut), in 6 Stücke geschnitten
12 Miesmuscheln
24 Venusmuscheln
6 Riesengarnelen
Meersalz und frisch gemahlener Pfeffer

Zum Servieren
Estragon-Gremolata (siehe Seite 106)

Das Öl in einem großen, schweren Topf erhitzen und den Knoblauch darin bei schwacher bis mittlerer Hitze 2 Minuten andünsten. Die Fenchelspalten zugeben und 3–4 Minuten mitdünsten.

Mit dem Fond ablöschen und die Zitrone zufügen. Aufkochen und 10 Minuten sanft köcheln lassen. Tomaten, Paprikapulver, Safran und Petersilie zugeben und weitere 5 Minuten köcheln lassen.

Fischstücke und Meeresfrüchte zufügen. Mit bis zu 200 Milliliter Wasser auffüllen, sodass Fisch und Meeresfrüchte bedeckt sind.

Zugedeckt bei starker Hitze 3–4 Minuten sprudelnd kochen, bis die Muscheln sich geöffnet haben (nicht geöffnete Muscheln aussortieren) und die Garnelen rosa sind.

Meeresfrüchte und Fisch mit einem Schaumlöffel aus der Brühe heben. Ohne Deckel weitere 4–5 Minuten kochen, bis die Brühe etwas reduziert und leicht eingedickt ist.

Probieren und mit Salz und Pfeffer abschmecken. Fisch und Meeresfrüchte wieder in die Brühe geben und darin 1–2 Minuten erhitzen. Heiß, mit der Estragon-Gremolata bestreut, servieren.

Mamas

GEMÜSECHILI

Dieses supereinfache Chili hält wirklich lange satt. Es steckt voller Proteine und Geschmack. Kinder lieben es ebenso wie Erwachsene. Ich bereite oft eine richtig große Portion auf Vorrat vor und stelle sie dann in den Kühlschrank, damit ich bei Bedarf in 5 Minuten ein tolles Mittag- oder Abendessen auf dem Tisch habe. Es ist perfekt nach einem anstrengenden Arbeitstag oder einer langen Fitnesseinheit.

Für 4–6 Personen

4 Knoblauchzehen, sehr fein gehackt
4 EL kalt gepresstes Sonnenblumenöl, Kokosöl oder Ghee (indisches Butterschmalz; Bioladen)
1 große gelbe Zwiebel, klein gewürfelt
1 große Karotte, in 1 cm große Würfel geschnitten
1 rote Paprika, in 1 cm große Würfel geschnitten
½ TL mildes Chilipulver
1 TL gemahlener Kreuzkümmel
1 kräftige Prise Meersalz und reichlich frisch gemahlener Pfeffer
2 TL Chipotle in Adobosauce aus der Dose oder Chipotlepulver (geräucherte Chili; Gewürzhandel)
800 g geschälte Tomaten aus der Dose
110 g Puy-Linsen, abgespült und abgetropft
400 g schwarze Bohnen aus der Dose, abgespült und abgetropft, oder 400 g gekochte schwarze Bohnen
400 g Kidneybohnen aus der Dose, abgespült und abgetropft, oder 400 g gekochte Kidneybohnen
4 EL Tomatenmark

Zum Servieren
Crème fraîche oder saure Sahne
1 kleines Bund Koriander, fein gehackt
Chili- oder Chipotlepulver (geräucherte Chili; Gewürzhandel)

Das Gemüse vorbereiten, dabei den Knoblauch als Erstes hacken und 10 Minuten beiseitestellen.

Das Öl in einem großen Topf erhitzen und Knoblauch, Zwiebel, Karotte, Paprika, Chilipulver, Kreuzkümmel, Salz und Pfeffer darin bei starker Hitze kurz anbraten, bis alles heiß ist. Die Hitze reduzieren und das Gemüse 10–15 Minuten dünsten (es sollte weich und süß, aber nicht zu sehr gebräunt sein). Die Chipotle unterrühren.

Die Tomaten samt Saft untermischen (meine Mum würde selbst eingekochte Tomaten verwenden) und alles bei starker Hitze zum Kochen bringen.

Die Tomaten mit einem Holzlöffel zerdrücken. Die Hitze reduzieren und das Gemüse etwa 25 Minuten köcheln lassen.

Linsen, schwarze Bohnen, Kidneybohnen und Tomatenmark untermischen. Eine Bohnendose voll Wasser dazugießen und alles zum Kochen bringen. Die Hitze reduzieren und 1 Stunde 20 Minuten köcheln lassen. Falls das Gemüse zu trocken wird, mehr Wasser zugießen. Das Chili kurz abkühlen lassen und warm mit Crème fraîche, Koriander und Chilipulver servieren.

ZUCCHININUDELN

mit Rucolablüten

Aus Zucchini spaghettiartige Nudeln herzustellen ist kinderleicht – vorausgesetzt, man hat einen Spiralschneider oder einen Julienneschäler, die es in Kaufhäusern, Küchenläden oder über den Internethandel gibt. Bei meinen Zucchininudeln bleibt der Herd kalt. Zusammen mit Erbsen, Grünkohlpesto und Rucolablüten ergeben sie ein wirklich leichtes, erfrischendes, aber sehr nährstoffreiches sommerliches Gericht, das Ihnen garantiert neuen Schwung verleiht.

Für 2 Personen
2 Zucchini, in feine Spiralbänder geschnitten

Für das Pesto
85 g Cashewkerne, leicht geröstet
85 g Parmesan, grob gerieben
3 Knoblauchzehen, geschält
75 ml natives Olivenöl extra
85 g Grünkohl, Mittelrippen entfernt
Zitronensaft nach Geschmack
Meersalz und frisch zerstoßener Pfeffer

Zum Servieren
1 kräftiger Schuss natives Olivenöl extra
zerzupfte Basilikumblätter
zerzupfte Minzeblätter
1 Handvoll gepalte Erbsen oder kurz blanchierte
  TK-Erbsen
Rucolablüten oder 1 Handvoll Rucola
Parmesanspäne
Meersalz und frisch zerstoßener Pfeffer

Für das Pesto alle Zutaten in den Mixer geben und zu einer groben Paste pürieren. Probieren und den Geschmack abrunden, gegebenenfalls mehr Parmesan oder Zitronensaft dazugeben. Zum Schluss mit Salz und Pfeffer abschmecken.

Die Zucchininudeln in eine Schüssel geben und mit Grünkohlpesto und Olivenöl vermengen. Mit Basilikum, Minze, Erbsen, Rucolablüten und Parmesan garnieren. Mit etwas Salz und Pfeffer würzen.

SÜSSES

Wer's noch nicht weiß: Ich bin eine richtige Naschkatze. Mein letztes Buch war ein gesundes Backbuch, und in dieses Kapitel habe ich ein paar weitere süße Rezepte aufgenommen, die regelmäßig in meiner Küche entstehen: von der luxuriösen dreistöckigen Torte bis zur erfrischenden Eiscreme – alles superlecker und trotzdem gesund.

Außerdem finden Sie hier ein paar tolle Snackideen für die Momente, in denen man eine kleine süße Stärkung für Körper und/oder Seele braucht. Wenn Sie wie ich Ihre Energiereserven konstant halten müssen und es Ihnen schwerfällt, zu etwas Gesundem zu greifen, wenn der Zuckerspiegel nach unten rauscht, kann man sich nicht nur auf Willensstärke verlassen.

Haben Sie immer ein paar Snacks griffbereit, wenn Sie eine kleine Stärkung brauchen. Ich habe zum Beispiel immer eingeweichte Mandeln im Kühlschrank und eine Portion glutenfreies Knuspermüsli im Schrank; das sind meine Snacks. Mein Sohn liebt Eiscreme, deshalb habe ich mir ein paar gesunde Varianten überlegt, und zwar solche, die auch Erwachsenen schmecken. Halten Sie immer ein paar gefrorene Bananen und Beeren im Gefrierfach bereit. In Kombination mit saisonalen Zutaten lassen sich damit köstliche Dinge zaubern. Auf den nächsten Seiten finden Sie reichlich Inspiration für gesunde Snacks und Süßigkeiten.

CHIAPUDDING

mit Apfelkompott, Himbeeren & Pistazien

Chiapudding ist einfach zuzubereiten und genau das Richtige, wenn Sie etwas zum Verwöhnen brauchen. Darüber hinaus enthält er gesunde Fette und Omega-3-Fettsäuren aus Chiasamen und Kokosmilch, die den Stoffwechsel ankurbeln. Ich mache gern ein bisschen mehr davon und bewahre den Pudding im Kühlschrank auf. Dann muss ich ihn nur noch mit frischem Obst und Joghurt anrichten, wenn mein Sohn oder ich eine kleine Nachmittagsstärkung brauchen. Gekühlt ist der Pudding bis zu 1 Woche haltbar.

Für 2 Personen
340 ml heiße Pflanzen- oder Kuhmilch
4 EL Chiasamen (Bioladen)
1 großer Apfel, geschält, entkernt und in 3 cm große
    Stücke geschnitten
¼ Vanilleschote, Mark herausgekratzt
1–2 TL nativer Dattelsirup (siehe Seite 119),
    Roh-Honig oder Biohonig
50 g gehackte Pistazienkerne
Borretschblüten zum Garnieren (nach Belieben)

Die heiße Milch in eine Schüssel füllen und die Chiasamen einrühren. Etwa 5 Minuten quellen lassen, dann kurz und kräftig rühren, damit keine Klümpchen entstehen. Nach weiteren 5 Minuten wiederholen. Abdecken und mehrere Stunden oder über Nacht quellen lassen. Dadurch werden Antinährstoffe (siehe unten) abgebaut und die Chiasamen besser verdaulich.

In der Zwischenzeit für das Apfelkompott die Apfelstücke mit dem Vanillemark und einigen Esslöffeln Wasser in einen kleinen Topf geben und zugedeckt bei mittlerer Hitze zum Kochen bringen. Nach 1–2 Minuten einmal umrühren und etwa weitere 10 Minuten dünsten, bis die Äpfel auseinanderfallen (ich mag es lieber, wenn das Kompott noch etwas Textur hat und nicht ganz glatt ist). Nach Geschmack mit dem Dattelsirup süßen.

Den Chiapudding mit 1–2 Esslöffeln Wasser in einen kleinen Topf geben und erwärmen. Den Pudding in zwei Schalen füllen und das Apfelkompott darübergeben. Mit den Pistazien bestreuen und, nach Belieben mit Borretschblüten garniert, warm servieren.

* Antinährstoffe oder antinutritive Substanzen sind natürliche oder synthetische Stoffe in Nahrungsmitteln, die die Aufnahme von Nährstoffen behindern. Sie stecken in der Schale oder Hülle von fast allen Saaten, Nüssen und Getreiden. Zur Neutralisierung von Antinährstoffen können Sie Nüsse, Saaten und Co. je nach Sorte ein paar Stunden oder über Nacht einweichen.

GEEISTER BROMBEER-KÄSEKUCHEN

mit Blüten

Ein geeister Käsekuchen, fast ein bisschen wie eine Eistorte – nur gesünder. Er ist problemlos zuzubereiten und an heißen Sommerabenden eine echte Erfrischung nach einem Essen im Freien. Der Teigboden ist herrlich weich und nussig, und der Belag ist so, wie er sein sollte: duftig-fruchtig und cremig.

Für 12 Personen

Für den Teig

300 g blanchierte Mandeln
50 g Sonnenblumenkerne
12 Medjool-Datteln, entsteint
abgeriebene Schale von ½ Biozitrone
2 EL Kokosöl (Bioladen)
1 kräftige Prise Meersalz

Für den Belag

200 g Brombeeren
100 g Blaubeeren
Saft von ½ Zitrone
120 ml Roh-Honig oder Biohonig
500 g griechischer Joghurt oder
  stichfester Naturjoghurt
1 TL Rosenwasser (Apotheke)

Zum Garnieren

250 g Brombeeren
100 g Blaubeeren
essbare Blüten (vorzugsweise rosa und violett,
  z.B. von Zuckererbsen, Rosen, Lavendel, Veilchen)

Den Backofen auf 180 °C (Ober-/Unterhitze) vorheizen. Für den Teig Mandeln und Sonnenblumenkerne auf einem Backblech verteilen und im Ofen 6–8 Minuten rösten, bis sie etwas Farbe bekommen und zu duften beginnen. Leicht abkühlen lassen.

In den Mixer geben und grob mahlen (es sollte kein Pulver entstehen). Die restlichen Zutaten für den Teig zugeben und mixen, bis die Zutaten gebunden sind und ein etwas klebriger Teig entstanden ist.

Die Masse auf dem Boden einer beschichteten Springform (20 Zentimeter Durchmesser) verteilen und leicht andrücken. Im Kühlschrank fest werden lassen.

Für den Belag Brombeeren und Blaubeeren mit Zitronensaft und Honig pürieren. In einer großen Schüssel sorgfältig mit dem Joghurt und Rosenwasser verrühren.

Die Masse auf den Teigboden geben und glatt streichen. Den Kuchen ins Gefrierfach stellen und mindestens 3–4 Stunden tiefkühlen. (Da der Belag keine Gelatine zum Festwerden enthält, würde er ohne Gefrieren zerfließen. Deshalb sollte der Kuchen vor dem Servieren fast ganz gefroren sein, nur in der Mitte darf er noch ein bisschen weich sein. Wenn Sie den Kuchen über Nacht im Gefrierfach lassen, stellen Sie ihn 30 Minuten vor dem Servieren zum Antauen in den Kühlschrank.)

Vor dem Servieren aus der Form lösen und mit Beeren und Blüten garnieren.

SÜNDIGE SCHOKOLADENMOUSSE

mit Himbeerkompott & Pistazien

Sie werden nicht glauben, wie einfach diese Mousse zuzubereiten ist, wie göttlich sie schmeckt und wie gut sie Ihnen tut. Schokolade und feinsäuerliche Himbeeren passen ausgezeichnet zusammen und werden perfekt ergänzt durch die blumige Note des Rosenwassers. Die Pistazien bringen Biss und Farbe ins Spiel.

Für 2–3 Personen
Für die Mousse
80 ml Roh-Honig, Biohonig oder Ahornsirup
2 reife Avocados, halbiert und Fruchtfleisch ausgelöst
1 reife Banane, geschält
Mark von ½ Vanilleschote
30 g Roh-Kakaopulver (Internethandel) und
 mehr zum Bestäuben (nach Belieben)
1 kleiner Schuss Kokoswasser (nach Belieben)

Für das Kompott
300 g Himbeeren
Saft von ½ Zitrone
2 EL Ahornsirup oder Honig
½ TL Rosenwasser (Apotheke)

Zum Servieren
100 g Pistazienkerne, grob gehackt
unbehandelte Rosenblütenblätter zum Garnieren
 (nach Belieben)

Für die Mousse alle Zutaten in einem Mixer zu einer glatten, luftigen Creme verarbeiten (nach Belieben für eine leichtere Konsistenz Kokoswasser dazugeben). Die Mousse in eine Schale füllen und im Kühlschrank etwa 20 Minuten setzen lassen.

In der Zwischenzeit für das Kompott die Himbeeren mit Zitronensaft, Sirup und Rosenwasser in eine Schüssel geben. Mit einem Löffel vermengen, sodass die Beeren leicht zerdrückt werden, dann 10–15 Minuten ziehen lassen.

Wenn die Mousse sich gesetzt hat, das Kompott darauf verteilen. Mit Pistazien sowie nach Belieben Blütenblättern und Kakaopulver garnieren. So wird diese luxuriöse Creme nicht nur ein Fest für den Gaumen, sondern auch für die Augen. Sofort servieren.

KOKOS–FEIGEN–
APRIKOSEN–KUGELN

Diese wunderbar leckeren kleinen Kugeln sind perfekt als Snack für unterwegs, zum Nachmittagskaffee oder wenn Sie schnell einen Energieschub brauchen. Sie können ruhig eine größere Menge davon zubereiten, denn die Kugeln sind im Kühlschrank sehr gut haltbar. Sie sind leicht und saftig und können mit unterschiedlichen Zutaten umhüllt werden, z. B. Nüssen, Samen oder gefriergetrockneten Beeren – so ist für jeden Geschmack etwas dabei.

Für etwa 40 Kugeln
**200 g ungeschwefelte getrocknete Aprikosen und
5 zusätzliche Früchte**
1 reife Kokosnuss
**1 kleine Handvoll Pistazien- oder Cashewkerne,
grob gehackt**
1 gehäufter EL Roh-Honig oder Biohonig

Zum Umhüllen nach Wahl
Sesamsaat
geschälte Hanfsamen (Bioladen)
gefriergetrocknete Himbeeren, fein gehackt
Kokosraspel

Die Aprikosen (bis auf die 5 zusätzlichen Früchte) 6–8 Stunden in Wasser einweichen.

Zwei Löcher in die Kokosnuss bohren. Das Wasser durch ein feines Sieb in eine Schüssel gießen und beiseitestellen.

Die Kokosnuss aufbrechen, das Kokosfleisch herauslösen und kurz abspülen, um Schalenreste zu entfernen. Das Kokosfleisch in Stücke brechen und in einen Entsafter geben.

Die Aprikosen abtropfen lassen und mit dem Kokosmark im Mixer, im Blitzhacker oder mit dem Stabmixer glatt pürieren. (Sie können die Aprikosen auch mit einem Messer sehr fein hacken oder im Mörser zerdrücken.) Wenn die Masse zu trocken ist, etwas Kokoswasser einarbeiten, bis die Zutaten sich verbinden. Die 5 zusätzlichen Aprikosen grob hacken und mit den gehackten Nüssen sowie dem Honig in die Aprikosenmasse einarbeiten.

Die Masse mit den Händen zu kleinen Kugeln formen und zum Umhüllen in einigen Esslöffeln der gewünschten Samen oder Beeren rollen. Auf einen Teller oder ein Tablett setzen und im Kühlschrank fest werden lassen.

HIMBEER-ROSEN-CUPCAKES

In bestimmten Momenten braucht man einfach etwas hübsches Süßes, und diese Cupcakes sind genau das Richtige. Ob zum Nachmittagskaffee oder Picknick – damit machen Sie bestimmt Eindruck. Zum Frühstück esse ich sie manchmal ohne Glasur. Sie enthalten reichlich Nüsse, Ballaststoffe und natürliche Süße und sind deshalb ein energiereicher Start in den Tag. Die Cremeglasur hält nicht lange, deshalb sollten die Cupcakes möglichst schnell gegessen werden.

Für 18 Stück

Für den Teig
220 g gemahlene Mandeln
100 g Kokosraspel
1 große reife Banane, zerdrückt
3 Eier (Freilandhaltung)
4 EL flüssiges Kokosöl (Bioladen), Butter oder Ghee (indisches Butterschmalz)
125 ml Kefir, Naturjoghurt oder vollfette Kokosmilch, glatt gerührt
10 Medjool-Datteln, entsteint
1½ TL Backpulver (wenn Sie es weglassen, wird der Teig etwas fester)
Mark von ½ Vanilleschote
1 TL Rosenwasser (Apotheke)
1 Prise Meersalz
2 Handvoll Himbeeren

Für die Glasur
1 Rezept Cashewcreme (siehe Seite 119)
oder
2 Rezepte Kokoscreme mit Vanille (siehe Seite 118)
oder
1 Rezept Schlagsahne (siehe Seite 118)
1 Handvoll Himbeeren

Zum Garnieren
unbehandelte Rosenblütenblätter
1 kleine Handvoll Pistazienkerne oder Mandeln, grob gehackt

Den Backofen auf 200 °C (Ober-/Unterhitze) vorheizen. In drei Cupcake-Bleche mit je sechs Vertiefungen 18 Papierbackförmchen setzen.

Für den Teig alle Zutaten bis auf die Himbeeren im Mixer glatt pürieren. (Wenn Sie keinen Mixer besitzen, Banane und Datteln zu Brei zerdrücken und die restlichen Zutaten bis auf die Himbeeren mit einem Holzlöffel sorgfältig unterrühren.) Den Teig in eine Schüssel füllen und die Himbeeren unterziehen. Den Teig in die vorbereiteten Förmchen füllen und im Ofen 10–12 Minuten backen. Herausnehmen und auf einem Kuchengitter abkühlen lassen.

In der Zwischenzeit die gewünschte Creme zubereiten. Die Himbeeren durch ein feines Sieb in eine Schüssel streichen und grob unter die Creme ziehen, sodass ein schöner Marmoreffekt entsteht.

Die Cupcakes mit je 1 Klecks Creme bedecken und mit Rosenblütenblättern und, Pistazien oder Mandeln garniert, servieren.

GEBACKENE FEIGEN & ERDBEEREN

mit Honig, Vanille & gerösteten Mandeln

Feigen und Erdbeeren aus dem Ofen sind eine himmlische Kombination, süß und verführerisch. Genießen Sie sie als Nachtisch oder zum Frühstück mit etwas Naturjoghurt, um die Süße der Früchte auszugleichen. Am besten schmeckt diese Kreation im Spätsommer, wenn die Feigen Saison haben und die letzten Sommererdbeeren voller Aroma und Süße sind. Die Mandeln sorgen für Biss und Textur. Probieren Sie dieses Dessert mit der leichten Kokoscreme (siehe Seite 118), wenn Sie auf Milchprodukte verzichten möchten.

Für 6 Personen

600 g vollreife Feigen, Stiele entfernt

100 g kalte Butter oder kaltes natives Kokosöl (Bioladen)

250 g vollreife kleinere Erdbeeren, geputzt

150 g (am besten heller) Roh-Honig oder Biohonig

abgeriebene Schale von 1 und Saft von ½ Biozitrone oder 1 Orange

Mark von 1 Vanilleschote oder 1 TL Vanillearoma

100 g Mandelblättchen

zum Servieren

Ihr Lieblingsjoghurt oder Ihre Lieblingscreme

Den Backofen auf 180 °C (Ober-/Unterhitze) vorheizen.

Die Feigen oben kreuzweise einschneiden. In eine Auflaufform setzen. Die Form sollte so groß sein, dass auch die Erdbeeren noch ohne stapeln hineinpassen. Auf jede Feige 1 Butterflöckchen setzen und die Erdbeeren ringsum verteilen. Honig und Vanillemark verrühren und mit dem Zitronensaft über die Früchte träufeln. Mit den Mandelblättchen bestreuen.

Im Ofen 10–15 Minuten backen, bis die Feigen zerfallen. Herausnehmen und mit der Zitronenschale bestreuen. Heiß oder lauwarm mit Joghurt oder der Creme servieren.

GEWÜRZ–SCHOKO–BROWNIES
MIT SÜSSKARTOFFELN

Diese glutenfreien Brownies schmecken zum Nachmittagskaffee oder einfach als Leckerei.
Mit einem Klecks Crème fraîche, einigen Himbeeren und einem Hauch Kakaopulver
werden sie zu einem schicken Dessert.

Für 16 Stück
3 Süßkartoffeln
12 Medjool-Datteln, entsteint
70 g gemahlene Mandeln
75 g Buchweizenmehl (Bioladen)
3 EL Kakaosplitter (Internethandel)
4 EL Roh-Kakaopulver (Internethandel)
3 EL Honig
abgeriebene Schale von 1 Bioorange
½ TL Zimt

Zum Servieren
Kakaopulver zum Bestäuben

Die Süßkartoffeln schälen und in einem Topf mit Dämpfeinsatz in 18–20 Minuten weich dämpfen.

Den Backofen auf 180 °C (Ober-/Unterhitze) vorheizen. Eine Backform (10 x 20 Zentimeter) mit Backpapier auskleiden.

Die gedämpften Süßkartoffeln mit den Datteln in den Mixer geben und glatt pürieren.

Die übrigen Zutaten in einer großen Schüssel mischen. Das Süßkartoffel-Dattel-Püree unterziehen.

Den Teig in die vorbereitete Form füllen und im Ofen etwa 20 Minuten backen. Herausnehmen und vor dem Bestreuen mit Kakaopulver und Anschneiden einige Minuten abkühlen lassen. Lauwarm oder kalt servieren.

JOHANNISBEER-KOKOS-EISCREME

mit Rosenwasser

Schwarze Johannisbeeren haben einen ganz eigenen Geschmack, weshalb dieses Rezept eher für Erwachsene geeignet ist – es sei denn, Ihr Nachwuchs mag die säuerlichen Aromen. Ich bevorzuge ziemlich saure Johannisbeeren; wenn Sie es süßer mögen, geben Sie etwas mehr Honig dazu. Die kleinen schwarzen Beeren sind ein wenig aus der Mode gekommen, was schade ist, denn sie sind echte Vitamin-C-Bomben. Ihre intensive dunkle Farbe kontrastiert wunderbar mit den rosa Blütenblättern und den grünen Pistazien.

Für 3–4 Personen
120 g Schwarze Johannisbeeren, gefroren
60 g Brombeeren, gefroren
60 g Blaubeeren, gefroren
200 ml kalte vollfette Kokosmilch
2 EL Roh-Honig oder Biohonig
1 TL Rosenwasser (Apotheke)

Zum Servieren
unbehandelte dunkelrosa Rosenblütenblätter
1 Handvoll Pistazienkerne, fein gehackt

Alle Zutaten im Mixer zu einem glatten, cremigen Eis pürieren. Kugeln abstechen und in Schalen geben. Mit Blütenblättern und Pistazien garnieren und servieren.

BANANEN-SCHOKO-EISCREME

mit Granatapfel & Kakaosplittern

Eine sündhaft leckere und sehr nahrhafte Süßspeise. Die Kakaosplitter und Granatapfelkerne sind ein wunderbar knackiger Kontrast zum cremigen Eis. Kakaopulver und Kakaosplitter sorgen für ein feinherbes Aroma – genau so liebe ich Schokolade.

Für 2–4 Personen
4 reife Bananen, in dünne Scheiben geschnitten
2 EL Roh-Kakaopulver (Internethandel)
125 ml kalte ungesüßte Mandelmilch (siehe Seite 119)
2 EL Ahornsirup

Zum Garnieren
Kerne von 1 Granatapfel
2 EL Kakaosplitter (Internethandel)

Die Bananenscheiben in einen Gefrierbeutel geben und in einer Lage ins Gefrierfach legen, damit sie nicht zu einem Klumpen zusammenfrieren. (Ich lasse die Scheiben üblicherweise über Nacht im Gefrierfach, aber ein paar Stunden reichen.)

Die durchgefrorenen Bananenscheiben mit Kakaopulver, Mandelmilch und Sirup in den Mixer geben und 1–2 Minuten glatt pürieren. (Die Bananen tauen etwas an, sodass eine samtig-cremige Eismasse entsteht.)

Wenn die Masse die richtige Konsistenz hat, in Kugeln in Dessertschalen geben und, mit Granatapfelkernen und Kakaosplittern garniert, sofort servieren.

JOGHURT-BROMBEER-EIS
AM STIEL

*Dieses Eis am Stiel sieht sehr hübsch aus und lässt sich auch spielerisch zusammen
mit Kindern zubereiten. Es ist ideal für Partys und Grillabende oder einfach
zum Abkühlen nach der Schule.*

Ergibt 8 Stück
200 g Brombeeren
120 g Honig und 30 g Honig für den Joghurt
500 g Naturjoghurt

8 kleine Eisförmchen
8 hölzerne Eisstiele

Die Brombeeren und den Honig in einen kleinen Topf geben und sanft erhitzen, bis eine sirupartige Masse entstanden ist.

Die Masse mit dem Stabmixer pürieren und durch ein feines Sieb in eine saubere Schüssel passieren. Abkühlen lassen.

Den Joghurt in einer großen Schüssel mit dem zusätzlichen Honig verrühren. Die Hälfte der abgekühlten Beerenmasse grob unterziehen.

Die Joghurt-Beeren-Mischung gleichmäßig auf die Förmchen verteilen, dann die restliche Brombeermasse daraufgeben. Die Förmchen auf ein Blech stellen, mit Alufolie abdecken und je einen Eisstiel durch die Folie in die Mitte der Förmchen stecken. (Dadurch bleiben die Stiele senkrecht stehen und verrutschen nicht.) Im Gefrierfach 3–4 Stunden fest werden lassen. Zum Herauslösen kurz in heißes Wasser tauchen.

SOMMERLICHE ERDBEER-GRANATAPFEL-TORTE

Eine besondere Torte für besondere Anlässe – sie ist leicht, fruchtig, cremig und perfekt für den Sommer, wenn die Erdbeeren besonders süß und aromatisch sind.

Für 8–10 Personen

Für den Teig

300 g weiche Butter und Butter für die Formen
300 g Dinkelmehl, gesiebt, und Mehl für die Formen
4 Eier (Freilandhaltung)
3 gestrichene TL Backpulver
2 TL Rosenwasser (Apotheke)
300 ml Ahornsirup
abgeriebene Schale von 1 Biozitrone
2–3 EL Kefir oder Milch

Für die Füllung

400 g Schlagsahne
2 EL Ahornsirup
1 TL Rosenwasser (Apotheke)
50 g griechischer Naturjoghurt oder Kefir
6 EL Rosenblütenmarmelade oder glatt gerührtes Rosenblütengelee
Kerne von 1 Granatapfel
250 g Erdbeeren
Puderzucker zum Bestäuben (nach Belieben)

Den Backofen auf 180 °C (Ober-/Unterhitze) vorheizen. Drei Springformen (20 Zentimeter Durchmesser) einfetten und mit Mehl bestäuben.

Für den Teig die Butter in einer großen Schüssel mit einem elektrischen Handrührgerät hell und cremig rühren. 2–3 Esslöffel Mehl unterrühren, dann die Eier einzeln einarbeiten. Falls die Mischung gerinnt, noch 1 Esslöffel Mehl unterrühren. Mit einem großen Metalllöffel das restliche Mehl mit dem Backpulver unterziehen (nicht zu lange vermengen). Rosenwasser, Ahornsirup und Zitronenschale unterheben. Wenn der Teig zu fest ist, Kefir oder Milch einarbeiten.

Den Teig in die vorbereiteten Formen füllen, glatt streichen und im Ofen 20 Minuten backen. Herausnehmen und 5–10 Minuten in der Form abkühlen lassen, dann aus der Form lösen und vollständig erkalten lassen.

Für die Füllung die Sahne steif schlagen, dann vorsichtig Ahornsirup und Rosenwasser unterheben. Den Joghurt unterziehen. Die Marmelade grob unterziehen, sodass ein Marmoreffekt entsteht.

Einen Teigboden auf eine Tortenplatte setzen, mit einem Drittel der Sahne bestreichen und mit einem Drittel der Granatapfelkerne belegen. Die restlichen Zutaten ebenso aufeinanderschichten.

Die Erdbeeren auf der Torte verteilen. Übrig gebliebene Granatapfelkerne zerdrücken und den Saft über die Torte träufeln. Das sorgt für einen sehr schönen Effekt. Nach Belieben mit Puderzucker bestäuben.

GRUNDREZEPTE

In diesem Kapitel finden Sie einige Grundrezepte, z. B. für Mayonnaise, Dressings, Dips und Saucen. Diese Begleiter sind einfach zuzubereiten und schmecken viel besser als gekaufte Ware aus dem Supermarkt. Ich zumindest habe bislang noch kein richtig gutes Pesto im Supermarkt gefunden. Bei selbst zubereitetem Pesto wissen Sie genau, welche Zutaten es enthält und wie frisch und gut sie sind. Mayonnaise beispielsweise hat einen eher schlechten Ruf, und wenn ich an Mayonnaise aus dem Glas denke, verstehe ich auch, warum. Bereiten Sie deshalb unbedingt Ihre eigene zu – mit gesunden Zutaten, vielen guten Fetten und Protein. Sie ist im Kühlschrank ein paar Tage haltbar und wirklich einfach herzustellen. Wenn sie zu gerinnen droht, geben Sie einfach einen Löffel warmes Wasser dazu und rühren Sie alles noch mal durch – dann verbinden sich die Zutaten wieder. Experimentieren Sie mit mehr oder weniger fruchtigen Olivenölsorten. Die vielen tollen Dressings in diesem Kapitel verfeinern jede Art von Salat.

GREMOLATA

Gremolata ist einfach der Wahnsinn! Ich liebe dieses Zeug, denn es peppt fast alles auf. Ein kleiner Löffel, und aus einfach wird genial. Ich verwende es für so ziemlich alles: Suppen, Salate, Ofengemüse – vor allem Karotten, Pastinaken, Kürbis und Süßkartoffeln –, Sandwiches und natürlich für Fleisch vor oder nach dem Braten, für Fisch und für Huhn. Außerdem kann man damit prima Kräuterreste verwerten, die sonst im Gemüsefach dahinwelken und letztlich im Abfall landen würden. Wie oft ist uns das allen schon passiert?

Genug für ein Gericht für 4 Personen
1 Bund Petersilie, fein gehackt
1 große oder 2 kleine Knoblauchzehen, fein gehackt
abgeriebene Schale von 2 Biozitronen

Alle Zutaten in eine Schale geben und vermengen – fertig! Gremolata ist im Kühlschrank einige Tage haltbar, sollte aber mit Frischhaltefolie abgedeckt oder in einen luftdicht schließenden Behälter gefüllt werden.

Variante
Im Garten meiner Mutter wächst köstlicher Brauner Senf. Wenn ich früher durch ihren Garten streifte, pflückte ich immer zarte Salatblätter. Die Senfblätter gehörten zu meinem Lieblingsgrünzeug, weil sie so schön senfig und pfeffrig schmecken. Verwenden Sie sie anstelle von Petersilie für eine pikantere Note.

ESTRAGON-GREMOLATA

3 EL fein gehackte Estragonblätter
abgeriebene Schale von 1 Biozitrone
½ Knoblauchzehe, fein gehackt

Alle Zutaten in einer Schale mischen. Diese Gremolata ist 1–2 Tage haltbar.

HUMMUS

Hummus ist eine tolle Sache: Kinder lieben ihn genauso wie Erwachsene. Ich kenne
kaum jemanden, der ihn nicht mag. Zwar gibt es ein paar gute Marken im Supermarkt,
aber mir schmeckt mein selbst gemachter am besten, und ich weiß, dass nur das beste
Öl und damit keine schlechten Fette darinstecken. Gesättigte Fette gehören zu den
schlechtesten Dingen, die man zu sich nehmen kann – das gilt insbesondere für Kinder.
Mit hausgemachtem Hummus nehmen Sie das Beste von allem auf.

Für 6 Personen
400 g Kichererbsen aus dem Glas, abgetropft
4 EL Zitronensaft (mehr nach Geschmack)
4 Knoblauchzehen, durchgepresst
2 TL gemahlener Kreuzkümmel
Salz
200 g Tahini (Sesampaste)
4 EL natives Olivenöl extra und mehr zum Beträufeln
2 TL geräuchertes Paprikapulver
2 EL fein gehackte krause Petersilie

Alle Zutaten außer Paprika und Petersilie mit 8 Esslöffeln Wasser im Mixer oder mit dem Stabmixer glatt pürieren.

Wenn die Masse schön cremig ist, in eine Schale füllen, mit einem Löffel glatt streichen und zum Schluss eine Welle hineinziehen. Mit Paprikapulver bestäuben und mit Petersilie bestreuen. Mit etwas Olivenöl beträufeln und servieren.

HUMMUS AUS GERÖSTETEN PAPRIKA MIT CHIPOTLE

Wie für den normalen Hummus Kichererbsen, Zitronensaft, Knoblauch, Salz, Tahini und Olivenöl bereitstellen. Das Wasser weglassen.

2 rote Paprikaschoten im Backofen rösten, dann häuten, entkernen und fein würfeln. Kreuzkümmel, Paprika und Petersilie durch 1½ Teelöffel Chipotlepulver (geräuchertes Chilipulver; Gewürzhandel) ersetzen.

Zum Garnieren den Hummus mit etwas Chipotlepulver bestäuben.

HUMMUS MIT KÜRBIS & ROSMARIN

Zutaten wie für den normalen Hummus, nur das Wasser weglassen und 120 Gramm gerösteten Butternusskürbis zufügen. Paprika und Petersilie durch einige gehackte Rosmarinnadeln ersetzen.

GRÜNKOHLCHIPS

Chips aus Grünkohl sind lecker und schnell zubereitet. Das Wichtigste dabei ist, dass die Blätter ganz trocken sind, sonst welken sie im Ofen, statt knusprig zu werden. Deshalb wasche ich die Blätter am Vorabend und lasse sie auf der Arbeitsfläche auf einem sauberen Küchentuch über Nacht trocknen. Wenn Sie noch nie Grünkohlchips gemacht haben, werden Sie überrascht sein, wie einfach das geht und wie viel günstiger diese Chips im Vergleich zu Supermarktchips sind.

Für 1 große Schüssel (ca. 4 Personen)
1 Grünkohl (ca. 8–10 große Blätter)
1 EL Olivenöl
¼ TL Meersalz

Würzmischungen (nach Belieben)
orientalisch
¼ TL gemahlene Kurkuma
¼ TL gemahlener Kreuzkümmel
¼ TL gemahlener Koriander

pikant
¼ TL Chipotlepulver (Gewürzhandel)
¼ TL getrockneter Oregano

Den Backofen auf 140 °C (Ober-/Unterhitze) vorheizen und ein Backblech mit Backpapier auslegen.

Die Grünkohlblätter waschen und sehr gut trocknen lassen. (Sind Wasserreste auf den Blättern, würden die Blätter eher gedünstet als knusprig getrocknet werden.)

Mit einem langen Messer, einer Küchenschere oder von Hand die dicke Mittelrippe heraustrennen.

Die Blätter in 5 Zentimeter große Stücke teilen. In eine Schüssel geben, mit Öl beträufeln und mit Salz bestreuen. Öl und Salz in die Blätter reiben, bis sie mit einer dünnen Ölschicht überzogen sind. Nach Belieben eine der beiden Würzmischungen zugeben. Die Blätter auf dem vorbereiteten Backblech verteilen und im Ofen in 8–12 Minuten knusprig backen.

Manche Blätter werden schneller knusprig als andere, deshalb knusprige Blätter herauspicken und den Rest weitertrocknen, bis alle Blätter kross sind. Die Chips sind in einem luftdicht schließenden Behälter einige Tage haltbar.

KIMCHI

Kimchi ist, ähnlich wie Sauerkraut, fermentierter Kohl und sehr gesund. Es enthält viele Enzyme und probiotische Stoffe, die das Immunsystem stärken und die Verdauung ankurbeln. Versuchen Sie, koreanische Chiliflocken zu bekommen; sie verleihen dem Kohl ein süßliches, rauchiges Aroma. Andere Chiliflocken sind aber auch in Ordnung.

Für 1 großes Einmachglas (2,5 l)
1 großer Chinakohl, längs geviertelt, Strunk entfernt
35 g Meersalz
mehrere Liter Quell- oder Mineralwasser
   (kein Leitungswasser)
1 Daikon (chinesischer Rettich; Asialaden), in feine
   Stifte geschnitten
4 Frühlingszwiebeln, in 5 cm lange Stücke geschnitten

Für die Paste
1 EL gepresster Knoblauch (ca. 5–6 Zehen)
1 TL frisch geriebene Ingwerwurzel
1 TL nichtraffinierter Zucker
4 EL Fischsauce (Asialaden)
1–5 EL koreanische Chiliflocken (Gochugaru;
   Asialaden)

Den Kohl quer in 3 Zentimeter breite Streifen schneiden und in eine große Schüssel geben. Das Salz 1–2 Minuten mit den Fingern hineinreiben, bis der Kohl weicher wird. Mit Wasser bedecken, mit einem Teller beschweren und 1–2 Stunden ziehen lassen. Die Lake in eine weitere Schüssel abgießen und beiseitestellen. Den Kohl unter fließendem kaltem Wasser abspülen, etwa 10 Minuten im Sieb abtropfen lassen und mit einem Küchentuch trocken tupfen.

Für die Paste Knoblauch, Ingwer, Zucker und Fischsauce in einer Schale verrühren. Die Chiliflocken zugeben (1 Esslöffel für die milde, bis zu 5 Esslöffel oder mehr für die feurig-scharfe Variante).

Den Kohl mit der Paste in eine große Schüssel geben und mit den Händen sorgfältig vermengen. (Am besten Einmalhandschuhe dabei tragen.)

Den Kohl in ein Einmachglas füllen und nach unten drücken. Mit so viel Lake auffüllen, dass der Kohl vollständig bedeckt ist, zum Glasrand sollten aber 4 Zentimeter Abstand bleiben. Das Glas verschließen und bei Zimmertemperatur 3–5 Tage (oder nach Geschmack länger) stehen lassen. Es sollten sich Bläschen bilden, und es kann Lake austreten. Deshalb das Glas vorsichtshalber in eine Schüssel stellen. Den Kohl einmal pro Tag nach unten drücken, damit er wieder mit Lake bedeckt ist (so entweichen Fermentationsgase). Den Kohl täglich probieren, um Säure und Reife zu testen.

Hat der Kohl den gewünschten Geschmack, das Glas in den Kühlschrank stellen. Das Kimchi direkt servieren, es schmeckt aber nach ein paar Wochen noch besser.

MAYONNAISE

*Mayonnaise hat als Fertigprodukt einen eher schlechten Ruf, und tatsächlich
ist sie in dieser Form nicht gut für Ihre Gesundheit: schlechte Fette, Volleipulver,
Geschmacksverstärker, Konservierungsstoffe. Selbst gemachte Mayonnaise ist gar nicht
so schlecht, solange Sie die entsprechenden Zutaten im richtigen Verhältnis verwenden:
kalt gepresstes Öl und Eier aus Freilandhaltung. Darin stecken gute Fette mit Omega-
Fettsäuren. Es gibt so viele köstliche Verwendungsmöglichkeiten für Mayo: in Salaten, zu
Huhn, Fisch, Ofengemüse, Ofenkartoffeln, Fischküchlein …*

Ergibt 350 g
2 Eigelb von Eiern aus Freilandhaltung
1 TL Dijonsenf (mehr nach Geschmack)
**½ EL Apfelessig oder Zitronensaft (mehr nach
Geschmack)**
140 ml natives Olivenöl extra
150 ml kalt gepresstes Sonnenblumenöl oder Rapsöl
Meersalz und frisch gemahlener Pfeffer

Ich bereite meine Mayo in der Regel von Hand zu, was
einfacher ist, als Sie vielleicht denken, und man muss
weniger Geschirr abspülen. Eine Schüssel auf einen
feuchten Küchenlappen setzen, damit sie nicht hin und
her rutscht.

Die Eigelbe in die Schüssel geben und mit einem
Schneebesen mit Senf und Essig verrühren.

Die beiden Öle in einen Messbecher füllen. Ganz wenig
Öl, nur einige Tropfen, zu der Eimasse gießen und
sorgfältig einarbeiten. Dann wieder ein bisschen Öl
zugeben und unterrühren. Auf diese Weise 3–4 Minuten
weiter tröpfchenweise Öl einarbeiten. Dann mehr Öl
auf einmal zugießen. (Ich gieße das Öl in einem dünnen
Strahl zu und rühre gleichzeitig weiter. Zwischendurch
unterbreche ich das Zugießen, um die Mischung kurz
und kräftig durchzuarbeiten.) Möglicherweise hat die
Mayo die gewünschte Konsistenz schon erreicht, bevor
das gesamte Öl verbraucht ist. Wenn die Mayo gerinnt
oder Sie sie etwas dünner haben möchten, rühren Sie
eine kleine Menge warmes Wasser unter.

Nun die Mayo mit Salz und Pfeffer und nach Geschmack mit mehr Essig oder Senf abschmecken. Die
Mayonnaise ist im Kühlschrank bis zu 1 Woche haltbar.

APFEL-HONIG-VINAIGRETTE

Eine richtig leckere Sauce, die ich für so ziemlich jeden Salat und fast alles andere verwende. Im Kühlschrank ist sie sehr gut haltbar.

1 Knoblauchzehe, gepresst
1 gehäufter TL Dijonsenf
50 ml Apfelessig
2 EL Zitronensaft
1–2 EL Roh-Honig oder Biohonig (zuerst 1 EL verwenden, dann nach Belieben mehr)
80 ml natives Olivenöl extra
Meersalz und frisch gemahlener Pfeffer

Alle Zutaten in ein Schraubglas füllen, zuschrauben und kräftig schütteln. Mit Salz und Pfeffer abschmecken.

OLIVENÖL-ZITRONENSAFT-VINAIGRETTE

Diese Vinaigrette ist genau richtig, wenn Ihrem Gemüse nur noch das i-Tüpfelchen fehlt. Sie ist eigentlich keine richtige Sauce. Sie schmeckt aber und ist alkalisierend.

4 EL natives Olivenöl extra
3 EL Zitronensaft
Meersalz und frisch gemahlener Pfeffer

Öl und Zitronensaft in einer Schale verquirlen. Mit Salz und Pfeffer abschmecken und sofort verwenden.

JAPANISCHES DRESSING

Diese Sauce ist anders: Probieren Sie sie zu gedämpftem Gemüse, mit einem Karotten-Bete-Salat oder zu geröstetem Kürbis und Gelber Bete (siehe Seite 59).

70 g rote Zwiebel, fein gehackt
3 EL Sojasauce (Asialaden)
2 EL Reisessig (Asialaden)
½ TL Roh-Honig, Biohonig oder Ahornsirup
¼ TL englisches Senfpulver (Internethandel)
1 EL Traubenkernöl
1 EL Sesamöl (Asialaden)
Meersalz und frisch gemahlener Pfeffer

Alle Zutaten in ein Schraubglas füllen, zuschrauben und kräftig schütteln, bis die Sauce vollständig emulgiert ist. Dann 2 Esslöffel Wasser unterrühren und mit Salz und Pfeffer abschmecken.

Alle Dressings reichen für einen großen Salat.

VINAIGRETTE

mit schwarzen Oliven

Ein tolles Dressing für Salade niçoise. Mit seinem kräftigen Aroma passt es aber auch zu anderen rustikaleren Salaten, zu Kartoffeln, Fisch und vielen weiteren Gerichten.

50 g schwarze Oliven, entsteint
5 eingelegte Sardellenfilets
1 Knoblauchzehe, geschält
Saft von ½ Zitrone
4 EL Olivenöl
1 EL Apfelessig

Oliven, Sardellenfilets und Knoblauch in einem großen Mörser zu einer groben Paste verarbeiten. Die Paste in eine Schale füllen und mit Zitronensaft, Öl und Essig glatt rühren, dann 10–30 Minuten ziehen lassen, damit sich die Aromen entfalten.

ORANGEN-BLÜTEN-DRESSING

Dieses Dressing ist eine Offenbarung für jeden Salat mit Früchten und durch seine florale Note etwas ganz Besonderes. Verwenden Sie nur hochwertiges Orangenblütenwasser, z.B. libanesisches, das über den Internethandel erhältlich ist. Andere Marken schmecken intensiver – sollten Sie ein solches verwenden, geben Sie nur ½ Teelöffel dazu.

1 EL Orangenblütenwasser
   (Apotheke)
2 EL Apfelessig
1 EL Ahornsirup
3 EL Olivenöl
Saft von ½ Zitrone
½ Knoblauchzehe, gepresst
Meersalz und frisch gemahlener
   Pfeffer

Alle Zutaten in einer Schale verquirlen oder in ein Schraubglas füllen, zuschrauben und kräftig schütteln, bis das Dressing emulgiert ist. Vor der Verwendung 10 Minuten ziehen lassen, damit sich die Aromen entfalten.

FRISCHE ORANGEN-VINAIGRETTE

Schmeckt erstklassig zu Fruchtsalaten und bitteren Blattsalaten.

abgeriebene Schale und Saft von
   2 Bioorangen
1 EL Apfelessig
1 TL Roh-Honig oder Biohonig
1 Prise Meersalz und etwas frisch
   gemahlener Pfeffer
100 ml natives Olivenöl extra

Orangenschale und -saft in eine Schüssel geben. Essig, Honig, Salz und Pfeffer unterrühren. Das Öl in einem dünnen Strahl unter ständigem Rühren zugießen.

JOGHURTSAUCE

mit Kräutern

Diese feine Sauce schmeckt großartig zu Grillfleisch, Brathähnchen, Ofengemüse und Salat.

Für 4 Personen (als Beilage)
400 g griechischer Joghurt oder Naturjoghurt
2 große Knoblauchzehen, zerdrückt oder gepresst
1 grüne Chili, entkernt und fein gehackt
6–8 EL gezupfter und fein gehackter Dill
Meersalz und frisch gemahlener Pfeffer

Alle Zutaten (bis auf Salz und Pfeffer) in eine Schüssel geben und glatt rühren. Vor dem Servieren 15 Minuten ziehen lassen, damit sich die Aromen entfalten und mischen, dann erst mit Salz und Pfeffer abschmecken.

GEMÜSEBRÜHE

Der Aufwand für eine selbst gemachte Gemüsebrühe lohnt sich wirklich, zumal sie ganz einfach zuzubereiten, sehr stärkend und gesund ist! Sie ist eine tolle Grundlage für Suppen, Eintöpfe oder Reisgerichte.

Für etwa 3 l
4 Knoblauchzehen, geschält
2 Zwiebeln, geviertelt
3 Karotten, in Stücke geschnitten
2 Selleriestangen, in je 4 Stücke geschnitten
1 große Stange Lauch, in Stücke geschnitten
1 Handvoll glatte Petersilie
4 Zweige Thymian
2 Zweige Estragon
2 Lorbeerblätter
1½ TL Salz
1 TL Pfefferkörner

Alle Zutaten in einen großen Topf geben, mit 3½–4 Liter Wasser auffüllen und zum Kochen bringen. Die Hitze reduzieren und 1 Stunde köcheln lassen. Die Brühe erkalten lassen, dann durch ein Sieb in eine Schüssel gießen. Alle festen Bestandteile entsorgen. Die Brühe in Gläser füllen und kalt stellen oder einfrieren.

PAPRIKA-ROSMARIN-AUFSTRICH

Diese Paste eignet sich für Veganer sowie für Menschen mit Glutenunverträglichkeit. Die Inspiration dafür habe ich aus Die grüne Küche *von David Frenkiel und Luise Vindahl – dies ist meine Version. Ich hab immer ein Glas davon im Kühlschrank, denn die Paste schmeckt zu Ofengemüse, gegrilltem Fisch, als Aufstrich mit Avocado und Salat oder als Dip für Rohkost. Saaten, insbesondere Kürbiskerne, und gutes Öl enthalten viel Zink – wichtig für den Hormonhaushalt und die Hautgesundheit.*

Für 1 Einmachglas (500 ml)
3 rote Paprika, halbiert
Olivenöl zum Beträufeln
2 Zweige Rosmarin, gezupft
50 g Sonnenblumenkerne
50 g Kürbiskerne
1 Prise geräuchertes Paprikapulver
Saft von ½ Zitrone
1 kräftige Prise Meersalz und frisch gemahlener Pfeffer

Den Backofen auf 200 °C (Ober-/Unterhitze) vorheizen.

Die Paprikahälften mit der Schnittseite nach unten auf ein Backblech legen und mit Olivenöl beträufeln. Mit dem Rosmarin bestreuen. Im Ofen 40 Minuten garen, bis die Haut stellenweise schwarz ist und sich leicht abziehen lässt. Anschließend abkühlen lassen.

Die Kerne in einer Pfanne ohne Fett unter Rühren rösten, bis sie zu duften und zu knacken beginnen. In eine Schale füllen.

Die Paprikahälften häuten und mit den übrigen Zutaten im Mixer glatt pürieren. Mit Salz und Pfeffer abschmecken. Den Aufstrich in ein Glas füllen. Er ist im Kühlschrank bis zu 2 Wochen haltbar (wenn er nicht vorher aufgegessen wurde, wie es bei mir immer der Fall ist).

DUKKAH

Diese ägyptische Würzmischung schmeckt phänomenal auf Omelett, Rührei oder Avocado auf Toast, passt aber auch zu Brathähnchen und Fisch. Oder Sie füllen etwas Dukkah und gutes Olivenöl in zwei Schalen und servieren es zu frischem, warmem Vollkornpitabrot. Dukkah ist in einem luftdichten Glas einige Monate haltbar, schmeckt aber so gut, dass es dazu nicht kommen wird.

Für 1 Einmachglas (250 ml)
130 g Haselnusskerne
40 g Koriandersamen
4 EL Kreuzkümmelsamen
2 TL Fenchelsamen
6 TL Sesamsaat
2 EL Pfefferkörner
2 TL getrocknete Minze
2 TL Meersalzflocken

Eine schwere Pfanne stark erhitzen und die Nüsse darin ohne Fett unter Rühren rösten, bis sie duften und leicht gebräunt sind. Auf einen Teller geben und vollständig erkalten lassen.

Nacheinander Koriander, Kreuzkümmel, Fenchel, Sesam und Pfeffer rösten und auf Tellern erkalten lassen.

Alle Zutaten in einen Mörser oder eine Gewürzmühle geben und grob mahlen, aber nicht zu einer Paste verarbeiten. Die Mischung sollte schön krümelig sein.

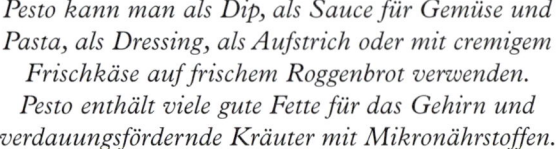

MAMAS PFLAUMENSAUCE

PESTO
(zwei Varianten)

Mit dieser Sauce bin ich groß geworden. Wenn ich fünf Lieblingsaromen meiner Kindheit benennen sollte, wäre die Sauce eines davon. Wir haben sie zu allem gegessen – von Fisch & Chips über Shepherd's Pie bis hin zu unseren hausgemachten Würsten. Meine Mutter hatte sie immer im Vorratsschrank. Sie schmeckt wie eine pflaumenartige Tomatensauce und ähnelt der dicken, süßen chinesischen Pflaumensauce. Sie kann wie Ketchup verwendet werden. Bereiten Sie zunächst die halbe Menge zu – wenn Sie süchtig sind wie ich, kann es mehr sein.

Pesto kann man als Dip, als Sauce für Gemüse und Pasta, als Dressing, als Aufstrich oder mit cremigem Frischkäse auf frischem Roggenbrot verwenden. Pesto enthält viele gute Fette für das Gehirn und verdauungsfördernde Kräuter mit Mikronährstoffen.

Ergibt genug Sauce für 6 Monate
3,5 kg säuerliche Pflaumen, halbiert und entsteint
1,5 kg Urzucker (getrockneter Zuckerrohrsaft; Internethandel)
2 TL Meersalz
1 TL Pimentkörner
1 TL Gewürznelken
115 g frisch geriebene Ingwerwurzel
2 l Apfelessig

Alle Zutaten in einen großen, schweren Topf geben, aufkochen und 2 Stunden köcheln lassen. Vollständig erkalten lassen und in sterilisierte Flaschen füllen. Sauber abgefüllt und verschlossen, hält die Sauce mehrere Monate.

KLASSISCHES PESTO

Für 3–4 Personen
½ Knoblauchzehe, gehackt
3 Handvoll Basilikumblätter, grob gehackt
1 Handvoll Pinienkerne, leicht geröstet
1 große Handvoll fein geriebener Parmesan oder alter Pecorino
150 ml natives Olivenöl extra
1 Spritzer Zitronensaft
Meersalz und frisch gemahlener Pfeffer

Knoblauch, Basilikum, Pinienkerne, Parmesan und Öl im Mixer zu einer groben Paste verarbeiten (ich mag mein Pesto nicht zu glatt). Soll das Pesto flüssiger sein, etwas mehr Öl einarbeiten. Mit Zitronensaft, Salz und Pfeffer abschmecken.

WALNUSSPESTO MIT BASILIKUM ODER GRÜNKOHL

Für 3–4 Personen
175 g Walnusshälften
1 Knoblauchzehe, geschält
1 Handvoll Basilikum- oder Grünkohlblätter
100 g Parmesan, gerieben (mehr nach Geschmack)
100 ml natives Olivenöl extra (mehr nach Geschmack)
Meersalz und frisch gemahlener Pfeffer

Alle Zutaten im Mixer zu einer groben Paste verarbeiten. Nach Geschmack etwas mehr Käse oder Öl zugeben. Mit Salz und Pfeffer abschmecken.

SCHLAGSAHNE

Meine Schlagsahne ist der perfekte Belag für Obstkuchen, Pudding, Obstsalat mit einem Spritzer Rosenwasser oder – mit einer zuckerfreien Konfitüre – für meine Kokos-Bananen-Pfannkuchen. Sie können diese Schlagsahne sehr vielfältig verwenden.

500 g Schlagsahne
3 EL Naturjoghurt oder Kefir
2 EL Roh-Honig, Biohonig oder nativer Dattelsirup (siehe Seite 119)

Die Sahne mit einem elektrischen Handrührgerät steif schlagen, bis die gewünschte Festigkeit erreicht ist (aber nicht zu lange, sonst bekommen Sie Butter). Joghurt und Honig mit einem Teigschaber unterziehen.

MASCARPONE-CREME

Diese Creme schmeckt toll zu gebackenen Früchten, auf denen sie schmilzt und so eine herrliche Sauce ergibt! Sie schmeckt aber auch als Glasur auf Kuchen.

500 g Mascarpone oder saure Sahne
3 Eigelb
120 g Ahornsirup, Biohonig oder nativer Dattelsirup (siehe Seite 119)

Den Mascarpone in einer Schüssel glatt rühren. Die Eigelbe in einer Schale verquirlen und nach und nach den Sirup unterrühren. Die Eimischung unter den Mascarpone rühren. Bis zum Servieren im Kühlschrank aufbewahren.

LEICHTE KOKOSCREME
mit Vanille

Diese leckere Creme kann wie Schlagsahne aus Kuhmilch verwendet werden – eine tolle, rein pflanzliche Alternative für Menschen, die auf Milchprodukte verzichten. Ich serviere sie am liebsten zu meinem Som Tum Pollamai (siehe Seite 47).

400 ml vollfette Kokosmilch
1 TL Roh-Honig, Biohonig oder nativer Dattelsirup (siehe Seite 119; mehr nach Geschmack)
Mark von ¼ Vanilleschote

Die Kokosmilchdose mehrere Stunden oder über Nacht auf dem Kopf in den Kühlschrank stellen. Die Dose umdrehen, öffnen und das Kokoswasser in eine Schale gießen (es kann für eine andere Zubereitung verwendet werden).

Die Creme, die sich abgesetzt hat, in eine Schüssel füllen und mit Honig und Vanillemark 3–5 Minuten mit einem elektrischen Handrührgerät wie Schlagsahne aufschlagen. Nach Geschmack mit weiterem Honig süßen oder mit mehr Kokoswasser verdünnen.

WUNDERBARE DICKE CASHEWCREME

Diese Creme ist samtig und nussig – eine tolle vegane Alternative zu Schlagsahne. Auch als Nichtveganerin bereite ich sie gelegentlich zu, denn sie schmeckt besonders gut zu gebackenen Früchten und auf Kuchen.

160 g Cashewkerne, mindestens 4 Stunden oder über Nacht eingeweicht
1–2 EL Roh-Honig, Biohonig oder nativer Dattelsirup (siehe rechts)
Mark von ¼ Vanilleschote
1 Prise Meersalz

Cashewkerne abgießen und abtropfen lassen. Mit 1 Esslöffel Honig, Vanillemark und Salz in den Mixer geben und mit 80 Milliliter Wasser samtig-glatt verarbeiten. Ist die Creme zu dick, bis zu 40 Milliliter Wasser einarbeiten, bis die gewünschte Konsistenz erreicht ist. Nach Geschmack mit mehr Honig süßen. Zu Süßem wie Kuchen oder Pudding mag ich sie weniger süß.

Variante
Für eine fruchtige Version der Cremes auf dieser Doppelseite einige vollreife Beeren mit einer Gabel zerdrücken und vor dem Servieren grob unter die Creme ziehen. Himbeeren, Brombeeren, Schwarze und Rote Johannisbeeren eignen sich wunderbar, Erdbeeren sind zu wässrig. Falls Sie keine Kerne mögen, passieren Sie die zerdrückten Beeren durch ein feines Sieb.

NATIVER DATTELSIRUP

Medjool-Datteln haben einen intensiven, süßen Geschmack, der sie zur perfekten Alternative für raffinierten Zucker macht, wann immer Sie ein natürliches Süßungsmittel benötigen.

10 Medjool-Datteln oder 20 normale Datteln, entsteint
1 TL frisch gepresster Zitronensaft

Die Datteln über Nacht abgedeckt in 420 Milliliter lauwarmem Wasser einweichen. Datteln, Einweichwasser und Zitronensaft in den Mixer geben und glatt pürieren, dann in ein Schraubglas füllen. Der Sirup ist im Kühlschrank bis zu 3 Wochen haltbar.

MANDELMILCH

Eine tolle Alternative zu Kuhmilch, die leicht zuzubereiten und einfach köstlich ist.

130 g Mandeln
480 ml gefiltertes Wasser oder stilles Mineralwasser

Die Mandeln in einer Schale über Nacht in dem Wasser einweichen (sie sollten mindestens 2,5 Zentimeter hoch bedeckt sein). Abgießen und im Mixer 2 Minuten pürieren.

Ein Käsetuch oder ein Passiertuch in eine Schüssel legen. Das Mandelpüree hineingeben und mit sauberen Händen so viel Flüssigkeit wie möglich herauspressen (es sollten etwa 480 Milliliter sein; die gemahlenen Mandeln im Tuch können zum Backen verwendet werden).

Die Mandelmilch bis zur Verwendung in einer Flasche im Kühlschrank aufbewahren. Sie ist gekühlt einige Tage haltbar, muss dann aber vor der Verwendung gut geschüttelt werden.

SUPERFRAU

Sadie

Ernährung und Bewegung waren mir schon immer wichtig. Mich um meinen Körper zu kümmern war also etwas ganz Normales und Selbstverständliches. Ich bin von Natur aus Vegetarierin. Schon als Kind wollte ich weder Fleisch noch Fisch essen, weil ich den Geschmack nicht mochte. Als Kind und Jugendliche verbrachte ich die meiste Zeit mit Sport, Tanzen und Gymnastik und testete dabei oft meine Grenzen aus. Diese körperlichen Aktivitäten bildeten eine gute Grundlage für eine gesunde Lebensführung.

Ich habe immer versucht, mein Bestes zu geben, mir neue Herausforderungen zu suchen und positiv und zufrieden zu sein. Natürlich weiß ich, dass Ausgeglichenheit und Zufriedenheit nicht selbstverständlich sind und es passieren kann, dass man vom Weg abkommt, desillusioniert und frustriert wird. Das Leben ist nun mal nicht Friede, Freude, Eierkuchen. Für uns alle ist es eine Reise: Wir können gut oder schlecht gelaunt sein, glücklich oder unglücklich, positiv oder negativ. Es gibt so viele Menschen, die irgendwann in ihrem Leben unter Angstzuständen, Depressionen und/oder fehlendem Selbstwertgefühl leiden. Auch ich habe das alles durchgemacht und dabei viele Methoden ausprobiert, um wieder zufrieden und ausgeglichen zu sein.

In meinem Teil des Buches erzähle ich, wie ich meine Dämonen besiegt habe. Auf leicht nachvollziehbare Weise möchte ich weitergeben, was ich aus meinen Erfahrungen gelernt habe.

In meinem Teil des Buches erzähle ich, wie ich meine Dämonen besiegt habe. Auf leicht nachvollziehbare Weise möchte ich weitergeben, was ich aus meinen Erfahrungen gelernt habe.

Ganz wichtig ist, im Hier und Jetzt zu leben. Ich habe so viel Zeit damit verschwendet, herumzuirren, nie zuzuhören, nicht präsent, ständig erreichbar oder abgelenkt zu sein. Zuhörenkönnen ist eine sehr wichtige Fähigkeit, an der ich hart arbeiten musste. Auch einfache menschliche Bedürfnisse – wie zu essen, zu schlafen oder zu leben – waren eine Herausforderung für mich. Wie, so fragte ich mich, könnte ich das ändern? Ich aß gesund, bewegte mich viel, und trotzdem fühlte ich mich, als ob irgendwas nicht mit mir stimmte. Ich ging zu Heilern, Homöopathen, Akupunkteuren, Gurus und Meditationsexperten. Die Reihe der Spezialisten, die ich aufsuchte, war endlos, und es artete dabei fast in eine Vollzeitbeschäftigung aus. Aber bei jedem Besuch nahm ich ein paar Denkansätze mit, und schließlich habe ich mir mein eigenes kleines Programm für Körper, Geist und Seele zusammengestellt, das ich nun jeden Tag versuche umzusetzen. Es ist ein Programm, das in meinen Tagesablauf passt – immerhin bin ich eine berufstätige Mutter

und habe viel um die Ohren und kann mich nicht auf einen einsamen Berg oder in ein Yogaressort zurückziehen. Und natürlich bin ich weit davon entfernt, perfekt zu sein. Manchmal gerät alles gründlich durcheinander. Wenn das passiert, fällt es mir heute allerdings leichter, mich zu sammeln und weiterzumachen.

Innere Ruhe und Zufriedenheit sind die wunderbarsten Gefühle der Welt – so als ob warmer Honig durch die Adern flösse. Man verspürt einen gewissen Abstand und eine wunderbare Gelöstheit. Man fühlt sich wach und gleichzeitig ein wenig benommen, wie an perfekten Sommertagen, wenn man einfach glücklich ist und sich wohlfühlt. Man kann still sitzen und anderen zuhören, ohne mit den Gedanken ganz woanders zu sein.

Mein Programm besteht aus einer Kombination aus Yoga, Meditation und bewusster, gesunder Ernährung. Es ist eine tägliche Routine aus positivem Denken, Entschlossenheit und Hingabe, die Körper, Geist und Seele nährt, und alles beginnt mit der richtigen Atmung.

Herzlich
Sadie

ATMUNG

Atem ist alles! Er haucht uns Leben ein, gibt Energie und – wenn wir richtig atmen – Ruhe und Zufriedenheit. Wir können eine Weile ohne Wasser, Essen und Schlaf auskommen, aber ohne Luft zum Atmen geht nichts. Beim Yoga wird die Atmung als „Pranayama" bezeichnet. „Prana" kann mit „Lebensenergie", „ayama" mit „steuern, kontrollieren" übersetzt werden. „Pranayama" bedeutet so viel wie „Steuerung der Lebenskraft", und es kann Körper und Geist aktivieren.

Als Kind litt ich durch Bronchiektase unter Atemschwierigkeiten. Ich hatte Panikattacken und Angstzustände, weil mir im wahrsten Sinne des Wortes die Luft wegblieb. Erst als ich lernte, richtig zu atmen, wurde ich ruhiger, kontrollierter und ausgeglichener. Über die Jahre habe ich diverse Atemtechniken kennengelernt – von Stimmtrainern, Gesangslehrern und den besten Yogalehrern, die ich finden konnte. So habe ich endlich verstanden, was Atmung und die Kraft, die davon ausgeht, bedeuten. Kontrolliertes Ein- und Ausatmen reinigt und läutert den Körper; es kann in Sekunden den Geist beruhigen und zugleich neue Energie zuführen.

Wenn ich morgens aufwache, öffne ich langsam meine Augen. Ich versuche, mich auf den Moment zu konzentrieren und nicht auf die Hektik, die der Tag bringen mag. Ich beginne mit Pranayama und einer leichten Meditation mit Lieblingsmantras wie „Ich bin zufrieden im Jetzt" oder „Ich liebe mich und achte auf mich". Dadurch fängt mein Tag heiter, ruhig und bewusst an und verläuft hoffentlich konzentriert und positiv. Und ich merke wirklich einen Unterschied: Ich bin klar im Kopf und entspannt. Wenn ich das morgens nicht mache, kann der Tag ganz anders laufen: Ich renne herum wie ein kopfloses Huhn und mache mir zu viele Gedanken über die Kinder und den vollgestopften Terminkalender.

Deshalb möchte ich Ihnen mit ein paar einfachen Übungen erklären, wie ich meine Atmung nutze.

ATEMTECHNIKEN

Ujjayi (u-dschai-ji)
Ujjayi, die „siegreiche" Atmung, ist eine meiner liebsten Atemtechniken. Wegen des Lautes, der beim Ausatmen entsteht, wird sie auch „Atmung mit dem Reibelaut" genannt. Danach fühle ich mich energiegeladen und fokussiert und kann mich besser auf die physischen Übungen konzentrieren. Durch den Ujjayi-Atemrhythmus können Yogapositionen länger gehalten und fließender ausgeführt werden. Zudem kann die Atemtechnik bei Atemwegserkrankungen wie Asthma und Bronchitis helfen.

Setzen Sie sich aufrecht hin, schließen Sie die Augen und atmen Sie gleichmäßig ein und aus.

Wenn Sie bereit sind, atmen Sie tief durch die Nase ein und lassen den Atem durch den Körper strömen. Verengen Sie beim Ausatmen durch den Mund die Kehle, sodass eine leichte Reibung entsteht, und lassen Sie den Atem hindurchströmen. Dabei entsteht ein lang gezogenes „Haaa", als ob Sie eine Brille putzen wollten und die Gläser anhauchen.

Atmen Sie erneut ein und lassen Sie beim Ausatmen durch die Verengung Ihrer Kehle wieder den „Haaa"-Laut entstehen. Wenn Sie sich in den Atemrhythmus eingefunden haben, schließen Sie den Mund und atmen Sie nur durch die Nase. Sie sollten nun ähnlich wie Darth Vader klingen!

Nachdem Ihnen dies beim Ausatmen gelungen ist, nutzen Sie die Anspannung Ihrer Kehle, um den gleichen Laut beim Einatmen zu erzeugen und tatsächlich wie Darth Vader zu klingen.

Feueratmung
Die Feueratmung ist eine Atemtechnik zur Energiesteigerung, die den Körper mit viel Sauerstoff versorgt und das Blut reinigt. Sie fördert zudem die Hirnfunktion und die Konzentration und beruhigt das Nervensystem. Die Feueratmung verschafft ein angenehmes Wohlgefühl, allerdings wird von einer Anwendung während der Schwangerschaft oder Menstruation abgeraten. Die beste Zeit für diese Technik ist morgens oder einige Stunden nach dem Essen, wenn die Mahlzeit verdaut ist.

Atmen Sie mehrmals tief ein und aus. Beginnen Sie dann, schnell und gleichmäßig durch die Nase ein- und auszuatmen. Sie werden feststellen, dass sich Ihr Bauch zusammenzieht.

Ein anderer Übungseinstieg ist, die Zunge herauszustrecken und wie ein Hund zu hecheln. Schließen Sie dann den Mund und atmen Sie im selben Tempo durch die Nase weiter. Dadurch erhält die Atmung einen guten Rhythmus. Atmen Sie in den Bauch hinein, der sich wie ein Blasebalg hebt und senkt.

Versuchen Sie, die Feueratmung 1–4 Minuten täglich anzuwenden.

Wechselatmung durch die Nase
Tägliche Wechselatmung ist gut für Ihr Wohlbefinden. Die Yogis, die vor Tausenden von Jahren Yoga praktizierten, glaubten, dass viele Krankheiten durch unregelmäßige Nasenatmung entstünden. Da die Nase direkt mit dem Gehirn verbunden ist, fördert die Wechselatmung die optimale Funktion der Hirnhälften, was wiederum den Geist beruhigt. Außerdem verbessert sie den Schlaf, stimuliert die Zirbeldrüse, wirkt regulierend auf den Hormonhaushalt und beruhigt das Nervensystem.

Atmen Sie durch das linke Nasenloch ein, während Sie das rechte mit dem Daumen zuhalten. Halten Sie den Atem kurz an und schließen Sie beide Nasenlöcher. Öffnen Sie das rechte Nasenloch und atmen Sie gleichmäßig aus.

Atmen Sie nun durch das rechte Nasenloch ein, halten Sie wieder beide Nasenlöcher zu, während Sie eine kurze Atempause machen, und atmen Sie durch das linke Nasenloch aus.

Dies gilt als eine Atemeinheit. Sie können dabei entweder dem eigenen Rhythmus folgen oder beim Einatmen bis 4, bei der Atempause bis 10 und beim Ausatmen bis 8 zählen. Versuchen Sie, 21 Tage lang je 6–10 Atemeinheiten pro Tag einzulegen, und Sie werden den Unterschied spüren!

ATEMÜBUNGEN

Übungen zur Entspannung

Wenn wir unter Stress stehen, kommt es häufig vor, dass sich unsere Brust verengt, der Nacken sich verspannt und die Atmung kurz wird. Manchmal kommt es sogar zu Atempausen.

So geht's

Für die Entspannungsatmung müssen Sie zunächst Brust, Schultern, Nacken, Kiefer und Zunge bewusst entspannen. Stellen Sie sich vor, wie der Atem ganz tief in die letzten Winkel Ihrer Lunge strömt. Beobachten Sie Ihren Atem. Tiefe und Geschwindigkeit der Atemzüge werden sich ändern – beobachten Sie nur, ohne bewusst den Atemrhythmus zu ändern. Allein dadurch kann ein Zustand der Ruhe und Gelassenheit erreicht werden. Der Bauch hebt und senkt sich bei jedem Atemzug. Beim Einatmen senkt sich das Zwerchfell, dadurch dehnen sich die Bauchmuskeln, der Bauch hebt sich. Beim Ausatmen zieht sich das Zwerchfell wieder zusammen, der Bauch senkt sich.

Für schnelle und effektive Entspannung in einer Stresssituation atmen Sie durch die Nase ein (dabei bis 4 zählen), während der Mund geschlossen und die Zunge entspannt ist. Halten Sie die Luft an (dabei bis 2 zählen) und atmen Sie dann langsam aus (dabei bis 6 zählen).

Viparita Karani

Bei dieser Entspannungsübung legen Sie sich auf den Rücken und lehnen die Beine im 90°-Winkel an eine Wand. Um in diese Position zu kommen, setzen Sie sich seitlich zur Wand, legen dann den Oberkörper in den Raum hinein ab und schwingen die Beine nach oben. Das Gesäß ist dabei ganz dicht an die Wand gerückt. Bleiben Sie 15 Minuten in dieser Position und tun Sie nichts außer atmen. Danach fühlen Sie sich wieder zentriert und zufrieden.

WIR ALLE MÜSSEN ATMEN, WENN WIR NICHT TOT UM-FALLEN WOLLEN! SICH BEWUSST ZU MACHEN, WIE SICH DIE EIGENE ATMUNG UNTER VERSCHIEDENEN UMSTÄN-DEN VERÄNDERT, UND SICH DAS RICHTIGE ATMEN BEI-ZUBRINGEN, GEHÖRT ZU DEN EINFACHSTEN UND BES-TEN DINGEN, DIE SIE FÜR SICH TUN KÖNNEN. ZIEL DIESER ÜBUNGEN IST ES, ENTSPANNT UND GELASSEN DURCH DIE HOCHS UND TIEFS DES LEBENS ZU KOMMEN.

Übung für guten Schlaf

Dies ist eine sehr schnelle, gute Methode, um in den Schlaf zu kommen. Beginnen Sie mit der Entspannungsatmung und dehnen Sie dann die Atmung aus, um ihr bewusst in Ihrem ganzen Körper nach-zuspüren. Beim Einatmen lassen Sie den Atem in jedes einzelne Körperteil strömen, beginnend mit den Füßen.

So geht's

Lassen Sie Ihren Atem bewusst in Zehen und Füße strömen und sagen Sie sich dabei still: „Ich entspanne meine Zehen und Füße, meine Zehen und Füße sind entspannt und fühlen sich wohl." Dann kon-zentrieren Sie sich auf Ihre Beine und widmen ihnen Atem und Auf-merksamkeit. Richten Sie Ihren Atem und Ihr Bewusstsein so auf alle Körperteile und inneren Organe, bis Sie schließlich dem Atem in Kopf, Gehirn und Schädeldecke nachspüren.

An diesem Punkt sind Sie hoffentlich schon eingeschlafen. Falls nicht, atmen Sie in Ihren Kopf und stellen sich beim Ausatmen vor, wie alle Gedanken und Sorgen dabei entschweben.

Übung für mehr Energie

Zur allgemeinen Kräftigung und zum Erhalt von Energie und Ge-sundheit empfehle ich diese Übung 3-mal täglich.

So geht's

Atmen Sie kräftig und tief durch die Nase; der Mund ist geschlossen, die Zunge entspannt. Atmen Sie ein (dabei bis 2 zählen), halten Sie die Luft an (dabei bis 4 zählen) und atmen Sie wieder aus (dabei bis 2 zählen). Wiederholen Sie diese Übung 10-mal.

Atmen, um den Geist zu sammeln

Eine Übung, die ich ebenfalls sehr hilfreich finde, wenn ich Sorgen habe, ist die Yogaposition, die als „Abwärts blickender Hund" be-kannt ist. Für mich ist diese Übung sehr wertvoll. Ich mache sie, wenn ich Energie brauche, wenn ich ärgerlich, verwirrt oder in ande-ren emotionalen Schieflagen bin. Sie kann unglaublich wohltuend sein.

Gehen Sie in den Vierfüßerstand. Die Knie sind unter den Hüften, die Hände leicht vor den Schultern. Die Finger sind gespreizt, die Handflächen parallel zueinander oder leicht nach außen gedreht. Die Zehen sind geknickt.

Beim Ausatmen heben Sie die Knie vom Boden, drücken Arme und Beine durch und strecken das Gesäß so weit wie möglich nach oben. Der Rücken bleibt gerade, der Blick ist nach unten gerichtet. Atmen Sie 10-mal tief durch die Nase ein und aus und erzeugen Sie den Darth-Vader-Laut (siehe Seite 125) – als ob Sie Ihre Kehle mit dem Atem streicheln würden.

YOGA

Mit Yoga bin ich zum ersten Mal in Kontakt gekommen, als ich 15 war. Meine Mutter meinte, es würde mir bei meinen Atembeschwerden helfen. Ich machte ein paar Kurse und hatte Spaß daran, aber es dauerte lange, bis ich die Übungen beherrschte und begriff, was Yoga bedeutet und bewirkt. Zu Teeniezeiten war ich einfach zu unruhig und unkonzentriert. Heutzutage, nach etlichen Kursen und Lehrgängen bei einigen der weltbesten Yogalehrer, integriere ich Yoga ganz selbstverständlich in meinen Alltag. Es macht mir sehr viel Spaß und entspannt mich ungemein.

In Indien wird Yoga schon seit über 2500 Jahren praktiziert. Damals verfasste ein Gelehrter namens Patanjali das Yogasutra, das als die erste Niederschrift der Yogaprinzipien gilt. Er definierte Yoga als „chitta-vritti-nirodhah", was so viel bedeutet wie „der innere Zustand, in dem die seelisch-geistigen Vorgänge zur Ruhe kommen". Und genau das bedeutet Yoga für mich: die Gedanken zur Ruhe bringen, damit das Hamsterrad, das sich manchmal in meinem Kopf dreht, langsamer wird und anhält. Natürlich haben die verschiedenen Yogapositionen (Asanas) eine positive Wirkung auf Ihren Körper, halten Sie jung und fit. Aber oberstes Ziel ist es, Körper, Geist und Seele in Einklang zu bringen. Die innere Ruhe ist fantastisch.

Yoga tut Ihnen einfach auf vielfache Weise Gutes. Es stimuliert und reinigt die inneren Organe. Es kräftigt und stärkt den Körper, verbessert Atmung, Energiefluss und Vitalität, reguliert den Stoffwechsel, stärkt das Herz-Kreislauf-System, lindert Beschwerden, sorgt für jugendliche Ausstrahlung und verbessert die körperliche Leistungsfähigkeit.

ARTEN

Es gibt viele Arten von Yoga, und ich habe fast alle ausprobiert. Für welche man sich entscheidet, ist Geschmackssache. Die Wirkung auf Körper, Geist und Seele ist großteils dieselbe.

01

02

03

01 Ashtanga (oder Astanga)

Als Ashtanga wird die Yogalehre von Shri K. Pattabhi Jois bezeichnet. Sie ist körperlich anspruchsvoll, da die Atmung mit den fließend ineinander übergehenden Yogapositionen (Asanas) synchronisiert werden muss. Die Übungen erzeugen eine große innere Wärme, und durch starkes Schwitzen werden Muskeln und Organe entgiftet. Das Programm bringt den Kreislauf in Schwung, erhöht Beweglichkeit sowie Ausdauer und entschleunigt. Weil man die Gedanken bei den Übungen herrlich treiben lassen kann, kann Ashtanga richtig süchtig machen.

02 Dharma Mittra

Dharma Mittra ist eine sportliche Yogavariante, die viele Gleichgewichts-, Dreh- und Dehnbewegungen sowie Rückbeugen umfasst und zuweilen an athletische und Modern-Dance-Elemente erinnert. Die Übungen unterscheiden sich somit von anderen Yogaarten, sind sehr intensiv und daher eher etwas für Fortgeschrittene.

03 Hatha

Hatha ist die Yogaform, die ich als Erste kennenlernte. Es ist für mich die sanfteste Art und deshalb besonders für Einsteiger zu empfehlen. Hatha wirkt ausgleichend, entspannend und kräftigend. Yogapositionen (Asanas) werden in Kombination mit Atemübungen angewandt, um eine größere Beweglichkeit und Entspannung zu erreichen. Innerhalb des Hatha-Yoga lassen sich verschiedene Stile unterscheiden.

04

04 Iyengar

Bei dieser kraftvollen Yogaart wird besonders auf die exakte Ausführung der Asanas geachtet. Die Iyengar-Lehre geht davon aus, dass die perfekte Beherrschung der Asanas durch ständiges Üben erzielt werden kann und das so erreichte körperliche Gleichgewicht sich in der geistigen Harmonie widerspiegelt. Beim Iyengar-Yoga werden Hilfsmittel wie Klötze, Polster, Stühle, Kissen und Bänder eingesetzt.

05 Jivamukti

Jivamukti ist ein Vinyasa-Stil, bei dem Übung und Atmung in Einklang stehen. Das Training ist kraftvoll und dynamisch. Die Kurse haben ein Thema, dem man sich durch Rezitieren von Yogatexten, Singen, Meditation, Asanas, Pranayama und Musik annähert. Jivamukti eignet sich für alle, die neben einem guten Work-out auch etwas zur Erweiterung des Geistes suchen. Die Kurse können sehr unterschiedlich und unterhaltsamer als viele andere sein – teilweise könnte man meinen, man sei in einem Technoclub gelandet.

05

06 Kundalini

Das Wort „kundalini" bezieht sich auf die ruhende Energie im Wurzelchakra, das seinen Sitz am Ende der Wirbelsäule hat. Beim Kundalini-Yoga soll durch die Mobilisierung dieser Körperregion das unbegrenzte Potenzial freigesetzt werden, das in diesem Energiezentrum liegt. Kundalini kann recht intensiv und anstrengend sein und ist eine eher spirituelle Yogaart. Ein Schwerpunkt liegt auf der speziellen Atemführung, die die Wirkung der Positionen intensiviert. Dadurch soll mehr Energie im unteren Körperbereich freigesetzt werden und nach oben steigen.

06

TÄGLICHES ÜBUNGSPROGRAMM

Ich versuche, täglich 20–30 Minuten und einmal in der Woche 90 Minuten Yoga zu machen. Das genügt, um sich besser zu fühlen, ohne den Tagesablauf ändern zu müssen.

Dies ist kein Yogabuch, aber ich wollte Ihnen die Übungen zeigen, die mir bei Stimmungsschwankungen helfen. Machen Sie einen Yogakurs, in dem Sie regelmäßig unter Anleitung üben können, oder besorgen Sie sich ein Buch oder eine DVD zum Üben zu Hause.

Surya Namaskara (Sonnengruß)
Diese Variante des Sonnengrußes ist meine liebste, weil sie dynamisch und umfassend ist. Die fließenden Bewegungen wärmen und kurbeln den Kreislauf an. Die Positionen werden mit kontrolliertem Atem durchgeführt: einatmen beim Strecken, ausatmen beim Beugen.

01 Tadasana-Haltung (siehe Seite 137) einnehmen. Mit beiden Beinen fest auf dem Boden stehen, Gewicht gleichmäßig verteilt. Handflächen wie zum Gebet vor der Brust aneinanderlegen, Augen schließen und in die Ujjayi-Atmung (siehe Seite 125) übergehen.

02 Durch die Nase einatmen, Arme seitlich zur Armstreckung über dem Kopf (Urdhva Hastasana) führen und zur Decke blicken.

03 Beim Ausatmen in die Tiefe Vorwärtsbeuge (Uttanasana) gehen: Oberkörper mit geradem Rücken nach vorne beugen (evtl. Knie leicht beugen). Oberschenkel anspannen und mit den Fingern den Boden berühren.

04 Einatmen und in die Halbe Vorwärtsbeuge (Ardha Uttanasana) übergehen. Blick nach vorn richten, Rücken lang und gerade machen und mit den Fingern Boden oder Schienbeine berühren.

05 Beim Ausatmen einen Schritt oder leichten Sprung nach hinten machen; Hände sind schulterbreit, Beine hüftbreit auseinander. Einatmen und sich lang machen.

06 Ausatmen und in die Schiefe Ebene (Chaturanga Dandasana) gehen. Beine gestreckt lassen und Fersen nach unten bringen oder Knie auf dem Boden absetzen.

07 Einatmen und mit dem Oberkörper nach vorne und in den Aufwärts blickenden Hund (Urdhva Mukha Svanasana) übergehen. Schultern nach hinten und unten ziehen, Brustbein nach vorne schieben, nach oben blicken und Hals lang machen.

08 Beim Ausatmen über die Zehen rollen und in den Abwärts blickenden Hund (Adho Mukha Svanasana) kommen. Hände und Fersen auf den Boden drücken, Rücken lang machen. Position für 5 Atemzüge halten.

09 Ausatmen, Knie beugen und zwischen den Armen durchsehen. Beim Einatmen einen Schritt oder Sprung nach vorne zwischen die Arme machen und in die Halbe Vorwärtsbeuge (Ardha Uttanasana) zurückkehren.

10 Beim Ausatmen in die Tiefe Vorwärtsbeuge (Uttanasana) übergehen.

11 Einatmen, Arme seitlich strecken und Oberkörper mit geradem Rücken aufrichten. Arme in die Armstreckung über dem Kopf (Urdhva Hastasana) führen. Sanft in die Gebetshaltung übergehen. Einige Atemzüge verharren oder mit dem nächstem Sonnengruß fortfahren.

01

02

03

04

05

06

07

08

Yoga bei

DEPRESSIONEN

Yoga ist bei Depressionen und Traurigkeit geeignet, weil es die Tiefenentspannung fördert, die durch eine kontrollierte Atmung bei den Positionen (Asanas) erreicht wird. Der Puls wird beruhigt, der Blutdruck gesenkt und die Atmung erleichtert. Dies wirkt sich positiv bei Angstzuständen, Depression und Ärger aus.

Uttanasana (Tiefe Vorwärtsbeuge)
B. K. S. Iyengar, der Begründer des Iyengar-Yoga, schreibt in seinem Buch „Licht auf Yoga" über Uttanasana, dass jedes Stimmungstief vertrieben werden könne, wenn man die Position 2 Minuten oder länger halte. Und auch Sie werden die positive Wirkung auf Ihre Stimmung deutlich spüren.

Nehmen Sie die Tadasana-Haltung (siehe Seite 137) ein. Beugen Sie beim Ausatmen den Rumpf aus der Hüfte (nicht aus der Taille) heraus nach vorn. Strecken Sie den Oberkörper, damit Sie leichter in die Position gelangen. Bringen Sie mit gestreckten oder leicht gebeugten Knien die Handflächen oder Fingerspitzen neben oder vor die Füße. Machen Sie den Oberkörper mit jedem Atemzug ein wenig länger und beugen Sie sich weiter nach vorne. Versuchen Sie, die Position 2 Minuten zu halten. Um wieder nach oben zu kommen, legen Sie die Hände in die Hüften, machen Sie den Rumpf lang und führen Sie ihn beim Einatmen nach oben.

Janu Sirsasana (Kopf-an-Knie-Haltung)
Diese Position wird im Sitzen durchgeführt. Es ist eine sanfte Beugeübung, die den Geist beruhigt, die Oberschenkel dehnt, die Beweglichkeit der Hüftgelenke erhöht sowie Leber und Nieren stimuliert.

Setzen Sie sich mit ausgestreckten Beinen und geradem Rücken auf den Boden. Das Gesäß sollte leicht erhöht sein (Sitzkissen oder gefaltetes Handtuch verwenden). Beim Einatmen winkeln Sie das rechte Bein an und führen die Ferse am linken Oberschenkel entlang bis zum Damm. Das rechte Knie liegt auf dem Boden. Beim Ausatmen beugen Sie den Oberkörper aus der Hüfte heraus nach vorne. Der Rücken bleibt gerade und gestreckt. Umfassen Sie mit den Händen den linken Fuß, den Blick auf die Zehen gerichtet. Atmen Sie tief weiter und verweilen Sie 1–3 Minuten in dieser Position, dann führen Sie sie mit dem anderen Bein aus.

Bhujangasana (Kobra)

Diese Asana ist eine Rückbeuge, die stufenweise durchgeführt werden kann. Durch sie werden der Brustkorb gedehnt und die Lunge geweitet. Die Position erinnert an eine Kobra, die ihren Nackenschild spreizt.

Drücken Sie in Bauchlage die Fußrücken und die Stirn auf den Boden. Die Beine sind geschlossen, Zehen und Fersen liegen aneinander. Legen Sie die Hände in Schulterhöhe auf den Boden, halten Sie dabei die Ellbogen parallel und nah am Oberkörper. Beim Einatmen heben Sie Kopf, Brust und Oberkörper an, lassen den Bauchnabel aber auf der Matte. Atmen Sie bewusst und biegen Sie den Rumpf nach oben, sodass die Arme möglichst durchgedrückt sind. Heben Sie den Kopf, blicken Sie nach oben und ziehen Sie die Schultern nach unten. Um wieder in die Ausgangsposition zu gelangen, senken Sie den Oberkörper Wirbel für Wirbel ab, bis der Kopf wieder auf der Matte liegt.

Sirsasana (Kopfstand)

Der Kopfstand ist eine wertvolle zusätzliche Übung für Ihr tägliches Programm. Er wirkt sich nicht nur positiv auf den Körper aus, auch die emotionale Wirkung ist erstaunlich. Sich selbst auf den Kopf zu stellen kehrt die Schwerkraft im Körper um, verwandelt negative Emotionen und lässt Sie die Dinge positiver wahrnehmen.

Der Kopfstand regt die Hypophyse zur Produktion von Endorphinen an, die Ängste lösen und das Selbstwertgefühl stärken. Anfänger können mit einem Kopfstand gegen die Wand beginnen.

Verwenden Sie eine Gymnastikmatte, um Kopf und Unterarme zu polstern. Knien Sie sich auf den Boden und legen Sie die Unterarme mit verschränkten Fingern ab; die Ellbogen stehen schulterbreit auseinander. Legen Sie den Scheitel zwischen den Armen auf den Boden.

Beim Einatmen lösen Sie die Knie vom Boden und wandern auf den Zehenspitzen in Richtung Ellbogen. Heben Sie die Beine kontrolliert an, sodass sie ein umgedrehtes V bilden. Ziehen Sie die Schultern nach hinten, halten Sie den Rücken stabil und fallen Sie nicht ins Hohlkreuz (siehe Abbildung 01); so werden Schultern und Nacken entlastet.

Strecken Sie die Beine langsam nach oben, sodass Rumpf und Beine eine gerade Linie bilden. Versuchen Sie, die Position für 20 Atemzüge zu halten. Gelingt Ihnen das nicht gleich, versuchen Sie bei jedem Kopfstand, die Position ein wenig länger zu halten.

Senken Sie die Beine kontrolliert ab und gehen Sie in Das Kind (Balasana) über (siehe Abbildung 02).

01

02

Yoga zur

BERUHIGUNG

Tadasana (Berghaltung)
*Wenn Sie verärgert oder gereizt sind, empfiehlt sich eine
Position, die Ihnen hilft, sich zu konzentrieren und zu
erden. Bewusst wahrzunehmen, dass die Füße mit dem
Boden verbunden sind, wirkt sehr beruhigend.*

Diese Position kräftigt und belebt den ganzen Körper
und verbessert Haltung und Gleichgewicht.

Stehen Sie mit geschlossenen Beinen aufrecht.
Spreizen Sie die Zehen und verteilen Sie das Gewicht
auf dem ganzen Fuß. Spannen Sie die vordere Oberschenkelmuskulatur an und ziehen Sie den Bauchnabel
in Richtung Wirbelsäule; die Arme hängen locker nach
unten, die Handflächen weisen nach innen. Ziehen Sie
die Schulterblätter nach hinten unten und heben Sie
den Brustkorb an; Schultern und Nacken bleiben locker. Blicken Sie geradeaus und halten Sie die Position
1–2 Minuten.

Nehmen Sie die Position bewusst wahr und entspannen Sie sich nicht einfach. Aktivieren Sie jeden Körperteil, von den Füßen bis hinauf zum Kopf.

Yoga bei

ÄRGER

Eine Körperdrehung kann hilfreich sein, um sich von Ärger zu befreien, der oft unsere inneren Organe, vor allem die Leber, belastet. Die Leber baut unter anderem Hormone ab, die bei negativen emotionalen Zuständen freigesetzt werden. Arbeitet die Leber nicht richtig, kann sie diese Aufgabe nicht erfüllen. Dadurch erhitzt sich der Körper, und negative Zustände wie Ärger halten länger an.

Ardha Matsyendrasana (Drehsitz)
Der Drehsitz regt die Funktion von Leber und Bauchspeicheldrüse an. Beim Einatmen führen Sie frisches, neues Leben in Ihren Körper; beim Ausatmen leiten Sie alles, was alt und verbraucht ist, aus dem Körper heraus.

Setzen Sie sich mit gestreckten Beinen auf den Boden. Ziehen Sie die Beine an, sodass die Füße flach auf dem Boden stehen.

Führen Sie den rechten Fuß unter dem linken Bein hindurch, sodass die Ferse am Sitzhöcker des linken Beines liegt. Legen Sie das rechte Bein sanft auf dem Boden ab.

Führen Sie den linken Fuß über das rechte Knie und setzen Sie ihn auf den Boden. Das linke Knie sollte zur Decke zeigen. Atmen Sie aus und drehen Sie den Oberkörper nach links.

Stützen Sie sich mit der linken Hand hinter dem Gesäß auf dem Boden ab.

Legen Sie den rechten Oberarm über dem Knie an die Außenseite der linken Hüfte.

Halten Sie den Rücken gestreckt und achten Sie darauf, dass der linke Fuß festen Bodenkontakt hat.

Drehen Sie den Kopf nach links.

Bei jedem Einatmen heben Sie den Oberkörper mit dem Brustbein etwas mehr an und drehen sich bei jedem Ausatmen weiter. Halten Sie diese Position für etwa 30−60 Sekunden und wiederholen Sie sie dann auf der anderen Seite.

Sarvangasana (Schulterstand)

Auch diese Position vertreibt Stress, Ärger und Sorgen. Sie regt die Blutzirkulation im Oberkörper, vor allem in Nacken, Schultern und Kopf, an und hilft z.B. bei Allergien und Asthma. Sie stimuliert die Schilddrüse und kann das Nervensystem beruhigen.

Bei dieser Übung müssen alle Bewegungen sehr kontrolliert ausgeführt werden. Achten Sie besonders auf Rücken und Nacken, um Verletzungen zu vermeiden.

Legen Sie sich mit geschlossenen Beinen ausgestreckt auf den Rücken. Die Arme sind seitlich angelegt, die Handflächen zeigen nach oben. Kopf, Arme und Schultern liegen fest auf dem Boden.

Beim Ausatmen bringen Sie die Beine aus den Hüften heraus über den Kopf. Machen Sie den Körper möglichst lang und stützen Sie das Becken mit den Händen ab. Das Gewicht ist hauptsächlich auf die Ellbogen verteilt, dann erst auf Schultern und Kopf.

Wenn Sie das Gleichgewicht und eine bequeme Position gefunden haben und sich gut verankert fühlen, halten Sie die Position für 10 Atemzüge. Führen Sie dann die Beine langsam zum Boden, während Sie den Körper mit den Armen abstützen, um Rücken und Nacken zu schonen.

BEI MANCHEN YOGAVARIANTEN WIRD EMPFOHLEN, EINE GEFALTETE DECKE UNTER DIE SCHULTERN ZU LEGEN. KOPF UND NACKEN RUHEN AUF DEM BODEN, DADURCH WIRD DIE HALSWIRBELSÄULE NICHT UNNÖTIG BELASTET.

Shavasana (Totenstellung)

Wie der Name andeutet, sollte der Körper in dieser Position still liegen und entspannen. Um die Übung richtig genießen zu können, muss der Kopf frei von Gedanken sein. Atmen Sie tief ein und aus. Diese Position (meine allerliebste) ist unglaublich entspannend für den gesamten Körper.

Legen Sie sich mit leicht gespreizten Beinen auf den Rücken. Die Arme liegen seitlich am Körper, die Handflächen zeigen nach oben. Schließen Sie die Augen, lockern Sie die Gesichtszüge und entspannen Sie den Kiefer. Wandern Sie gedanklich durch alle Körperteile, beginnend mit Füßen und Beinen über innere Organe bis zu Armen und Kopf. Genießen Sie die innere Ruhe.

Verweilen Sie 5–15 Minuten in dieser Position, bis Ihr Körper völlig entspannt ist.

MEDITATION

Mit Meditieren hatte ich am Anfang meine Schwierigkeiten. Irgendwie fand ich keinen richtigen Zugang und hatte das Gefühl, etwas falsch zu machen und nicht zu begreifen, worum es eigentlich geht. Aber ich blieb dabei und belegte Kurse bei verschiedenen Lehrern – von der Gongmeditation (bei der jemand einen Gong schlägt, der positive Schwingungen aussendet, die Körper und Geist reinigen sollen) bis hin zur transzendentalen Meditation. Bis ich schließlich die zu mir passenden Meditationsarten gefunden hatte.

Es gilt als erwiesen, dass die Tiefenentspannung genetisch bedingte Reaktionen unseres Körpers beeinflusst. In einer Harvard-Studie konnte die verstärkte Aktivität krankheitsbekämpfender genetisch bedingter Reaktionen nach Entspannungsübungen belegt werden. Entspannung ist ein Zustand der Ruhe und physischen Erneuerung. Durch die Aktivierung des Parasympathikus wird das Nervensystem stimuliert. Dadurch fühlt sich der Körper erholt. Verdauung und Gedächtnisleistung werden verbessert, das Immunsystem wird gestärkt, und man ist emotional ausgeglichener. Der Blutdruck wird gesenkt, und Krebs verursachende freie Radikale werden neutralisiert. Entspannung verlangsamt den geistigen und körperlichen Alterungsprozess, hilft bei PMS und beugt Herzerkrankungen vor.

Meditation ist ein Bewusstseinszustand frei von Gedanken. Die positiven Effekte sind zahlreich. Eine Meditation kann überall ausgeführt werden.

Es gibt viele Meditationsarten, und man sollte ruhig einige ausprobieren, bis man die passende gefunden hat. Ich rate, 3 Wochen am Stück täglich 10–20 Minuten zu meditieren. An manchen Tagen gelingt das besser als an anderen, aber das sollte den Erfolg nicht schmälern.

DEM ATEM
LAUSCHEN

Wie der Name andeutet, konzentriert sich diese Meditationsform auf den Atem. Versuchen Sie nicht, die Atmung zu kontrollieren – achten Sie nur auf den Rhythmus. Einige Atemzüge sind tief, andere eher flach. Konzentrieren Sie sich: Jedes Mal, wenn Sie merken, dass Sie gedanklich abschweifen, lenken Sie die Aufmerksamkeit wieder auf den Atem.

Knien Sie oder sitzen Sie aufrecht im Schneidersitz oder auf einem Stuhl mit beiden Füßen auf dem Boden. Legen Sie die Hände mit den Handflächen nach oben auf Oberschenkel oder Knie. Die Augen können offen bleiben oder geschlossen werden. Ich schließe sie lieber.

Atmen Sie 3-mal tief ein und aus. Achten Sie darauf, dass sich der Körper beim Ausatmen immer mehr entspannt.

Lassen Sie den Atem seinen eigenen Rhythmus finden. Versuchen Sie nicht, ihn zu regulieren. Spüren Sie dem Atmen nach, wie er in und aus dem Körper fließt. Lassen Sie Gedanken an sich vorüberziehen und richten Sie die Aufmerksamkeit gleich wieder auf die Atmung.

Spüren Sie, wie die Luft leicht durch die Nasenflügel strömt und in den Bauch hineinfließt, wie der Bauch sich beim Einatmen hebt und beim Ausatmen senkt.

Manche Menschen konzentrieren sich auf den ganzen Atem, vielleicht fällt es Ihnen aber leichter, nur auf die Atembewegung durch die Nase oder im Bauch oder auf die Bewegung des Zwerchfells zu achten.

KONZENTRIEREN SIE SICH:
JEDES MAL, WENN SIE MER-
KEN, DASS SIE GEDANKLICH
ABSCHWEIFEN, LENKEN SIE
DIE AUFMERKSAMKEIT WIEDER
AUF DEN ATEM.

MANTRA-
MEDITATION

Bei der Mantrameditation wiederholen Sie gedanklich ein Mantra, ein beruhigendes Wort oder einen Klang, der oder das Sie von Ihren geschäftigen Gedanken wegführt. Auch hier werden die Gedanken wandern, und wenn Sie das bemerken, lenken Sie die Aufmerksamkeit wieder auf das Mantra.

Es gibt keinen richtigen oder falschen Weg für eine Mantrameditation. Achten Sie nur darauf, sich zu entspannen und das Mantra ohne Anstrengung die Gedanken erfüllen zu lassen. An manchen Tagen habe ich so viel im Kopf, dass ich nur schwer zu meinem Mantra zurückfinde, aber selbst dann spüre ich die positive Wirkung der Meditation.

Nehmen Sie eine aufrechte Sitzposition ein, wie auf der gegenüberliegenden Seite beschrieben. Atmen Sie 3-mal tief ein und aus. Statt sich auf die Atmung zu konzentrieren, richten Sie die Aufmerksamkeit auf die gedankliche Wiederholung des Mantras.

Einige beliebte Mantras:
Om / Aum (Bedeutung: Es ist, wird sein, wird werden)
Liebe
Soham (ein hinduistisches Mantra: Ich bin das)
Ich bin, was ich bin
Om mani padme hum (Bedeutung: Gelobt seist du, Juwel in der Lotusblüte)

Eine Sonderform der Mantrameditation ist die transzendentale Meditation (TM), bei der der Lehrer ein Mantra vorgibt. Es gibt weltweit zertifizierte Lehrer, die Interessierte in TM unterweisen.

143

ACHTSAMKEITS-MEDITATION

Bei dieser Meditationsform wird das Bewusstsein auf den Moment gerichtet. Die Konzentration liegt auf dem, was Sie jetzt gerade empfinden.

Die Achtsamkeitsmeditation kann im Sitzen oder Gehen praktiziert werden. Die Konzentration kann auf einem Gedanken, der Atmung, den Händen, Beinen oder Füßen liegen. Diese Meditationsform funktioniert sehr einfach, und allein das ruhige Sitzen und die Fokussierung auf etwas können Sie in das Jetzt und in eine leichte Meditation führen.

Alternativ kann die Achtsamkeitsmeditation bei der Verrichtung alltäglicher Dinge, z.B. beim Spülen, Kochen, Einkaufen oder Spazierengehen, ausgeübt werden. Das funktioniert, weil der Fokus auf eben dieser Aktivität liegt. Man wird sich der Empfindungen dabei bewusst und achtet darauf. Ich meditiere gerne beim Gehen und kann so den Weg zur Haltestelle, um zur Arbeit zu kommen, sinnvoll nutzen.

Anders als bei anderen Meditationsformen bleiben die Augen hierbei geöffnet. Man ist auf etwas fokussiert und nimmt etwas bewusst wahr, das sonst nur beiläufig und unachtsam geschehen würde. Das können Geräusche der Natur, Menschen, Autos oder Maschinen sein.

Meditieren, während der Körper in Bewegung ist, scheint für die meisten einfacher als im ruhigen Sitzen zu sein, da viele nicht die Geduld dafür aufbringen und längeres Sitzen als unbequem empfunden wird.

Die Achtsamkeitsmeditation kann zu einer intensiven Erfahrung werden und sehr erfüllend sein. Solange Sie sich Ihrer selbst bewusst sind, sind Sie achtsam. Auch hier muss nichts verändert oder beurteilt werden. Beobachten Sie nur, was passiert, Ihre Gedanken, Gefühle oder Empfindungen. Es geht einfach darum, die Aufmerksamkeit auf den jetzigen Augenblick zu richten und fokussiert auf das zu achten, was Sie gerade tun.

KERZEN-MEDITATION

Die Kerzenmeditation kann eine intensive Meditation sein, die Sie heiter, ruhig und konzentrierter macht. In diesem hypnotischen Zustand wird der Geist ruhig; Sie können die Aufmerksamkeit von allen Gedanken abwenden und völlig zur Ruhe kommen.

Vor Beginn sollten Sie für eine gemütliche Atmosphäre sorgen: Achten Sie darauf, dass Ihnen warm und das Licht gedämpft ist.

Platzieren Sie eine brennende Kerze so, dass sie auf Augenhöhe ist, wenn Sie eine aufrechte Sitzposition einnehmen.

Atmen Sie 3-mal tief ein und aus.

Richten Sie die Aufmerksamkeit auf die Kerzenflamme, beobachten Sie ihr Flackern. Sitzen Sie eine Weile so und schließen Sie dann die Augen.

Fokussieren Sie nun auf das geistige, dritte Auge zwischen den Augenbrauen und sehen Sie das Bild der flackernden Kerze vor dem geistigen Auge. Falls Sie es nicht sehen, öffnen Sie die Augen und beobachten Sie die Flamme, bis sich beim erneuten Schließen der Augen das Abbild der Flamme in Ihre Vorstellung „eingebrannt" hat.

Betrachten Sie das Abbild mit dem dritten Auge, bis es langsam erlischt. Öffnen Sie dann die Augen und wiederholen Sie den Vorgang. Wie zuvor gibt es auch hier kein Richtig oder Falsch; alles sollte entspannend und mühelos sein. Wiederholen Sie die Übung 10–20 Minuten.

DEN ALLTAG ORGANISIEREN

In der Spur & positiv bleiben

Für uns alle ist der Tag mit vielen Dingen angefüllt. Wir haben ein umtriebiges Leben und sind permanent an vielen Fronten gefordert. In meinem Fall sind es drei Unternehmen, mein Bedürfnis nach Sport, mein Haushalt, mein Leben, das meiner vier Kinder und meiner Hunde, der Wunsch, gesund zu essen usw. Das alles kann in Stress ausarten, dem manchmal auch mein tägliches Wohlfühlprogramm zum Opfer fällt. Dann esse ich das Falsche, trinke zu viel und habe einfach keine Lust auf Sport. Aber niemand ist perfekt, und wenn ich einen solchen Tag erwische, hake ich ihn ab und beginne am nächsten neu. Bei uns allen muss das Leben ja weitergehen, und wir sollten nicht zu streng und selbstkritisch sein, sondern auch mal ein Auge zudrücken.

Bei allem, was Sie tun, sollten Sie sich treu bleiben. Ich sage mir immer: Wenn ich 95 Prozent der Zeit diszipliniert lebe, darf ich die restliche Zeit auch mal fünfe gerade sein lassen. Damit fahre ich sehr gut und bin zufrieden, weil ich nicht unter permanentem Druck stehe. Letztlich ist es wichtig, das Leben zu genießen.

Eine Freundin sagte mir mal: „Sadie, du musst zu leben anfangen. Hör auf, dir ständig den Kopf zu zerbrechen!" Wenn man bedenkt, wie viel Zeit einem bleibt, in der man fit oder abenteuerlustig genug ist, etwas Ungewöhnliches zu tun, sollte das Anlass genug sein, die Zeit besser zu nutzen und auch mal etwas zu wagen.

Wenn man viel um die Ohren hat, gibt es ein paar Strategien, die helfen, gerade an anstrengenden Tagen den Druck wegzunehmen, z. B. durch bessere Organisation und sinnvollere Nutzung der Zeit. Wenn ich einen vollen Terminkalender habe und weiß, dass keine Zeit bleibt, um vernünftig zu essen, packe ich einige Tüten Misosuppe und eine Packung Mandeln in meine Handtasche, um unterwegs etwas Essbares zur Hand zu haben. So umgehe ich Heißhungerattacken und das Bedürfnis nach etwas Süßem. Und auch wenn Listen, Zeitpläne und Notizen etwas nüchtern wirken, verschaffen sie doch einen besseren Überblick und sorgen dafür, dass man alles erledigt bekommt – und das macht den Kopf frei.

ICH VERSUCHE, ES ZU BEGINN DES TAGES MÖGLICHST LANGSAM ANGEHEN ZU LASSEN, DENN DANN LÄUFT AUCH DER REST DES TAGES RUNDER.

Ich versuche, es zu Beginn des Tages möglichst langsam angehen zu lassen, denn dann läuft auch der Rest des Tages runder. Frühstück machen, die Kinder zur Schule bringen und zur Arbeit fahren, wird viel einfacher, wenn man einige Regeln einhält und den Tag konzentriert, geerdet und stressfrei beginnt. Wenn Sie auf dem Weg zur Arbeit oder von der Schule oder beim Ausführen des Hundes eine Meditation machen, erden Sie sich und beginnen den Tag positiv und gelassen. Wenn ich mit den Hunden rausgehe, versuche ich, positive Gedanken zu haben. Kommt mir ein negativer, ersetze ich ihn durch einen positiven. Je besser das gelingt, desto positiver fühlt man sich. Ärger aufzustauen tut keinem gut; wenn ich mich ärgere, versuche ich, den Groll abzuschütteln. Für Situationen, in denen mir etwas im Magen liegt oder ich jemandem grolle, gab mir eine Freundin den Tipp, den Ärger oder das negative Bild gedanklich schrumpfen und schwarz-weiß werden zu lassen und es ans andere Ende der Welt zu schicken. Und es funktioniert: Der Ärger wird weniger wichtig.

Mein

MORGENPROGRAMM

Ich beginne meinen Tag mit einer Öl-Mundspülung („Ölziehen"). Dafür spüle ich meinen Mund mit einem Esslöffel gutem nativem Öl (ich verwende Kokosöl), so wie man es von einer klassischen Mundspülung kennt, nur eben ohne chemische Zusätze wie in Drogerieprodukten. Ölziehen bindet und entfernt Bakterien, Toxine und Parasiten aus dem Mundbereich und den Lymphen. Es entschlackt, beseitigt Schleim aus dem Rachenraum und reinigt die Nebenhöhlen. Mit Unterstützung des Speichels werden diese Schadstoffe im Öl gebunden und werden ausgespuckt. Ölziehen fördert zudem die Remineralisierung der Zähne, und die Reinigung stärkt das Zahnfleisch.

Während des Ölziehens mache ich einige sanfte Yogaübungen wie den Abwärts blickenden Hund (siehe Seite 132) oder Das Kind (siehe Seite 136) oder ich sitze im Fersensitz, mit den großen Zehen aneinander. Beim Ausatmen lege ich die Stirn auf den Boden, während ich weiterspüle. In dieser Position nehme ich einige Atemzüge, atme in meinen Rücken und weite ihn so. Nach ein paar Minuten ist meine Wirbelsäule wunderbar gedehnt und gestreckt. Für eine andere einfache Übung zum Aufwärmen und zur Rückendehnung sitzt man mit gekreuzten Beinen und dreht sich aus der Hüfte heraus, zuerst 5-mal im Uhrzeigersinn, dann 5-mal in die andere Richtung. Die Hände drücken die Knie nach unten, der Rumpf bewegt sich im Kreis.

Alle diese Übungen weiten den Körper, strecken den Rücken und verlängern die Atmung. Ich beende die Einheit mit einer kurzen Meditation, üblicherweise im Lotussitz (Padmasana). Bei diesem Schneidersitz liegen die Füße auf dem jeweils anderen Oberschenkel, und die Knie sind möglichst am Boden, während die Hüftgelenke nach außen gedehnt werden.

Mein Morgenprogramm dauert etwa 20 Minuten, was genug Zeit fürs Ölziehen lässt. Das Öl spucke ich in ein Tuch und werfe es in den Müll, damit keine Giftstoffe in den Wasserkreislauf gelangen oder der Abfluss verstopft. Dann spüle ich den Mund ein paarmal mit klarem, warmem Wasser aus.

Über Nacht kann der Körper sauer werden. Um den Säure-Basen-Haushalt wieder auszugleichen, trinke ich ein Glas warmes Wasser mit dem frisch gepressten Saft von ½ Zitrone oder Limette. Das kräftigt den Körper und alkalisiert ihn. Zitronen schmecken zwar sauer, gehören aber zu den basischen Lebensmitteln. Denselben Effekt hat ein Glas Wasser mit 1 Esslöffel Apfelessig. Überhaupt interessiert mich das Thema basische/saure Lebensmittel sehr, und ich versuche, möglichst genau darauf zu achten (siehe gegenüberliegende Seite).

GRÜNER POWER-SMOOTHIE

Am Ende meines Morgenprogramms trinke ich einen selbst gemachten Smoothie. Das folgende Rezept stammt von meiner Schwester Jade und gibt mir Kraft und Energie für den Tag.

Über den Nutzen von Smoothies wird viel diskutiert. Mein Rat ist, sich generell gesund zu ernähren und ab und zu einen Smoothie zu genießen. Smoothies anstelle eines gesunden Essens zu sich zu nehmen ist nicht ratsam.

1 Banane, geschält
100 g Açaí-Püree (Fruchtpüree; Internethandel)
1 Handvoll Beeren (Tiefkühlware)
2 EL Proteinpulver (Bioladen)
1 Handvoll Spinat- oder Grünkohlblätter
2 TL Superfoodpulver (Spirulina/Weizengras/Gerstengras-Mischung)
600 ml Mandelmilch (siehe Seite 119; mehr nach Geschmack)
1 TL Bienenpollen (Internethandel)

Alle Zutaten bis auf die Pollen in den Mixer geben und etwa 45 Sekunden pürieren. Für eine dünnere Konsistenz mehr Mandelmilch einarbeiten. Den Smoothie in ein Glas füllen und mit den Pollen bestreuen (sie verleihen Biss und schmecken köstlich).

Tipps bei übersäuertem Körper:

Reichlich Wasser trinken, am besten 3 Liter täglich.

Täglich einen großen Salat mit grünem Blattgemüse, wie Grünkohl und Spinat, sowie Brokkoli, Spargel, Petersilie und Paprika essen.

Alle herzhaften Gerichte mit Pfeffer würzen.

Kürbiskerne knabbern oder über Salate streuen.

Tafelsalz durch Himalaja- oder Meersalz ersetzen.

Ingwertee trinken, er wirkt stark alkalisierend.

Balsamico-Essig durch Apfelessig ersetzen.

Salate mit Zitronen- oder Limettensaft anmachen oder 1 Spritzer in den Kräutertee geben.

Stress reduzieren – er hat erheblichen Einfluss auf den pH-Wert des Körpers.

FENG-SHUI

*Es ist weder schwierig noch mit viel (finanziellem) Aufwand ver-
bunden, Wohnräume nach Feng-Shui-Prinzipien einzurichten.
Die positive Wirkung kann sofort spürbar sein. So bringen Sie
positive Energie in Ihr Leben und fühlen sich wohler.*

Negative Energie beseitigen

Entrümpeln schafft Platz, beseitigt negative Energie und bringt positive Kraft in die Wohnräume.

1) Öffnen Sie zunächst Fenster/Türen, damit die Luft zirkulieren kann. Ziehen Sie Vorhänge/Gardinen auf, um Licht hereinzulassen.

2) Räumen Sie auf und entrümpeln Sie, um positive Energie und Gefühle freizusetzen. Typische Bereiche, in denen sich Unnützes sammelt, sind hinter Türen, auf Schränken oder unter dem Bett.

3) Putzen Sie alle Räume von oben bis unten. Das sollte nun ganz leicht zu machen sein, da Sie alle kritischen Bereiche aufgeräumt haben.

4) Klänge und Geräusche sind eine sehr effektive Möglichkeit, die Energie in jedem Raum zu klären. Gehen Sie umher und klatschen Sie dabei in die Hände. Dadurch werden stagnierende oder blockierte Energien freigesetzt und können wieder fließen. Alternativ gehen Sie mit einem Glöckchen oder singend durch die Räume. Gesang oder das Spielen von Musik klärt und hebt die Energie Ihres Zuhauses.

Neue Harmonie für Ihr Zuhause

Feng-Shui nutzt die vier Elemente Feuer, Wasser, Erde und Luft, um Balance und Harmonie in einen Raum zu bringen.

Feuer

Feuer wird seit Urzeiten zur Reinigung verwendet. Viele Religionen nutzen Feuer oder Licht in Gottesdiensten und Ritualen. In einer Wohnung kann man das Reinigen durch Feuer einfach mit dem Anzünden einer Kerze umsetzen. Wenn ich eine Kerze anzünde, tue ich das mit einer bestimmten Absicht – das kann das Bedürfnis nach Ruhe und Behaglichkeit sein oder der Wunsch, einen Partner zu finden oder einen Auftrag zu bekommen. Dann stelle ich die Kerze in die entsprechende Zone. Wenn ich z. B. ein Problem mit meinen Finanzen habe, stelle ich sie in die Reichtumszone.

Wasser

Wasser steht für Harmonie. Am besten verwenden Sie Wasser aus einer natürlichen Quelle, einem Wasserfall oder einem klaren, sauberen Bach oder Fluss. Segnen Sie das Wasser, indem Sie die Hände über die Schüssel halten und beten oder singen und sich dabei auf Ihre Wünsche konzentrieren. Verwenden Sie das gesegnete Wasser zur Reinigung Ihrer Wohnung und besprengen Sie bestimmte Stellen. Ich fülle das Wasser in einen Zerstäuber und besprühe alle Räume damit.

Erde

Salz ist ein wirkungsvolles Reinigungsmittel und überall für seine heilenden Eigenschaften bekannt. Es soll auch negative Energie absorbieren. Wenn ich aufräume, stelle ich gerne eine Schale Salz in jeden Raum oder streue eine Salzlinie über jede Türschwelle. Lassen Sie das Salz 24 Stunden wirken, dann sind alle negativen Energien absorbiert.

Luft

Das Abbrennen von Räucherstäbchen ist eine der beliebtesten und einfachsten Arten, die Luft zu reinigen. Sie können auch ätherisches Öl in eine Duftlampe geben.

Elektromagnetische Felder

Elektromagnetische Felder verschmutzen die Umwelt. Sie entstehen durch Stromleitungen, Satellitenschüsseln, Mikrowellen, Fernsehgeräte und den übrigen technischen Kram, den wir zu Hause haben. Die Wirkung kann gemindert werden, indem Sie die Geräte ganz ausschalten (nicht auf Stand-by) und/oder den Stecker ziehen. Auch Pflanzen und Kristalle in der Nähe von oder auf elektrischen Geräten helfen.

Kristalle

Kristalle sind wirkungsvolle Feng-Shui-Mittel, die in der entsprechenden Zone des Wohnraums platziert werden können, um negative Energie aufzunehmen und das Wohlbefinden zu steigern. Es gibt viele Bücher und Internetseiten über die Eigenschaften und Wirkweisen von Kristallen: Rosenquarz z. B. ist der Kristall für die Liebe; Amethyst soll Ruhe und Frieden bringen. Für einen ruhigen Schlaf lege ich einen Amethyst unters Bett.

FENG-SHUI IST EINE BE-
REICHERNDE ERFAHRUNG,
DIE POSITIVE ENERGIE
IN IHR LEBEN BRINGT.

Kristalle, die helfen, geopathischen und umweltbedingten Stress zu lindern und abzuwehren, sind Amazonit, Amethyst, Diamant (Brillantohrringe sind sehr wirkungsvoll gegen Handystrahlen), Fluorit, Jaspis, Larimar, Obsidian und Rauchquarz. Befinden sich diese Kristalle mit Pflanzen wie Friedenslilie, Grünlilie oder Kolbenfaden neben dem Computer, der Mikrowelle oder dem Fernseher, wird geopathischer Stress beseitigt und die Luft geklärt.

Blumen

Blumen verschönern jeden Raum durch ihre Farben und ihren Duft. Wie Grünpflanzen können sie in speziellen Bereichen zur Hebung der Energieströme eingesetzt werden. Verwenden Sie immer frische Blumen und wechseln Sie regelmäßig das Blumenwasser.

GESUNDHEIT

&

SCHÖNHEIT

Für wahre Gesundheit und Schönheit ist meiner Meinung nach ein natürlicher Ansatz der beste Weg, und ich bin immer wieder begeistert von Leuten, die innerlich wie äußerlich vor Gesundheit und Schönheit strahlen. Dabei ist das weder besonders schwierig noch aufwendig. Es geht um eine ganzheitliche Gesundheitsphilosophie und nicht nur darum, diese eine Creme zu finden, die eine möglichst glatte Haut zaubert.

Ein schlanker, anmutiger Körper ist in der Regel das Ergebnis einer guten Lebensführung mit gesunder, maßvoller Ernährung und körperlicher Aktivität.

Im folgenden Abschnitt gebe ich Ihnen ein paar ganzheitliche Tipps für strahlende Haut und glänzendes Haar, die Sie ganz einfach in Ihr tägliches Pflegeprogramm einbauen können, um sich rundum gut zu fühlen, z. B. Gesichtsmasken, Badezusätze, Peelings und andere Mittelchen, mit denen ich mich gerne verwöhne. Außerdem finden sich dort einige schnelle, hilfreiche Tricks, die sofort Wirkung zeigen.

Sich rundum wohl, gesund, zufrieden und schön zu fühlen bedeutet keinen großen Aufwand, setzt sich aber aus mehreren Faktoren zusammen: gesunde Ernährung, viel trinken, frische Luft, Körperpflege, Bewegung, ausreichend Schlaf und Gelassenheit. Wenn Sie das alles berücksichtigen, dann haben Sie die besten Voraussetzungen, um gesund und schön zu sein.

HAUT & HAAR

Für Haut- und Haarpflegeprodukte kann man ein kleines Vermögen ausgeben. Dabei gibt es eine Reihe natürlicher Mittel in Ihrem Vorratsschrank, die eine wohltuende und pflegende Wirkung haben und nur einen Bruchteil kosten.

Natürlich sorgt eine Ernährung mit reichlich Obst und Gemüse für ein frisches Erscheinungsbild. Aber auch wenn man sie äußerlich auf Haut und Haar anwendet, haben diese Zutaten eine großartige Wirkung. Hier sind einige meiner liebsten Schönheitsmittel aus der Natur:

Avocado

Diese Wunderfrucht ist reich an einfach ungesättigten Fettsäuren, die leicht von der Haut aufgenommen werden. Sie enthält außerdem Vitamin E, das vor allem bei trockener Haut wichtig ist. Das Fruchtfleisch versorgt die Haut mit viel Feuchtigkeit.

Banane

Die Südfrucht enthält reichlich Vitamin C und B_6. Beide sind wichtig für die Hautelastizität. Zudem steckt auch Vitamin A in Bananen. Eine zerdrückte Banane ist ein natürlicher Feuchtigkeitsspender, der irritierte, fahle und trockene Haut regeneriert.

Eier

Auch Eier unterstützen die Regeneration des Hautgewebes. Eiweiß empfiehlt sich zur Erfrischung der Haut und zur Verfeinerung der Poren. Eigelb ist ein natürlicher Feuchtigkeitsspender. Das darin enthaltene Lutein sorgt für elastische und frische Haut.

Verquirltes Ei hilft bei trockenem, brüchigem Haar. Massieren Sie es in das handtuchtrockene Haar ein und lassen Sie es 20 Minuten einwirken. Spülen Sie es dann mit warmem Wasser aus.

Hafer

Das Getreide enthält viel Vitamin E, ein Antioxidans, das die Hautschädigung durch freie Radikale eindämmt. Hafer wirkt beruhigend und glättend und lässt die Haut frischer wirken.

Honig

Honig ist ein natürlicher Feuchtigkeitsspender, der bei trockener Haut wahre Wunder wirkt. Zudem hat er antiseptische Eigenschaften, weshalb er auch bei fettiger, unreiner Haut hilft. Direkt auf die Haut aufgetragen, hinterlässt Honig ein weiches, samtiges Gefühl.

Mandelöl

Mandelöl enthält viel Vitamin A, B und E, die alle für die Hautgesundheit wichtig sind. Es reguliert die Hautfeuchtigkeit und zieht schnell ein, ohne die Poren zu verstopfen. Mandelöl ist besonders bei sehr trockener, sensibler oder gereizter Haut zu empfehlen.

Ziegenmilch

Ziegenmilch enthält wertvolle Mineralstoffe und Spurenelemente wie Selen und reichlich Vitamine, insbesondere Vitamin A, das wichtigste Hautvitamin. Wie andere Milch enthält sie Milchsäure, eine Alpha-Hydroxysäure (AHS), die abgestorbene Hautschuppen sanft ablöst, Feuchtigkeit spendet und die Haut strahlen lässt. Ziegenmilch ist ein extrem nützliches Schönheitsmittel, weil sie reich an essenziellen Fettsäuren und Triglyceriden ist. Der pH-Wert dieser Fettsäuren ist dem der Haut sehr ähnlich, deshalb irritiert Ziegenmilch die Haut nicht und wird leicht aufgenommen.

Zitrone

Zitronensaft ist ein natürliches Antiseptikum und für Haut und Haar gut. Er hat eine kühlende Wirkung und hilft deshalb bei Hautirritationen wie Sonnenbrand, Insektenstichen, Akne oder Ekzemen. Zitronensaft ist auch ein Anti-Aging-Mittel: Er regt die hauteigene Collagenproduktion an und minimiert dadurch Fältchen.

Zitronensaft hilft auch bei Haarproblemen wie Schuppen und wirkt stimulierend bei Haarausfall. 1 Esslöffel Zitronensaft direkt ins gewaschene, handtuchtrockene Haar einmassiert, lässt es schön glänzen und ist eine tolle Frischekur für blondes Haar.

Zucker

Zucker absorbiert Feuchtigkeit aus der Umgebung und wirkt, auf die Haut aufgetragen, als Feuchtigkeitsspender. Er enthält Glycolsäure, eine weitere Alpha-Hydroxysäure (AHS), die die Zellerneuerung vorantreibt und die Haut jünger und frischer aussehen lässt. Mit anderen Zutaten gemischt, ist Zucker ein ausgezeichnetes Peeling. Sie können groben weißen oder braunen Zucker verwenden, je nachdem, wie die Körnung Ihres Peelings sein soll (siehe Seite 156).

GESICHTSMASKEN &
KÖRPERPEELINGS

Avocado-Gesichtsmaske
Avocado versorgt müde oder trockene Haut durch ihren hohen Vitamin-E-Gehalt und einfach ungesättigte Fettsäuren mit Feuchtigkeit. Zerdrücken Sie das Fruchtfleisch von 1 reifen Avocado in einer Schale und tragen Sie es auf Gesicht und Hals auf. Lassen Sie es 30 Minuten einwirken und entfernen Sie es dann mit Baumwollpads und warmem Wasser.

Für Mischhaut
Verrühren Sie 1 verquirltes Eigelb mit der zerdrückten Avocado. Tragen Sie die Maske auf Ihr Gesicht auf, lassen Sie sie 30 Minuten einwirken und entfernen Sie sie mit feuchten Baumwollpads.

Für müde, alternde Haut
Verrühren Sie 1 Esslöffel Honig und 1 verquirltes Eigelb mit der zerdrückten Avocado zu einer Creme.

Tragen Sie sie auf Ihr Gesicht auf, lassen Sie sie 30 Minuten einwirken und entfernen Sie sie mit feuchten Baumwollpads.

Honig-Bananen-Gesichtsmaske
Diese Maske aus den Feuchtigkeitsspendern Honig und Banane ist bestens geeignet, wenn sich die Haut trocken anfühlt. Zerdrücken Sie dafür 1 kleine reife Banane in einer Schale zu einer cremigen Paste. Rühren Sie 25 g Hafermehl und 1 Teelöffel flüssigen Honig unter. Tragen Sie die Maske auf das Gesicht auf, lassen Sie sie 15–20 Minuten einwirken. Entfernen Sie sie mit feuchten Baumwollpads.

Zitronenreinigung
Zitronensaft hat eine klärende Wirkung, reguliert den pH-Wert und hilft deshalb bei fettiger, unreiner Haut. Eiweiß strafft und klärt.
Verrühren Sie dafür 1 Teelöffel frisch gepressten Zitronensaft mit 1 steif geschlagenen Eiweiß und tragen Sie die Mischung auf Ihr Gesicht auf. Lassen Sie sie 10 Minuten einwirken und entfernen Sie sie mit warmem (Rosen-)Wasser.

Zuckerpeeling
Zucker hat eine antibakterielle, reinigende Wirkung. Dieses Peeling eignet sich sehr gut bei fettiger oder unreiner Haut. Wählen Sie den Zucker nach der gewünschten Körnung. Ich empfehle Demerara-

oder Haushaltszucker für den Körper und Raffinade für Gesicht und Hals.
Mischen Sie 1 Teelöffel Zucker in den Händen mit einigen Tropfen heißem Wasser und massieren Sie sanft die Haut damit. Mit kaltem Wasser abwaschen und mit einem Handtuch trocken tupfen.

Kokos-Rosen-Körperpeeling
Wenden Sie dieses Peeling an, während Sie sich ein Bad einlassen. Es reinigt die Haut und versorgt sie mit Feuchtigkeit. Beruhigendes Kokosöl mit Zucker entfernt alte Hautschuppen und reinigt, ohne die Haut zu irritieren. Das Öl macht die Haut samtig weich und verfeinert das Hautbild. Der Zucker wirkt antibakteriell, ist also ideal bei Hautunreinheiten.

60 ml Kokosöl
60 g Zucker
10 Tropfen ätherisches Rosenöl

Die Zutaten in einer Schale verrühren und den Körper sanft damit massieren, besonders raue Stellen wie Ellbogen, Knie und Fersen. Legen Sie sich dann in die gefüllte Badewanne, um das Peeling abzuwaschen. Kokosöl und Zucker lösen sich im Badewasser auf und verleihen ihm einen tollen Duft.

BADEZUSÄTZE

Ein warmes Bad kann bei Hautproblemen, schmerzenden Gelenken oder müden Muskeln Wunder wirken und ist generell eine Wohltat nach einem hektischen, anstrengenden Tag. Zusätze wie Meersalz und Tee oder ätherische Öle wie Lavendel oder Rose haben eine besonders angenehme Wirkung.

Detoxbad

Dieses Bad hilft bei Hautirritationen und wirkt nach einem stressigen Arbeitstag dank des hohen Magnesiumgehalts entschlackend und reinigend.

60 g Meersalz oder Himalajasalz
60 g Bittersalz (Apotheke)
60 g Backnatron
80 ml Apfelessig
10 Tropfen ätherisches Öl
(z. B. Lavendel, Pfefferminz, Rose)

Salze und Natron in ein hitzebeständiges Gefäß geben, mit 150 Milliliter kochendem Wasser auffüllen und zum Auflösen rühren. Die Wanne mit Wasser füllen, dann Essig und ätherisches Öl untermischen. Die Salzlösung zugießen.

Etwa 30 Minuten in der Wanne bleiben. Vorsicht beim Heraussteigen: Die entschlackende Wirkung kann möglicherweise leichten Schwindel auslösen.

Milchbad

Dieses Bad hinterlässt eine seidig glatte Haut dank der Milchsäure, die sie mit Feuchtigkeit versorgt und einen glättenden, peelenden Effekt hat.

500 Milliliter Ziegenmilch in einem Topf erhitzen und in das heiße Badewasser gießen. 20–30 Minuten in der Wanne bleiben. Zur zusätzlichen Entspannung nach Belieben 10 Tropfen Ihres ätherischen Lieblingsöls ins Wasser geben.

Eine Wanne Tee!

Dieser Badezusatz ist verblüffend simpel: Einfach 3–4 große Tassen starken Tee aufbrühen und ins Badewasser gießen. Probieren Sie verschiedene Sorten für unterschiedliche Wirkungen aus. Hier sind einige meiner Favoriten, doch experimentieren Sie gerne mit anderen Tees:

English Breakfast
Ideal für unreine Haut, da der Tee reich an Tanninen ist, die eine entzündungshemmende, antivirale Wirkung haben.

Kamille
Ein Kamillenbad mit seinem entspannenden Effekt ist perfekt vor dem Schlafengehen. Kamille wirkt beruhigend bei Hautproblemen wie Ekzemen, Windpocken, Schwellungen oder Infektionen.

Grüner Tee
Die B-Vitamine in grünem Tee wirken gemütsaufhellend, und ein Grünteebad belebt und energetisiert. Grüner Tee ist reich an Antioxidantien und Polyphenolen, Tein und Tannin, die lindernd bei schmerzenden Muskeln, offenen Wunden, Fieberbläschen, Ausschlägen usw. wirken.

ÜBUNGEN FÜR
GESICHT & HALS

Es ist wichtig, die Gesichtsmuskeln geschmeidig und kräftig zu halten. Gesichtsgymnastik macht die Haut jünger und reduziert die Fältchenbildung. Alle Übungen können Sie ausführen, während Sie auf den Bus warten, an der Ampel stehen oder spazieren gehen.

Natürlich können Sie den Alterungsprozess nicht ganz aufhalten, aber durch die Anregung der Blutzirkulation können der Teint aufgefrischt und die Gesichtskonturen gefestigt werden. So, wie wir unseren Körper durch Sport trainieren, können wir auch unsere Gesichtsmuskeln trainieren und mit regelmäßigen Übungen erstaunliche Ergebnisse erzielen.

Augen

Erste Alterungszeichen lassen sich vor allem um die Augen erkennen. Probieren Sie diese Übungen, um die Haut zu straffen, Tränensäcke und Krähenfüße zu mildern und die Augen zu stärken.

Tief einatmen, Kopf gerade halten. Ohne den Kopf zu bewegen, so weit wie möglich nach oben blicken und diese Position 5–10 Sekunden halten. Dann nacheinander je 5–10 Sekunden nach unten, nach oben rechts und nach oben links blicken.

Die Augen im Uhrzeigersinn rollen, dabei so weit wie möglich nach rechts und links, oben und unten sehen. Einige Male wiederholen, dann entgegen dem Uhrzeigersinn bewegen.

DURCH DIE ANREGUNG DER BLUTZIRKULATION KÖNNEN DER TEINT AUFGEFRISCHT UND DIE GESICHTSKONTUREN GEFESTIGT WERDEN.

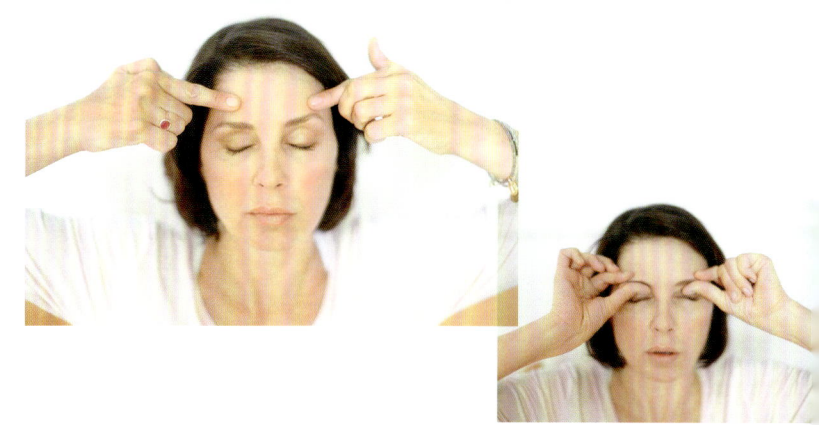

Mund

Wir benutzen den Mund zum Essen, Trinken, Sprechen, Singen und Lachen. Mit den Jahren verliert die Haut an Spannkraft, und die Mundwinkel sinken nach unten, was uns mürrisch aussehen lässt. Durch diese Übungen stärken und straffen Sie die Mundmuskulatur. Wiederholen Sie die Übungen täglich, um wieder ein Lächeln in Ihr Gesicht zu bringen!

Stellen Sie sich vor, sie küssen die Luft: die Lippen so stark wie möglich spitzen und 10 Luftküsse hauchen.

Mit der Zunge bei geschlossenem Mund auf der Zahnaußenseite entlangfahren. Am Oberkiefer beginnen und auf der unteren Zahnreihe fortfahren, dann in die andere Richtung bewegen. Die Übung 10- bis 15-mal wiederholen.

Mit geschlossenen Lippen abwechselnd die rechte und die linke Wange aufblasen und einige Sekunden halten. 20-mal wiederholen. Dann beide Wangen aufblasen und langsam die Luft entweichen lassen. Dadurch werden Lachfalten reduziert, indem die entsprechenden Muskeln gekräftigt werden.

Die Oberlippe zwischen Daumen und Zeigefingern nehmen. Die Mundmuskulatur entspannen und die Lippe sanft nach unten ziehen. Die Finger entlang der ganzen Oberlippe bewegen. Die Übung 5-mal wiederholen. Dadurch werden feine Lippenfalten geglättet.

Stirn

Unsere Stirn spielt eine große Rolle für unsere Mimik, und mit der Zeit graben sich Falten immer tiefer ein, vor allem wenn wir häufig die Stirn runzeln. Durch die Lockerung der verspannten Stirnmuskulatur werden die Blutzirkulation stimuliert und die Muskeln entspannt.

Um tiefe Linien zu mildern, die Haut des Oberkopfes mit den Fingerspitzen einige Minuten kreisförmig massieren. Durch diese Lockerung wird auch die Stirn entspannt.

Eine Handfläche gegen die Stirn drücken und den Kopf nach unten bewegen. Dadurch wird die Stirnhaut in einer Art Liftingeffekt nach oben gezogen. 5-mal wiederholen.

Die Daumen an die Schläfen und die Zeigefinger auf Höhe der Stirnmitte legen und nach oben bewegen, 5 Sekunden halten. (Sie sollten spüren, wie die Stirnhaut nach oben gezogen wird.) 5- bis 10-mal wiederholen.

Augenbrauen

Diese Übungen lösen Verspannungen rund um die Augenbrauen und können sogar Kopfschmerzen lindern. Sie helfen, Zornesfalten zu mindern, und öffnen den Blick.

Die Daumen innen an den Augenbrauenansatz legen. Mit Zeigefingern und Daumen die Haut um die Augenbrauen zusammendrücken und mit kreisenden Bewegungen die ganzen Augenbrauen entlangmassieren, um die Muskulatur zu lockern. Nach Belieben den Druck bei mehreren Durchgängen leicht verstärken.

Mit den Zeigefingern von innen nach außen über die Augenbrauen streichen. Bei mehreren Durchgängen nach Belieben den Druck jedes Mal leicht erhöhen.

ÜBUNGEN FÜR
GESICHT & HALS

Hals

Die Haut am Hals ist sehr dünn, weshalb die Hautalterung hier besonders schnell sichtbar wird. Die folgenden Übungen kräftigen die Kiefer-, Gaumen-, Hals- und obere Brustmuskulatur.

Strecken Sie den Kopf etwas nach vorne, sodass der Hals etwas gestreckt ist. Streichen Sie mit den Handrücken für 30 Sekunden wiederholt vom Halsansatz bis zum Kinn (Bild unten links).

Zur Kräftigung der gesamten Halsmuskulatur drehen Sie den Kopf langsam von einer Seite zur anderen. 10-mal wiederholen. Dadurch wird die Halsmuskulatur gekräftigt, und die Haut bleibt straff.

Blicken Sie geradeaus und spannen Sie alle Halsmuskeln an. Fixieren Sie einen Punkt und schieben Sie dabei den Kopf nach vorne (nicht nach unten!). Kehren Sie dann in die normale Position zurück. 10-mal wiederholen.

Abschluss

Legen Sie die Zeigefinger an den Nasenrücken und bewegen Sie sie in kleinen Kreisbewegungen bis zu den Nasenflügeln. Dadurch werden Nase und Nebenhöhlen befreit und die Lymphen drainiert (Bild unten Mitte).

Zupfen Sie mit Daumen und Zeigefingern die ganze Gesichtshaut. Dadurch wird die Durchblutung angeregt – der perfekte Abschluss für diese Übungseinheit (Bild unten rechts).

BÜRSTENMASSAGE

Die Bürstenmassage hat bei mir wahre Wunder gewirkt. Seit ich das täglich mache, kann ich große Veränderungen feststellen: Meine Haut ist straffer, die Muskulatur definierter, die Cellulite ist verschwunden, mein Stoffwechsel hat sich verbessert, und ich fühle mich frischer. Bürstenmassagen können auf trockener oder nasser Haut, also vor oder beim Duschen angewandt werden. Auf trockener Haut haben sie sich als effektiver erwiesen. Bei täglicher Anwendung wird die Durchblutung verbessert, die Lymphdrainage stimuliert, der Hormonhaushalt verbessert und die Haut gefestigt und geglättet.

Körperbürsten und Massagehandschuhe gibt es in jeder Drogerie oder Parfümerie. Gute Bürsten haben kurze, feste Borsten. Ideal sind Bürsten mit Naturborsten und langem Griff, sodass Sie auch Stellen am Rücken erreichen. Bürstenmassagen wirken auf vielfältige Weise: Durch die verbesserte Durchblutung und die Lymphdrainage werden Stoffwechselabfälle besser abgebaut und Cellulite reduziert. Die Stimulation der Nervenenden verbessert das Nervensystem. Verstopfte Poren werden gereinigt, sodass die Haut Pflegestoffe besser aufnehmen kann.

Bürsten Sie Ihren Körper am besten morgens vor dem Duschen – wenngleich ich persönlich am liebsten unter der warmen Dusche ungefähr 5–10 Minuten massiere, gefolgt von einem kalten Wasserstrahl. Das kostet zwar Überwindung, ist aber ungemein durchblutungsfördernd; Sie werden den Unterschied bald feststellen. Bürsten Sie von den Füßen (zunächst sanft) in langen, kreisenden Bewegungen zum Herzen hin. Wenn Sie an den Schultern angelangt sind, bürsten Sie die Arme in langen, streichenden Bewegungen von den Händen in Richtung Schultern. Streichen Sie 2- bis 3-mal überlappend über dieselbe Hautpartie. Sparen Sie verletzte oder empfindliche Hautbereiche aus.

REFLEXZONENMASSAGE

Reflexzonenmassagen beruhigen, erden und lindern viele Beschwerden wie Kopfschmerzen, Verdauungsprobleme, Schlaflosigkeit und Stress. Dabei werden verschiedene Punkte in Füßen, Händen und manchmal auch Ohren durch Druckmassage stimuliert und so der Energiefluss durch den Körper und die Selbstheilungskräfte angeregt.

Reflexologen gehen davon aus, dass der Körper in zehn vertikale Bahnen oder Kanäle, fünf auf jeder Körperhälfte, eingeteilt ist. Jede Bahn verläuft vom Kopf bis zu den Reflexbereichen in Füßen und Händen. Durch sanften Druck auf diese Reflexpunkte können der Energiefluss durch das entsprechende Körperorgan stimuliert und Blockaden gelöst werden.

Eine Reflexzonenmassage ist sehr entspannend und bringt den Körper wieder in sein natürliches Gleichgewicht.

EINE REFLEX-ZONENMASSAGE STIMULIERT DEN ENERGIEFLUSS DURCH DEN KÖRPER UND DIE SELBSTHEILUNGSKRÄFTE.

VITAMINPRÄPARATE
& NAHRUNGSERGÄNZUNGSMITTEL

Ich habe nie regelmäßig Vitamintabletten genommen, denn ich war immer der Meinung, dass ich meinen Bedarf an Mikronährstoffen durch eine gute Ernährung mit Säften, Smoothies, viel grünem Gemüse, Knoblauch, Olivenöl, Zitronen, Ingwer, Chili und Kräutern decke. Und weil ich auch stets auf meinen Säure-Basen-Haushalt achte, fühlte ich mich immer ganz gut. Und tatsächlich, als ich kürzlich eine Blutuntersuchung machen ließ, war alles okay, bis auf meinen Omega-3-Wert, was vermutlich daran liegt, dass ich weder Fisch noch Fleisch esse – wenngleich ich reichlich Eiweiß aus pflanzlichen Quellen (z. B. Tofu, Linsen, Tempeh und Hülsenfrüchte) zu mir nehme. Selbst wenn man sich also richtig gesund ernährt, gibt es keine absolute Sicherheit, dass alle Mikronährstoffe abgedeckt sind, die wir für vollkommene Gesundheit benötigen. Deshalb empfehle ich Ihnen, folgende Präparate im Kühlschrank aufzubewahren: Vitamin C, Vitamin D, Magnesium, Probiotika sowie Omega-3- und -6-Fettsäuren.

VITAMINE

& Mineralstoffe

Vitamin C

Vitamin C, auch als Ascorbinsäure bekannt, ist ein wasserlöslicher Mikronährstoff, der vor allem in Obst und Gemüse vorkommt. Im Körper agiert er als Antioxidans, das die Zellen vor freien Radikalen schützt. Freie Radikale sind Substanzen, die in unserem Körper bei der Umwandlung von Nahrung in Energie entstehen. Zudem sind wir freien Radikalen jeden Tag durch äußere Einflüsse wie Rauchen, Umweltverschmutzung und UV-Licht ausgesetzt.

Unser Körper braucht Vitamin C zudem zur Produktion von Kollagen, einem Eiweiß, das zur Wundheilung benötigt wird. Vitamin C ist auch unverzichtbar für ein funktionierendes Immunsystem, und es unterstützt die Eisenaufnahme.

Vitamin D

Vitamin D ist wichtig für das Zellwachstum, für allgemeines Wohlbefinden und den Knochenaufbau. Die Hauptaufgabe von Vitamin D ist jedoch die Regulierung des Kalzium- und Phosphorspiegels.

Das meiste Vitamin D wird nicht über die Nahrung aufgenommen, sondern durch Sonnenlicht bzw. UV-Einstrahlung in unserer Haut gebildet. In den Wintermonaten können Menschen in gemäßigten Zonen wie Mitteleuropa einen Vitamin-D-Mangel aufweisen, weil nicht genug Sonnenlicht an die Haut kommt. Aber man sollte sich nicht ständig in die Sonne legen, denn zu viel Sonne verursacht Sonnenbrand, vorzeitige Hautalterung und im schlimmsten Fall Hautkrebs. Ein 10- bis 15-minütiger ungeschützter Aufenthalt in der Sonne sollte nicht überschritten werden. Die beste Zeit für die Vitamin-D-Bildung ist zwischen 11 und 15 Uhr. In den Wintermonaten rate ich zur Einnahme von Vitamin-D-Präparaten. Fragen Sie Ihren Arzt oder Apotheker nach der geeigneten Dosierung.

Vitamin-C-reiche Lebensmittel:
Blumenkohl, Brokkoli, Erdbeere, Grünkohl, Orange, Papaya, Paprika, Petersilie, Rosenkohl, Tomate, Zitrone

Vitamin-D-reiche Lebensmittel:
Ei, Makrele, Sardine

Magnesiumreiche Lebensmittel:
Avocado, Buchweizen, Fisch, Gerste, grünes Blattgemüse, Hirse, Knoblauch, Nüsse (vor allem Mandeln), Petersilie, Vollkornprodukte wie Naturreis

Magnesium

Magnesium ist essenziell für Knochenaufbau und gesunde Zähnen. Es wird zur Freisetzung von Calcitonin benötigt, dem Hormon, das die Kalziumeinlagerung in den Knochen unterstützt. Magnesium spielt bei vielen Stoffwechselvorgängen eine zentrale Rolle, z. B. bei der Übermittlung von Nervenimpulsen, der Regulierung der Körpertemperatur, der Entgiftung und der Energiebereitstellung. Es kann bei Migräne, Schlaflosigkeit und Depressionen helfen. Magnesiumpräparate haben sich bei Panikattacken, Stress, Angst- und Unruhezuständen als hilfreich erwiesen.

Magnesium ist ein so wichtiger Mineralstoff, dass wir darauf achten sollten, den täglichen Bedarf zu decken. 60 Prozent des Magnesiums im Körper sind in den Knochen eingelagert und weitere 26 Prozent in unseren Muskeln, der Rest befindet sich im Gewebe und in Körperflüssigkeiten. Magnesium ist auch bei äußerlicher Anwendung eine Wohltat, und zwar als Magnesiumsalzbad. Der Mineralstoff wird beim Baden über die Haut aufgenommen – eine angenehme Art, den Magnesiumspeicher nach schweißtreibenden körperlichen Aktivitäten schnell wieder aufzufüllen. Magnesium unterstützt zudem die Produktion von Serotonin, das wegen seiner stimmungsaufhellenden Wirkung als „Glückshormon" bezeichnet wird. Magnesium lindert außerdem Nervosität, indem es die Wirkung von Adrenalin dämmt, unterstützt die Muskel- und Nervenfunktion und kann entspannend, schlaf- und konzentrationsfördernd wirken.

Versuchen Sie, Ihren Kaffee-, Salz-, Zucker- und Alkoholkonsum einzuschränken, da sie die Ausscheidung von Magnesium über den Urin verstärken und so dem Körper Magnesium entziehen.

PH–WERT

Ich halte es für sehr wichtig, auf den Säure-Basen-Haushalt zu achten, der sich leicht mit einem pH-Wert-Teststreifen (Apotheke oder Internethandel) überprüfen lässt. Damit können Sie schnell feststellen, wie sauer oder alkalisch Ihr Körper ist und wie sich das Niveau im Laufe eines Tages verändert. Ein Ungleichgewicht kann kleinere Beschwerden verursachen, die sich im Laufe der Zeit zu ernsthaften gesundheitlichen Problemen auswachsen können. Dazu gehören Herz-Kreislauf-Erkrankungen, ein anfälliges Immunsystem, Gelenkschmerzen, Osteoporose, Hormonstörungen oder vorzeitige Alterung.

Unser Körper fühlt sich am wohlsten, wenn sich der pH-Wert von Zellen, Blut und anderen Körperflüssigkeiten im leicht alkalischen Bereich befindet (pH-Wert 7,365). Wenn wir säurebildende Lebensmittel wie Softdrinks, Schokolade und Chips essen, steuert der Körper mit seinen eigenen Reserven an säureneutralisierenden Stoffen dagegen, um das alkalische Niveau wiederherzustellen. Zu den säureneutralisierenden Stoffen gehört z. B. das in den Knochen eingelagerte Kalzium. Dadurch kann dauerhafter Kalziummangel entstehen, der zu Osteoporose führen kann. Durch den Verzehr von basischen Lebensmitteln werden dem Körper keine Mineralien entzogen und wieder zugeführt. So bleiben wir gesünder.

Um Ihren Körper bei der Regulierung des pH-Werts zu unterstützen, hilft beispielsweise viel Wasser trinken. Ich trinke nach dem Aufstehen immer ein Glas heißes Wasser mit Zitrone.

Alkalische Lebensmittel:
Brokkoli, Gemüsesaft, Grapefruit, Knoblauch, Kräutertee, Limette, Mango, Olivenöl, Papaya, Petersilie, roher Spinat, Spargel, Wassermelone, Zitrone, Zwiebel

Säurebildende Lebensmittel
(möglichst meiden):
Bier, Eiscreme, Gebäck, geschälter Reis, Käse, Kaffee, Meeresfrüchte, Pasta, Rindfleisch, Schokolade, Schweinefleisch, Softdrinks, Weißmehl, Weizen, Zucker (egal welcher Art)

PROBIOTIKA
& OMEGAFETTSÄUREN

Probiotika

Probiotika sind gesundheitsfördernde Mikroorganis-men wie Bakterien oder Hefepilze. Unser Verdauungs-system ist von mehr als 500 verschiedenen Bakterien-arten und Mikroorganismen besiedelt, die für eine gesunde Darmflora sorgen und unser Immunsystem unterstützen. Wenn wir mit einer Infektion kämpfen oder Antibiotika einnehmen, wird unsere Darmflora mit den nützlichen Mikroorganismen gestört. Durch die Einnahme von Probiotika können wir die Verdau-ungsfunktion wieder verbessern und im besten Fall auch durchfallverursachende Bakterien bekämpfen.

Probiotika sind z. B. in Naturjoghurt enthalten, kön-nen aber auch als Nahrungsergänzungsmittel in Apothe-ken und Reformhäusern gekauft werden. Ich persönlich kann nur empfehlen, durch die Einnahme von Probioti-ka für ein gesundes Verdauungssystem zu sorgen und so Ihre Abwehrkräfte zu stärken.

Omega-3- und Omega-6-Fettsäuren

Omegafettsäuren sind essenziell für die Hirnfunktion, das Sehvermögen, die Konzentration, die Stimmung und die Koordination. Eine ausreichende Versorgung mit Omegafettsäuren kann entzündlichen Herzerkran-kungen, Arthritis und Autoimmunerkrankungen (z. B. Asthma und Ekzemen) vorbeugen.

Lebensmittel mit viel Omega 3:
Chiasamen, Hanfsamen, Kürbiskerne, Lein-samen, Walnusskerne und native Öle daraus

Lebensmittel mit viel Omega 6:
Färberdistelöl, Maiskeimöl, Sesamsaat, Sonnenblumenkerne

Als Vegetarierin nehme ich eine pflanzliche Nahrungsergänzung aus Algen ein. Omegareich sind aber auch Fettfische oder Fischölkapseln (Reformhaus oder Apotheke).

WOHLFÜHLEN

Man sollte alle Aspekte der eigenen Gesundheit im Auge behalten – von der Ernährung über den Körper bis hin zu Geist und Seele. Ich kümmere mich, so gut ich kann, um mich, aber ich erhielt auch Rat von Lehrern, Heilpraktikern und Ärzten.

Gesundheitsvorsorge

Ich lasse mich regelmäßig untersuchen: Blutuntersuchung beim Hausarzt, gynäkologische Vorsorgeuntersuchung, Zahnarztbesuch und Hautuntersuchung. Durch regelmäßige Vorsorgeuntersuchungen ist man stets auf dem neuesten gesundheitlichen Stand. Viele Erkrankungen lassen sich frühzeitig diagnostizieren und gezielt behandeln. Als junge Frau hatte ich diverse Probleme im Brust- und Unterleibsbereich, weshalb ich einem sehr gründlichen und regelmäßigen Untersuchungsplan folgte: Screenings, Mammografien, Uterusuntersuchungen sowie Abstriche. Diese Vorsorgeuntersuchungen haben mir vermutlich das Leben gerettet, da sofort angemessene Behandlungen eingeleitet werden konnten.

Ich hatte das Glück, bei einem medizinischen Vorreiter in Behandlung zu sein: Yehudi Gordon war Gynäkologe im Viveka, einem Gesundheitszentrum für Frauen in Nordlondon, das es leider nicht mehr gibt, und begleitete mich über 25 Jahre vom Teenager bis zur reifen Frau nach vier Geburten. Von ihm habe ich sehr viel erfahren, sowohl über den Körper als auch über Spiritualität,

und ich verdanke ihm eine Menge. Wenn ich Ihnen also etwas raten kann, dann ist es, alle Gesundheitschecks und Vorsorgeuntersuchungen regelmäßig zu machen.

Von der ersten Menstruation bis zu den Wechseljahren kann jedes Frauenalter schwierig, heikel und unterschiedlich sein. Unser Körper wird von Hormonen beeinflusst, sowohl emotional als auch physisch. Um ein besseres Verständnis davon zu erlangen, empfehle ich Ihnen, sich intensiver mit diesem Thema auseinanderzusetzen.

Gynäkologische Vorsorgeuntersuchung

Frauen ab dem 20. Lebensjahr sollten einmal jährlich eine Krebsvorsorgeuntersuchung durchführen lassen, um bösartige Veränderungen möglichst früh zu entdecken. Dazu gehören die Untersuchung von Schamlippen, Scheide und Muttermund; Abstriche vom Muttermund und aus dem Gebärmutterhalskanal zur nachfolgenden Untersuchung; eine Tastuntersuchung von Gebärmutter, Eierstöcken und Brüsten. Beobachten Sie sich auch selbst und suchen Sie bei folgenden Auffälligkeiten sofort einen Arzt auf: Schmerzen beim Geschlechtsverkehr, übel riechender oder verstärkter Ausfluss, anhaltende Unterleibsschmerzen, Zwischenblutungen, Scheidentrockenheit.

Brustuntersuchung

Tasten Sie monatlich Ihre Brust ab. Im Internet und in Büchern finden Sie Anleitungen, wie Sie dabei vorgehen sollten. Ertasten oder sehen Sie eine Auffälligkeit, gehen Sie sofort zum Frauenarzt. Je früher die Diagnose, desto größer die Chance auf eine erfolgreiche Behandlung.

Bei folgenden Beobachtungen sollten Sie sofort einen Arzttermin vereinbaren: Veränderung der Brust in Größe oder Form, vor allem wenn Sie den Arm bewegen oder Ihre Brust heben; Ausschlag rund um die Brustwarze; rötliche, feuchte Stellen auf der Brustwarze, die nicht leicht abheilen; nichtmilchiger Sekretfluss oder Blut aus der Brustwarze; anhaltende Schmerzen oder Ziehen in Brust oder Achselhöhle; einseitige Vergrößerungen der Brust; verändertes Hautbild oder -gefühl, z.B. Dellen oder Falten.

Blutuntersuchung

Vom Hausarzt sollte einmal im Jahr ein Blutbild erstellt werden. Es gibt Hinweise auf den allgemeinen Gesundheitszustand. Ohne Beschwerden gelten Blutuntersuchungen zur Vitamin- und Mineralstoffversorgung nicht als Kassen-, sondern als individuelle Gesundheitsleistung (IGeL) und müssen selbst bezahlt werden.

Urinuntersuchung

Durch die Urinuntersuchung können Nieren- und Harnwegserkrankungen oder Diabetes erkannt werden. Entdecken Sie Blut im Urin, gehen Sie sofort zum Arzt.

Geschlechtskrankheiten

Der beste Weg, sich und andere vor Geschlechtskrankheiten zu schützen, ist die Verwendung von Kondomen. Bevor Sie eine neue Beziehung eingehen, sollten Sie sich auf sexuell übertragbare Krankheiten untersuchen lassen. Gesundheitsämter bieten anonyme Tests auf HIV, Chlamydien, Genitalherpes, Syphilis, Hepatitis und Tripper an.

Diabetes

Gibt es in Ihrer Familie Diabetiker oder liegt Ihr BMI über 25, sollten Sie regelmäßig den Wert für Hämoglobin A1c prüfen lassen. Bei diesem Test wird der durchschnittliche Blutzuckerspiegel der letzten drei Monate ermittelt, nicht nur der zu einem bestimmten Zeitpunkt.

Blutdruck

Der Blutdruck sollte regelmäßig gemessen werden, denn zu hohe Werte bedrohen Arterien und Herz, sodass Schlaganfall, Herzinfarkt oder Nierenerkrankungen wahrscheinlicher werden. Lassen Sie Ihren Blutdruck mindestens einmal im Jahr messen. Wenn er zu hoch oder zu niedrig ist, sollten Sie ihn häufiger überprüfen.

Cholesterinspiegel

Cholesterin ist ein Lipoid, das über unsere Blutbahn transportiert wird und in jeder Zellmembran zu finden ist. 80 Prozent des Cholesterins werden in der Leber produziert, die restlichen 20 Prozent gelangen über die Nahrung in unseren Körper. Wenn der Cholesterinspiegel zu hoch ist, können Arterien verstopfen, dadurch steigt das Risiko für Herzerkrankungen und Schlaganfälle erheblich. Lassen Sie ihn daher alle 3–5 Jahre überprüfen.

Augenuntersuchung

Regelmäßige Augenuntersuchungen sind sehr wichtig, weil die Augen im Allgemeinen nicht schmerzen, wenn etwas nicht in Ordnung ist. Augenärzte können frühe Anzeichen bestimmter Erkrankungen diagnostizieren, bevor die ersten Symptome auftreten. Vielleicht brauchen Sie eine Brille, oder Ihre Sehstärke hat sich verändert. Es können frühe Stadien von Diabetes, grauem und grünem Star festgestellt werden. Gehen Sie also mindestens alle 2 Jahre zum Augenarzt.

Zahnarzt

Putzen Sie Ihre Zähne 2-mal täglich mit einer fluoridhaltigen Zahnpasta und verwenden Sie Zahnseide. Rauchen sowie zuckerhaltige Speisen und Getränke schädigen Zahnfleisch und Zähne. Je gesünder Sie sind, desto länger haben Sie etwas von Ihren Zähnen. Lassen Sie mindestens einmal im Jahr Ihre Zähne kontrollieren. Wenn Sie zu starken Zahnproblemen neigen, ist ein Besuch alle 6 Monate zu empfehlen.

Hautscreening

Untersuchen Sie Haut und Leberflecke einmal im Monat auf Veränderungen und lassen Sie sie jährlich vom Hautarzt überprüfen. Falls Ihnen Veränderungen von Leberflecken oder Muttermalen in Größe oder Farbe auffallen oder wenn sie jucken, bluten oder eine unregelmäßige Form bekommen, gehen Sie schnell zum Arzt.

Schwangerschaft, Babys und Mutterschaft

Eine Schwangerschaft kann ein wunderbares Ereignis und eine aufregende, erstaunliche Zeit im Leben einer Frau sein. Ich habe es viermal erlebt, und alle Schwangerschaften waren völlig unterschiedlich. Ich litt an Hyperemesis, extremer Schwangerschaftsübelkeit mit Erbrechen und Dehydration. Ich wurde ins Krankenhaus eingeliefert und hing am Tropf, bis sich mein Körper wieder erholt hatte. Drei meiner Kinder kamen schon nach der 32. bzw. 33. Woche zur Welt, sodass sie die ersten Stunden und Tage im Brutkasten lagen. Auch wenn meine Kinder das Wunderbarste in meinem Leben sind, weiß ich doch, dass Schwangerschaft und Geburt kompliziert und anstrengend sein können.

Ich habe für meine Schwangerschaften und Geburten einen natürlichen Ansatz gewählt, maße mir aber keineswegs an, Frauen zu verurteilen, die sich für einen anderen Weg entscheiden. Jede Frau und jede Schwangerschaft ist anders. Was mir während der Schwangerschaft und bei der Geburt (ich habe mich für Wassergeburten entschieden) geholfen hat, waren Yoga, Reflexzonenmassage, positives Denken, Visualisierung und Meditation, wie sie in diesem Buch vorgestellt werden. Ich habe versucht, möglichst gesund zu essen und so gut wie möglich meine normale Ernährung beizubehalten. Aber ich habe mir das Leben nicht zusätzlich schwergemacht, wenn ich Heißhunger auf Süßes hatte. Wenn man jeden Morgen mit Übelkeit zu kämpfen hat, sollte man wenigstens (in Maßen) das essen, wonach einem gelüstet.

Babys

Eine Mutterschaft ist mit nichts zu vergleichen. Die Liebe, die einen erfüllt, übersteigt alles bislang Bekannte, und wenn Sie Ihr wunderschönes, unschuldiges Baby zum ersten Mal in den Arm nehmen, ergibt das Leben einen neuen Sinn. Die ersten Tage zu Hause, als ich dieses neue Menschenkind kennenlernte, waren eine traumhafte Zeit. Natürlich sind Mutterschaft und Erziehung auch unglaublich anstrengend und ermüdend, weil man immer wieder neu lernen muss, wie man mit einem Kind umgeht – vom kleinen, unschuldigen Baby bis hin zum rebellischen Teenager –, und das meistens ohne vorheriges Training. Deshalb sind viele Entscheidungen und Verhaltensweisen instinktiv und eine sehr individuelle Sache.

Mutter sein

Als meine Kinder geboren wurden, habe ich sie bei mir im Bett schlafen lassen, und sie mussten sich nicht in den Schlaf weinen. Ich habe nie ignoriert, wenn sie weinten und etwas wollten. Das bedeutete natürlich, dass die Betreuung sehr intensiv war, weil ich auf jedes Bedürfnis reagierte und immer bereitstehen musste. Aber wie in jeder Lebenssituation gewöhnt man sich daran und lernt, die Probleme anzugehen. Es gibt Hochs und Tiefs, und ich habe beides durchlebt, auch ein großes Tief, als ich an postnataler Depression litt und deswegen in stationärer Behandlung war. Das war vor über elf Jahren, als postnatale Depression noch keine Akzeptanz fand und man bei vielen als Heulsuse galt, die nicht rumjammern, sondern dankbar sein sollte, ein hübsches, gesundes Kind im Arm zu halten. Aber eine solche Depression lässt sich rational nicht erklären, sie kommt einfach über einen, und man erlebt die dunkelsten, angstvollsten Tage des Lebens, fühlt sich abgeschnitten, einsam und ohne Unterstützung. Falls Sie fürchten, an postnataler Depression zu leiden, gehen Sie sofort zum Arzt. Mittlerweile gibt es gute Behandlungsmöglichkeiten, durch die Sie sich bald besser fühlen werden. Mit der Zeit verschwinden die düsteren Gedanken und Gefühle, und Sie können Ihr Leben wie gewohnt fortführen.

Eine Mutterschaft hat viele verschiedene Phasen, vom süßen Baby über das lebhafte Kleinkind und das neugierige Schulkind bis hin zum sorgenbereitenden Jugendlichen. Sie müssen sich mit dem Kind entwickeln und an sich arbeiten, um ihm Ihre bedingungslose Liebe zu zeigen. Ich bin keinesfalls die perfekte Mutter und habe wie wir alle viele Fehler gemacht. Aber ich habe meine Kinder immer geliebt und versucht, nichts Unrealistisches von ihnen zu erwarten. Ich sehe meine Mutterrolle darin, meinen Kindern die guten Dinge im Leben beizubringen, Mitgefühl, Großzügigkeit und Nachsicht, aber auch zu akzeptieren, dass sie irgendwann ihren Weg finden und aus eigenen Fehlern lernen müssen, vor allem ab der Pubertät, wenn sie die Mutter peinlich finden und nicht mehr auf sie hören wollen. Ich versuche, meinen Kindern mitzugeben, sich selbst zu lieben sowie sich selbst gegenüber treu zu sein.

Familiengeschichten und -therapie

Was ist eine normale Familie? Welche Familie entspricht heute noch dem klassischen Bild? Es ist traurig, aber wahr: Tragödien, Trennungen oder Skandale gehören zum Alltag. Das Leben ist kompliziert und anstrengend, und wir sind – ohne zu hippiemäßig klingen zu wollen – alle auf einer Reise, auf der wir jeden Tag dazulernen.

Jede Familie hat ihre Dynamik, und jede Familie entwickelt sich weiter. Manchmal können wir dabei in ungesunde Muster verfallen. Dann kann es sinnvoll sein, Hilfe von außen zu holen, wie einen Familien- oder Paartherapeuten. Ob Hilfe für Sie allein mit Ihrem Partner oder der ganzen Familie – Probleme können erkannt, analysiert und dann hoffentlich beseitigt werden.

Ich habe an verschiedenen Punkten meines Lebens therapeutische Hilfe in Anspruch genommen: als ich meinen Vater verlor, nach einer schmerzlichen Trennung und während der postnatalen Depression. Rückblickend kann ich sagen, dass mir mein Leben dadurch weniger kompliziert und wesentlich lebenswerter erscheint.

Gemeinsames Sorgerecht und Patchworkfamilien

Trennung, Scheidung, gemeinsames Sorgerecht und Patchworkfamilien gehören immer mehr zum modernen Familienbild. Nur wenige Trennungen laufen ohne Probleme ab, immer bringen sie Verwirrung und Veränderungen, manchmal auch Schmerz mit sich. Es ist eine schwere Übergangsphase, die von jedem lange Anpassung erfordert. Erwachsene wie Kinder müssen mit vielen Veränderungen klarkommen. Da kann es zu kleinen Kämpfen und Tränen kommen, aber es besteht auch die Möglichkeit für einen Neustart, der am Ende alle glücklicher macht.

Oft kommt es zur Scheidung, die sehr anstrengend und destruktiv sein kann. Manchmal artet sie in einen Rosenkrieg aus, bei dem es außer den Anwälten keinen Gewinner gibt. Vermeiden Sie es unbedingt, schmutzige Wäsche zu waschen und böse Gedanken zu hegen. Wenn Sie merken, dass Sie verbittert und negativ werden, sorgen Sie für helles Licht und setzen Sie sich mit dem Menschen auseinander, mit dem Sie das Problem haben. Dadurch entstehen bessere Schwingungen und eine entspanntere Atmosphäre. Trennung und Scheidung können eine echte Herausforderung werden, wenn die Familie auseinandergerissen wird und man sich an Betreuungszeiten halten muss. Erst fühlt sich Ihre Familie nicht mehr wie Ihre Familie an. Es ist ein großer Verlust und eine Zeit der Traurigkeit, wenn Sie Ihre Kinder weniger sehen, weil Ihr Ex sie gerade hat. Ich habe mich in viele Hobbys gestürzt und an einem neuen, aufregenden Sozialleben gearbeitet, um neue Menschen kennenzulernen. Ich lernte klettern, Trapez, Drehbuch schreiben und gründete Unternehmen, was alles sehr anstrengend, aber auch befreiend war.

Eine andere Erfahrung, auf die man sich nicht wirklich vorbereiten kann, ist, plötzlich eine Patchworkfamilie bzw. andere Kinder als die eigenen zu haben. Seien Sie offen, großzügig, freundlich, feinfühlig und drängen Sie niemals. Kinder haben sehr feine Antennen, wenn ein Erwachsener zu sehr drängt und nicht authentisch ist. Achten Sie also darauf, dass Sie nicht fordernd sind oder Zuneigung durch Geschenke erkaufen.

Keine Wertung

Wertungen können sehr destruktiv sein. Sich selbst oder andere zu verurteilen schürt Ängste und innere Konflikte. Wenn Sie also bemerken, zu (selbst-)kritisch oder verurteilend zu sein, geben Sie sich einen Klaps auf die Finger. Bei mir funktioniert es, wenn ich mich ermahne, mich um meinen eigenen Kram zu kümmern. Wenn ich mit mir hadere und mir Vorwürfe mache, frage ich mich, ob ich bei jemand anderem, den ich sehr liebe, z. B. meine Tochter, auch so streng wäre. Man muss sich selbst so lieben wie seine Nächsten und aufhören, negative Gedanken über sich zu haben, denn das sorgt nur für negative Stimmung.

Positives Denken

Versuchen Sie, in jeder Situation etwas Positives zu erkennen und das Beste daraus zu machen. Seien Sie so positiv, wie Sie es vermögen, und denken Sie an viele positive Gedanken. Dadurch wird Ihr Leben erfüllter und zufriedener.

Unterm Strich

Wir sollten uns jeden Tag gern haben und verwöhnen. Täglich lauern viele Fallen und Fettnäpfchen, in die man treten kann, aber es gibt Möglichkeiten, die Dinge leichter zu nehmen und mehr Spaß zu haben, um ein glückliches, zufriedenes Leben zu führen. Wir alle versuchen, das umzusetzen, was wir uns vornehmen, aber wenn die Dinge nicht richtig laufen, entwickeln wir manchmal schlechte Angewohnheiten. Dann müssen wir einen Strich darunterziehen und neu beginnen. Ich hoffe, unser Buch gibt Ihnen einige Einsichten in das Leben, in eine gesunde Lebensweise mit gesundem Essen und viel Bewegung.

Passen Sie auf Ihren Körper, Ihren Geist und Ihre Seele auf und seien Sie gut zu sich und anderen.

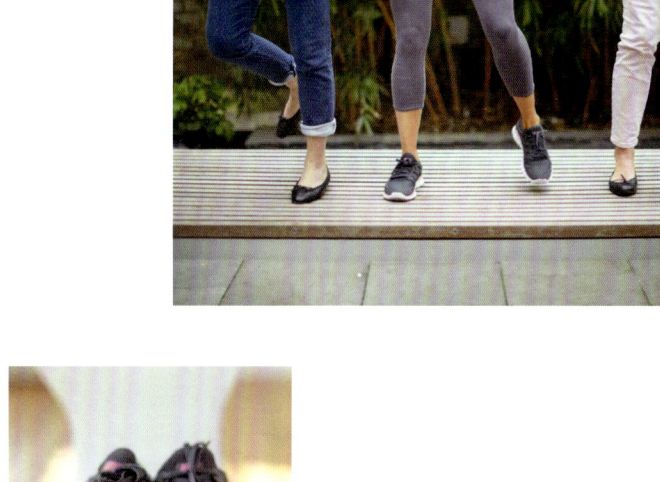

FRAU IN FORM

Holly

Seit vielen Jahren arbeite ich als Personal Trainerin und Lifestyle Coach für ganz normale Menschen, die ein bisschen fitter werden wollen: für Frauen, die nach der Schwangerschaft in ihre alten Sachen passen möchten, für Schauspieler, die sich auf eine Rolle vorbereiten, und für Menschen, die schlechte Gewohnheiten loswerden wollen. Zwar arbeite ich jeweils ein individuelles Trainingsprogramm aus, das Grundprinzip ist aber immer das Gleiche: einen gesunden Lebensstil entwickeln und die Liebe zur Bewegung entdecken.

Es geht nicht um schnelle Erfolge – es gibt keine Geheimpülverchen, keinen Zaubertrank. Ich spreche von nachhaltigen Veränderungen – von einer Lebensumstellung und der Abgewöhnung schlechter Angewohnheiten.

Durch meine Leidenschaft für und mein Wissen über Fitness und gesunde Ernährung gebe ich meinen Kunden das nötige Selbstvertrauen für einen gesunden, aktiven Lebensstil. Oft haben schon kleine Veränderungen eine große Wirkung in Bezug auf Glück, Zufriedenheit und Gewichtsverlust. Vor allem zeige ich meinen Kunden, wie sie durchhalten können.

Das Grundprinzip ist immer das Gleiche: einen gesunden Lebensstil entwickeln und die Liebe zur Bewegung entdecken.

Schon als Kind war ich Vegetarierin, und als ich sechs war, zog meine Familie aufs Land. Wir hatten einen riesigen Gemüsegarten, durch den ich eine Vielfalt an saisonalem Gemüse kennenlernte und praktische Erfahrung im Gemüseanbau sammelte. Es hat etwas unendlich Befriedigendes, sein Essen selbst anzubauen. Ich habe wunderbare Erinnerungen ans Erbsenpalen im Sommer und das Ausbuddeln der ersten Kartoffeln. Man wusch die Erde ab, ehe man die Knollen kochen und mit Butter genüsslich in den Mund schieben konnte.

Nun bedeutet vegetarisch nicht automatisch gesund und fleischlose Kost nicht unbedingt abwechslungsreiche, ausgewogene Ernährung. Als ich nach London zog, gerieten meine Essgewohnheiten durcheinander: TK-Kartoffelprodukte, Fertiggemüseaufläufe und Pastagerichte statt frischem Gemüse. So entwickelte ich eine immer größere Vorliebe für süßen, zuckrigen Kram. Als junge Schauspielerin war ich oft bei Veranstaltungen, rauchte und trank zu viel.

Ich war ständig erkältet, hustete und begann, mich träge, aufgedunsen und schlapp zu fühlen. Nach dem Essen kam ich mir schrecklich voll vor. Mit 25 wusste ich, dass etwas aus dem Gleichgewicht geraten war.

Ich war aktiv, aber weder gesund noch glücklich. Ich probierte diverse Diäten, wobei vor allem die Kohlsuppendiät eine Enttäuschung war. Ungefähr eine Woche fühlte ich mich gut, dann war es immer schwerer, sie durchzuhalten, ich fiel in alte Gewohnheiten zurück und stopfte Schokolade in mich hinein (ich war schon immer eine Naschkatze). Diesen Teufelskreis galt es zu durchbrechen.

Ich fing an, Bücher über gesunde Ernährung zu lesen, fand sie interessant und inspirierend, und je mehr ich erfuhr, desto mehr kamen die Dinge wieder ins Lot. Das geschah nicht über Nacht. Laster gewöhnt man sich viel schneller an als gute Verhaltensweisen. Aber nach

und nach nahm ich nachhaltige Veränderungen vor. Ich lernte Interessantes über Rohkost, Nahrungszusammenstellung, Saftkuren, den glykämischen Index und Giftstoffe in Lebensmitteln. Ich belegte Koch- und Ernährungskurse, und irgendwann wusste ich, dass ich als Personal Trainerin arbeiten wollte. Etwas Tiefgreifendes war passiert. Durch die Korrektur meiner schlechten Gewohnheiten wurde mir klar, wie schön und befriedigend es sein kann, diese Erkenntnisse weiterzugeben.

Schließlich lernte ich die Zusammenhänge zwischen nährstoffarmer Ernährung und meiner ständigen Trägheit und Infektanfälligkeit. Nach zahllosen Stunden und Jahren des Lernens wusste ich endlich, wie ich wieder ins Gleichgewicht kommen konnte: durch die richtige Ernährung, das richtige Training und einen Weg, beides in meinen Tagesablauf zu integrieren. Je mehr ich darüber las und lernte, was ich trank und aß und welche Langzeitwirkungen es auf Körper und Wohlbefinden hat, desto weniger wollte ich mich selbst vergiften. Heute achte ich darauf, mich gesund zu ernähren, weil ich mich dadurch von innen heraus gut fühle. Wenn ich nährstoffreiche, frische Kost zu mir nehme, bin ich glücklich. So einfach ist das. Ein Glas heißes Wasser mit frischem Zitronensaft am Morgen, und schon beginnt mein Tag mit Schwung. Ich habe kein schlechtes Gewissen, wenn ich ab und an ein Stück dunkle Schokolade nasche oder ein Gläschen Wein trinke, weil ich weiß, dass meine Ernährung insgesamt gesehen ausgewogen und gesund ist.

Ich war schon immer bewegungsfreudig. Als Kind kletterte ich auf Bäume, rannte über die Felder und hüpfte auf meinem Trampolin im Garten. Als ich mit 17 nach London zog, ging ich ins Fitnessstudio und fing mit Yoga an (meine Schwester Sadie schleppte mich zum ersten Kurs). Als Ergänzung suchte ich eine Sportart, bei der ich mich auspowern konnte, und stieß auf

Kickboxen. Zu Sport konnte ich mich immer leicht motivieren, weil es mir richtig Spaß machte. Für mich war fit zu bleiben nie lästige Pflicht. Es ist wie bei Kindern, die hüpfen, springen, rennen und herumtoben – sie tun es, weil es ihnen Spaß macht.

Wenn man eine Sportart nicht mag, macht man sie nicht; aber es gibt andere, die einem zusagen. Deshalb ist es wichtig, neue Lehrer, Trainingsorte und Leute, mit denen man trainiert, auszuprobieren. Dann gibt man nicht so schnell auf, wenn es herausfordernder wird. Mich treibt das an, und auch Sie werden schnell merken, ob das, was Sie gerade machen, das Richtige ist.

Ich habe lange geglaubt, das Leben passiere in der Zukunft, stürmte immer los, hatte immer große Pläne, lebte aber nie wirklich im Jetzt. Aufstehen und loslegen war nie ein Problem für mich, umso schwieriger war es, einen Gang zurückzuschalten, nicht nur körperlich. Für mich ging es auch darum, zu mir selbst zu finden, und Yoga hat mir sehr geholfen, mein inneres Gleichgewicht zu stabilisieren. Mit Yoga angefangen habe ich, um fitter zu werden, heute mache ich es, um mich auf den Moment zu konzentrieren. Auch Achtsamkeits- und Meditationskurse haben mir geholfen, mich zu erden. Ich lese Bücher, die mich in die Gegenwart holen und mich dabei unterstützen, mehr im Jetzt zu leben. Es ist ein ständiger Lernprozess, an dem man wachsen kann.

Herzlichst
Holly

EINSTELLUNG

Heute weiß ich ganz genau, was mir hilft, gesund zu bleiben – körperlich und geistig – und mich emotional ausgeglichen, entstresst und zufrieden zu fühlen. Zusammenfassend ist es:

- **aktiv sein**
- **täglich frisches Obst und Gemüse**
- **wenig Zucker, Weizenprodukte und Alkohol**
- **möglichst keine Fertigprodukte (immer die Zutatenliste lesen)**
- **Zeit für mich selbst**
- **das Leben nicht zu ernst nehmen und Spaß haben**
- **Neues ausprobieren, um neugierig, interessiert und inspiriert zu bleiben**
- **mit ähnlich gesinnten, lebensfrohen Menschen zusammen sein**

Sie haben immer die Wahl und können immer herausfinden, welches die besten Lebensmittel für Ihre Gesundheit und zum Abnehmen sind – Ambers leckere Rezepte im ersten Kapitel dieses Buches helfen Ihnen dabei. Sie werden bestimmt eine Sportart finden, die Ihnen Freude bereitet und Sie stark, schlank und fit macht. Unterschätzen Sie nicht, wie wichtig es ist, sich Zeit für sich selbst zu nehmen, Zeit zum Entschleunigen und Entspannen und um die Seele baumeln zu lassen.

Es ist gar nicht so schwer, morgens aufzuwachen und zu sagen, dass man heute, genau jetzt in dieser Sekunde, alles im Griff hat und sich so liebt, wie man ist. Sind Sie bereit?

VERHALTENSWEISEN ÄNDERN

Es ist großartig, aufregend und inspirierend, einen gesunden Lebensstil und ein neues Sportprogramm zu beginnen. Aber nur allzu leicht wird man ungeduldig und will, dass alles sofort passiert. Man stürzt sich mit Eifer hinein und trainiert jeden Tag. Am Ende der Woche tut einem alles weh, man fühlt sich aber immer noch motiviert und positiv. Doch schon nach der zweiten Woche jammert man, dass alles so zeitaufwendig ist und Sport keinen Spaß macht, und wirft das Handtuch. Wenn Sie noch nie Sport gemacht oder eine Sportart über längere Zeit betrieben haben, ist es schwierig, durchzuhalten, wenn es ans Eingemachte geht. Daher empfiehlt es sich, langsam einzusteigen und aufzubauen, bis der Sport ein selbstverständlicher Bestandteil Ihres Wochenablaufs ist. Es wird nicht einfach über Nacht geschehen.

Das ist auch der richtige Zeitpunkt, die ein oder andere schlechte Angewohnheit abzulegen. Wie oft schauen Sie beim Blick in den Spiegel als Erstes auf die Körperstelle, die Sie am wenigsten mögen? Wenn Sie Körperstellen von sich negativ beurteilen, fallen diese oft zuerst in den Blick: Meine Oberschenkel sind zu dick, meine Oberarme wabbelig, mein Hintern ist nicht knackig genug. Seinen Sie nachsichtig mit sich und ändern Sie Ihre Einstellung. Wenn Sie sich im Spiegel betrachten, konzentrieren Sie sich auf Ihre Schokoladenseiten und machen Sie sich ein Kompliment dafür. Heben Sie Ihre natürlichen Begabungen, Talente und Fähigkeiten hervor und bewerten Sie sich nicht nur nach äußerlichen Aspekten.

Verhaltensweisen zu ändern und eine positive Einstellung zu finden ist wie Muskeltraining: Je mehr Sie daran arbeiten, desto stärker wird er. Einige Verhaltensmuster und Denkweisen begleiten uns schon das ganze Leben – es braucht also seine Zeit.

Kleines Beispiel? Viele assoziieren eine Belohnung mit (meist fettigem, zuckerhaltigem) Essen, weil sie in der Kindheit Süßes als Belohnung bekommen haben. Aber es gibt auch andere Möglichkeiten, sich zu belohnen, z. B. mit einem Spaziergang im Park oder mit einem schönen Buch.

SPORT ZU TREIBEN WIRD NUR ALLMÄHLICH ZUM FESTEN BESTANDTEIL DES LEBENS. ES GESCHIEHT NICHT ÜBER NACHT.

OHNE
DRUCK

Ganz wichtig ist, sich nicht unter Druck zu setzen. Gerade wenn einem etwas verboten wird, ist man versucht, es zu tun (Kinder sind Experten darin): Sobald man sich Essverbote auferlegt, hat man erst recht Lust auf das Verbotene, und wenn Sie sich sagen, dass Sie Sport treiben MÜSSEN, fühlen Sie sich unter Druck und suchen eine Ausrede, warum es heute nicht geht. Machen Sie sich keinen Druck oder Stress. Selbst wenn Sie nur ein halbes Work-out machen – ein guter Anfang! – oder einen strammen Spaziergang durch den Park – super! Loben Sie sich dafür. Es geht darum, sich zu bewegen und körperlich aktiv zu sein. Fitter, stärker oder schlanker zu werden kann ein langer Weg sein. Sie müssen nicht Stunden über Stunden trainieren. Legen Sie lieber knackige 20-Minuten-Einheiten ein, die Sie mit zunehmender Fitness steigern können. Wer Sport ohne Stress oder Druck treibt, hat mehr Spaß daran.

Es gibt Trainingsprogramme, die Sie durch fragwürdige Versprechen unter Druck setzen und z. B. den Körper einer Tänzerin verheißen. Ach, wirklich? Natürlich können solche Work-outs Spaß machen, weil aber die Frau, die die Übungen vorführt, schon seit mindestens 15 Jahren tanzt, hat sie natürlich die entsprechende Figur. Wenn es bei Ihnen dagegen nicht klappt, glauben Sie, gescheitert zu sein. Dabei ist es zum einen unrea-

listisch, und zum anderen haben die meisten von uns nicht die genetischen Voraussetzungen für eine Tänzerfigur. Stecken Sie Ihre persönlichen Ziele ab: Sie wollen fit und gesund sein, weil Sie sich dadurch gut fühlen und es Ihnen ein großes Erfolgserlebnis verschafft.

Jedes Work-out, jede Yogastunde ist anders, weil Sie jeden Tag anders sind. Vielleicht haben Sie nicht so gut geschlafen, sind gestresst oder haben zu wenig getrunken. Ärgern Sie sich nicht, wenn es nicht so läuft wie beim letzten Training. Machen Sie das Beste daraus und denken Sie nicht daran, was Sie gestern oder letzte Woche hinbekommen haben. Fokussieren Sie sich auf das, was Sie gerade tun, denn es genügt, wenn Sie sich Mühe geben.

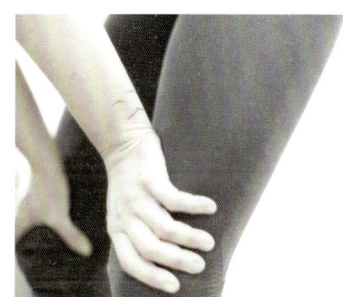

DIE STIMME IM KOPF ÄNDERN

Wir können für alles eine Ausrede finden und uns vom inneren Schweinehund überzeugen lassen. Sie kennen diese Stimme, die einem einredet, ein zweites Stück Kuchen sei nicht so schlimm, aber hinterher ein schlechtes Gewissen macht. Es ist ein ständiges Hadern mit uns selbst.

Der innere Schweinehund

„Bei der Arbeit war es heute so stressig, da brauche ich ein Glas Wein. Ich weiß, ich wollte diese Woche keinen Alkohol trinken, aber nach diesem Horrortag habe ich ihn mir verdient. Außerdem habe ich gestern nichts getrunken. Also ist es okay, mir heute etwas zu gönnen."

„Ich bin total fertig, ich kann heute keinen Sport machen. Ja, gestern war ich auch nicht da, und ich hatte mir fest vorgenommen, heute hinzugehen … Aber es regnet wie verrückt – das muss ein Zeichen sein, zu Hause zu bleiben. Geh ich eben morgen."

WAS IMMER DER MENSCHLICHE GEIST SICH VORSTELLEN UND WORAN IMMER ER GLAUBEN KANN, DAS KANN ER AUCH VOLLBRINGEN.

NAPOLEON HILL

Für einen gesünderen Lebensstil müssen wir nicht nur unsere Ernährung ändern, uns mehr bewegen und Stress vermeiden, sondern auch die Stimme in unserem Kopf umziehen. Wenn sie sich wieder meldet, lassen Sie nicht zu, dass sie Sie von Gutem abhält, sondern sagen Sie sich etwas Motivierendes: „Ich kann mir die Zeit nehmen", „Nach dem Sport fühle ich mich so gut", „Heute ist es kalt, aber beim Sport wird mir warm".

Eine Aktivität zu finden, die Spaß macht, hilft, den inneren Schweinehund zu bändigen. Finden Sie heraus, was Ihnen liegt, und machen Sie es regelmäßig, egal, ob Schwimmen, Joggen, Tanzen, Yoga, Kampfsport, Gymnastik, Pilates oder Fußball mit den Kindern. Probieren Sie Sportarten aus, bis Sie die richtige gefunden haben; vielleicht brauchen Sie auch nur den Lehrer, der Sie inspiriert, oder den Kurs, der in Ihren Tagesablauf passt.

Wir alle haben Tage, an denen wir uns schwer zum Sport motivieren können, aber gerade dann ist man stolz, sich überwunden und etwas geleistet zu haben.

Auch ich kenne Tage, an denen mir die innere Stimme einflüstert, dass ich keine Lust aufs Joggen hätte. Dann erinnere mich daran, wie toll ich mich danach fühle, wie stolz ich bin, wenn ich mich überwinde, wie herrlich die frische Luft und das Freiheitsgefühl sind. Positive Argumente überwiegen immer die negativen. Ich sage mir dann selbst: „10 Minuten laufen reichen schon." Und sobald ich loslaufe, weiß ich, dass die Entscheidung richtig war, und aus 10 Minuten wird oft 1 Stunde.

POSITIVES
DENKEN

Buddha sagt: „Wir sind, was wir denken." Positives Denken wirkt sich auf das gesamte Wohlbefinden aus. Im Alltag begegnet uns viel Negatives – Ängste, Sorgen, Streit, Eifersucht, Gerüchte, Vorurteile –, und allzu oft werden negative Gedanken zur Gewohnheit. Versuchen Sie stattdessen immer, das Glas als halb voll zu sehen. Setzen Sie sich ein Ziel und stellen Sie sich vor, es zu erreichen (z. B. über die Ziellinie zu laufen oder ins kleine Schwarze zu passen). Eine positive Haltung zu Sport und Bewegung fördert die Motivation und hilft, Ziele leichter zu erreichen.

Negative Gedanken vermeiden
Machen Sie sich nicht schlecht. Arbeiten Sie daran, Körper und Geist zu stärken. Es ist nur Ihr Inneres, das sagt, Sie könnten etwas nicht. Lesen Sie motivierende Zitate und machen Sie eines zu Ihrem Mantra.

In der Gegenwart leben
Fokussieren Sie Ihre Gedanken auf das Jetzt und achten Sie darauf, was um Sie passiert.

Dankbar sein
Konzentrieren Sie sich jeden Abend auf Dinge, für die Sie dankbar sind, und heben Sie das Gute in Ihrem Leben hervor.

Nein sagen lernen
Gehen Sie nicht zu viele Verpflichtungen ein. So enttäuschen Sie andere seltener und haben nicht das Gefühl des Scheiterns.

Sich mit anderen positiven Menschen umgeben
So erhalten Sie Unterstützung und Energie. Positive Menschen sind genauso ansteckend wie negative (und ich weiß, mit wem ich mich lieber umgebe).

Lächeln
Hört sich banal an, funktioniert aber.

FÜR ALLES, WAS EINEM WICHTIG IST, FINDET MAN EINE LÖSUNG, FÜR ALLES ANDERE EINE AUSREDE.

KEINE AUSREDEN!

*Hat man keine Lust auf Sport, fallen einem viele Ausreden ein –
aber es gibt Lösungen. Kommen Ihnen diese Ausreden bekannt vor?*

„Ich hab keine Zeit"
Eine knackige 10-Minuten-Einheit passt in jeden Alltag, und jede Minute zählt: Das sind 70 Minuten pro
Woche, 3650 Minuten im Jahr, also reichlich verbrann-
te Kalorien und ausgeschüttete Glückshormone! Sie
investieren damit in Ihre Gesundheit und Zufriedenheit.

„Kann ich mir nicht leisten"
Man muss sich nicht im Fitnessstudio anmel-
den oder eine Hightech-Ausrüstung kaufen. Sie
brauchen nur Ihren Körper (zugegeben: Sport-
schuhe und ein Sport-BH wären sinnvoll).

„Ich bin nicht fit genug"
Das sagt Ihnen nur Ihr Kopf; Sie sind fit genug. Jeder
fängt einmal an. Starten Sie auf einem Niveau, mit dem
Sie gut zurechtkommen, und bauen Sie darauf auf.

„Das ist zu schwer"
Beginnen Sie mit einigen sanften Übungen.
Wenn Sie fitter sind, haben Sie das Vertrauen
und sind in der Lage, sich mehr zuzumuten.

„Das macht keinen Spaß"
Vielleicht haben Sie noch nicht die richtige Sportart gefunden. Probieren Sie etwas Neues aus!

„Die Sportsachen sind in der Wäsche"
Legen Sie sich eine zweite Garnitur zu, um immer
saubere Sportsachen zu haben. Packen Sie sie am Vorabend ein, damit es am Morgen nicht hektisch wird.

**„Ich hab ein Baby und kann
daher nicht zum Sport gehen"**
Übungen nach Buch oder DVD, um nach der Geburt in Form zu kommen, kann man auch zu Hause machen. Oder Sie schieben den Kinderwagen
flott gehend bzw. joggend durch den Park. Suchen
Sie eine andere Mutter, die in Form kommen will,
und passen Sie gegenseitig auf die Kleinen auf.

„Ich bin zu müde"
Sport kurbelt erwiesenermaßen den Energiehaus-
halt an. Sagen Sie nicht „Ich bin zu müde", sondern
„Sport verleiht mir neue Energie und erfrischt mich".

„Ich bin verletzt*/Ich bin krank"
Wenn es etwas Ernstes ist, hören Sie auf Ihren Körper
und geben Sie ihm Ruhe. Suchen Sie sich eine Sportart,
bei der Sie (weitere) Verletzungen vermeiden. Es könnte
die ideale Gelegenheit sein, etwas Neues auszuprobieren.

**Wenn Sie verletzt sind oder Schmerzen haben, ignorieren Sie es
nicht, sondern lassen Sie es vom Arzt abklären. Ihr Körper und
Ihre Gesundheit stehen an erster Stelle, und eine richtige Diagnose
hat Priorität; die Beschwerden sollten nicht als Ausrede dienen.*

HINDERNISSE

überwinden

Konzentrieren Sie sich nicht nur auf Dinge, in denen Sie gut sind (wir alle haben unsere Lieblingsbewegungen). An den schwächeren Stellen zu arbeiten verhilft Ihnen zu einem stärkeren, strafferen Körper. Wenn Sie also zur Übung „Burpee" (Seite 236) kommen (eine Übung, bei der fast alle im Voraus stöhnen), feuern Sie sich mit motivierenden Worten an. Fordern Sie Ihren Körper und holen Sie ihn aus seiner Komfortzone. Sie werden überrascht sein, wozu Ihr Körper in der Lage ist und wie schnell Sie Fortschritte erzielen. Das Work-out sollte nie zu einfach sein. Tatsächlich sollten Sie es immer ein wenig steigern und anspruchsvoller gestalten: Legen Sie etwas mehr Gewicht auf, ziehen Sie die Übung ein bisschen länger durch oder machen Sie mehr Wiederholungen. Fühlen Sie, wie es brennt, und genießen Sie es.

Machen Sie das Rennen

Nichts ist motivierender, als sich für einen Lauf anzu-melden und sich darauf vorzubereiten. Trainingsein-heiten auszulassen fällt viel schwerer, wenn man einen Termin vor Augen hat. Wie wäre es mit der Teilnahme an einem Charity-Lauf? So wird jeder zum Gewinner.

Sich selbst belohnen

Wenn Sie Ihren Trainingsplan eingehalten oder ein Ziel erreicht haben, gratulieren Sie sich. Belohnen Sie sich mit neuer Sportausrüstung, einer Massage oder einem entspannenden Schaumbad bei Kerzenlicht.

Ziele visualisieren

Stellen Sie sich das tolle Gefühl beim Erreichen eines Ziels vor. Fokussieren Sie auf die Details, um das Ereignis so real wie möglich zu erleben.

Termine machen

Tragen Sie Sporteinheiten in Ihren Kalender ein, dann werden sie so wichtig wie andere Termine.

Gemeinsam trainieren

Mit Freunden zu trainieren ist eine tolle Motivation. Die Wahrscheinlichkeit, dass man solche Verabredun-gen platzen lässt, ist viel geringer. Außerdem können Sie sich gegenseitig motivieren, anfeuern und nach dem Sport loben.

Motivations-Playlist

Wenn die Musik der Liebe Nahrung ist … macht weiter Sport (frei nach Shakespeare). Es ist erwiesen, dass ein pulsierender Beat die sportliche Leistung unterstützt. Stellen Sie also Ihre Lieblingsmusik entsprechend Ihrer Sportart zusammen.

Tolle Sportklamotten

Legen Sie sich Sportkleidung zu, in der Sie sich wohl-fühlen, und zwar nicht erst dann, wenn Sie abgenom-men haben. Auch wenn das Selbstvertrauen am Anfang nicht so groß sein mag, tun Sie sich keinen Gefallen, wenn Sie zum Sport in ausgeleierte, schlabbrige Sachen schlüpfen.

Den anderen zuliebe

Denken Sie an eine nahestehende Person und machen Sie ihr zuliebe Sport. Wenn Sie unmotiviert sind oder sich schlapp fühlen, stellen Sie sich diese Person vor. Laufen Sie für sie etwas länger, legen Sie etwas mehr Gewicht auf, machen Sie mehr Wiederholungen. Sie machen nicht nur für sich Sport, sondern auch für jemand anderen.

ES WIRD IMMER HINDERNISSE UND GRÜNDE GEBEN, WARUM MAN KEINE ZEIT ZUM SPORT HAT. GENAU DESHALB SOLLTEN SIE STETS EINEN PLAN B ODER SOGAR EINEN PLAN C IN DER HINTERHAND HABEN.

KÖRPER

Durch den Muskelaufbau beim Sport wird der Stoffwechsel angekurbelt, und je mehr Sport Sie treiben, desto mehr Kalorien werden verbrannt. Das heißt aber nicht, dass man durch Sporttreiben hungriger wird. Mal vom Geschlecht und der allgemeinen Konstitution abgesehen, meinen wir häufig, uns nach dem Sport mit Essen belohnen zu müssen. Das ist jedoch eher eine dumme Angewohnheit oder eine innere Stimme, die einem einredet, man bräuchte eine süße Belohnung für die harte Arbeit. Studien haben gezeigt, dass mehr Sport zur Produktion von mehr appetithemmenden Proteinen und Hormonen führt. Ein großes Hungergefühl nach dem Sport entsteht also oft nur im Kopf. Sport auf leeren Magen ist weder gut noch schlecht, es ist eine persönliche Entscheidung. Worauf es nach dem Sport ankommt, ist, das Richtige zu essen und den Körper innerhalb einer Stunde mit neuer Energie zu versorgen, möglichst mit hochwertigen Proteinen, die das beanspruchte Muskelgewebe reparieren. Außerdem machen Proteine länger satt, ein zusätzlicher Bonus. Wichtiger als alles andere ist es, nach dem Sport ausreichend Wasser zu trinken, um den Flüssigkeitsverlust auszugleichen. Wasser füllt außerdem den Magen und sorgt für ein gewisses Sättigungsgefühl.

SPORT TREIBEN:
DIE VORTEILE

Warum sollten wir Sport treiben? Der Hauptgrund ist, dass wir unseren Körper bewegen müssen. Wir sind zum Laufen, Springen, Schieben, Ziehen, Beugen, Heben gschaffen. Jahrtausende musste der Mensch keinen Sport treiben, weil die Arbeit, die er zum Überleben verrichten musste, körperlich aktiv genug war. Aufzüge, Rolltreppen, Autos und Computer tragen dazu bei, dass wir uns kaum noch bewegen. Dabei ist unser Körper eine Maschine, die in Bewegung gehalten werden muss, um funktionieren zu können und gesund zu bleiben.

In Form zu bleiben ist gar nicht so einfach, weil vieles automatisiert ist. Selbst alltägliche Dinge wie Einkaufen können per Mausklick erledigt werden. Dazu kommt die stets riesige Auswahl an Fertiggerichten, Snacks, Lieferdiensten, Restaurants usw. Aber wenn wir unser Essen nicht selbst zubereiten, wie sollen wir wissen, was darin steckt? Das sind keine guten Voraussetzungen, um fit und gesund zu bleiben. Wir müssen uns klarmachen, dass Bewegung kein lästiges Pflichtprogramm ist, sondern das, was unser Körper braucht.

Für viele ist Abnehmen die Hauptmotivation für körperliche Aktivitäten. Aber eigentlich sollte es nicht nur darum gehen, in eine kleinere Kleidergröße zu passen. Viel wichtiger ist, ein gesünderes Leben mit gestärktem Selbstwertgefühl zu führen, damit z.B. alltägliche Aktivitäten keine Probleme bereiten, wie mit den Kindern toben, die Wohnung putzen, Einkäufe schleppen, mit 80 noch die Schuhe zubinden können, keine Rückenprobleme zu haben … die Liste ist endlos.

EIN MANGEL AN AKTIVITÄT
ZERSTÖRT DIE GUTE VERFASSUNG
JEDES MENSCHEN, WÄHREND
BEWEGUNG UND SYSTEMATISCHE
KÖRPERÜBUNGEN SIE SICHERN UND
BEWAHREN.

PLATON

Durch Sport fühlt man sich gut, weil Endorphine (Glückshormone) ausgeschüttet werden. Schon 15 Minuten Sport können die Stimmung heben.

Sport, vor allem Krafttraining, fördert die Knochengesundheit und erhöht die Knochendichte, was Osteoporose vorbeugen kann.

Regelmäßiges aerobes Training senkt den Blutdruck, was das Risiko für Herz-Kreislauf-Erkrankungen reduziert. Lassen Sie Ihr Herz also kräftig pumpen!

Sport kurbelt den Stoffwechsel an. Durch die erhöhte Muskelmasse werden Körperfett und Kalorien besser verbrannt und ein gesundes Abnehmen gefördert. Je intensiver Sie trainieren, desto mehr Kalorien verbrennen Sie. Legen Sie los!

Sport macht mehr Lust. Fitte Leute haben besseren Sex.

Sport verleiht Energie und kräftigt den Körper. Er ist die beste Medizin, wenn man sich träge fühlt.

Sport sorgt für schöne, strahlende Haut: Durch die bessere Durchblutung werden regenerierende und reparierende Nährstoffe an die Hautoberfläche transportiert. Zudem wird die Kollagenproduktion erhöht, was der Haut ein jugendlicheres Aussehen verleiht.

Sport baut Stress, Verspannungen, Ängste und Frust ab, denn körperliche Aktivität senkt den Wert des Stresshormons Cortisol. Haben Sie es schon mal mit Boxen probiert? Fantastisch zum Stress- und Frustabbau!

Sport erhöht die Durchblutung und somit die Sauerstoffversorgung des Gehirns. Regelmäßiger

Sport kann das Risiko von Demenzerkrankungen mindern. Wenn Sie sich leer im Kopf fühlen, machen Sie ein paar Hampelmänner, um wieder klar und fokussiert zu sein.

Sport fördert die Herz-Lungen-Funktion. So können Sie dem Bus hinterherrennen, ohne sofort außer Atem zu sein. Langfristig beugen Sie Herz- und Lungenerkrankungen vor.

Sport strafft den Körper und erhöht die Beweglichkeit. Wer die Gelenke mobilisiert und die Muskeln kräftig hält, hat im Alter weniger Schwierigkeiten mit alltäglichen Tätigkeiten. Was Sie heute investieren, zahlt sich später aus.

Sport verbessert die Verdauung. Die Magen-Darm-Muskulatur kann die Nahrung besser verarbeiten und sorgt für einen regelmäßigen Stuhlgang.

Regelmäßiger Sport beugt Rückenproblemen vor. Die Rücken- und Bauchmuskulatur werden gekräftigt, die Ausdauer erhöht, die Beweglichkeit und die aufrechte Haltung werden verbessert.

Sie haben vielleicht schon einmal vom sogenannten Runner's High, dem Läuferhoch, gehört. Ich benenne es mal in Sportlerhoch um. Ich versichere Ihnen, es gibt dieses Hochgefühl, und es macht süchtig. Die ersten Sporteinheiten mögen hart sein: Sie haben vielleicht keine Lust, sind nicht in Form und/oder müde. Doch plötzlich erleben Sie ein rauschhaftes Gefühl: Sie fühlen sich stark, lebendig, Ihr Herz pumpt, und Sie empfinden eine unglaubliche Zufriedenheit. Wenn Sie regelmäßig Sport treiben, wird Ihr Körper schnell darauf reagieren, und Sie erleben in kürzester Zeit eine erhebliche Verbesserung von Konstitution, Wohlbefinden, Selbstvertrauen und Fitness. Jagen Sie das Hoch und erleben Sie es!

ATMUNG *beim* SPORT

Atem ist Leben. Atmen ist ein Automatismus und für uns etwas Selbstverständliches, da wir es jede Sekunde tun, ohne darüber nachzudenken. Durch die Atmung wird unser Blut mit lebensnotwenigem Sauerstoff angereichert und unsere Organe damit versorgt. Außerdem werden Toxine und Abbauprodukte aus dem Körper entfernt. Durch die richtige Atemtechnik beim Sport kann die Leistung erheblich verbessert werden, denn bei jedem Atemzug werden unsere Muskeln mit frischem Sauerstoff versorgt. Manchmal konzentrieren wir uns so sehr darauf, was wir tun, dass wir die Luft anhalten, und das bedeutet, dass die Muskeln keinen Sauerstoff bekommen und alles viel schwerer wird. Lernen Sie also die richtigen Atemtechniken.

Krafttraining

Beim Training mit Gewichten oder Widerständen sollten Sie bei der Anstrengung, dem schweren Teil der Übung – in der Regel gegen die Schwerkraft –, ausatmen und beim leichteren Teil der Übung einatmen. Seien Sie nicht besorgt, wenn Sie instinktiv andersherum atmen – das ist besser, als die Luft anzuhalten. Ähnlich, wenn Sie Liegestütze machen: Atmen Sie beim Absenken ein und beim Hochkommen aus.

Ausdauerübungen

Atmen Sie tief in den Bauch und vermeiden Sie flache Brustatmung. Die Atmung sollte möglichst regelmäßig und tief sein, um die Sauerstoffzufuhr zu maximieren. Es spielt keine Rolle, ob Sie durch die Nase oder den Mund atmen oder durch die eine ein und den anderen aus. Hier hat jeder seine Vorlieben.

Laufen

Beim Joggen, vor allem bei höherem Tempo, ist die Mundatmung zu empfehlen, weil dadurch mehr Sauerstoff aufgenommen werden kann. Versuchen Sie, möglichst gleichmäßig zu atmen, z. B. zwei Schritte ein- und die nächsten zwei Schritte ausatmen. Vielleicht kommen Sie auch mit einer Drei-Schritt-Atmung besser zurecht.

Dehnen

Durch die richtige Atmung beim Dehnen wird die Entspannung des Körpers gefördert. Ist man verspannt, neigt man dazu, den Atem anzuhalten. Das wirkt kontraproduktiv auf die Anspannung des Körpers. Nehmen Sie tiefe Atemzüge; atmen Sie durch die Nase ein und durch den Mund aus. Versuchen Sie, bei jeder Ausatmung mehr zu entspannen und sich ein bisschen weiter zu dehnen.

ES GIBT NICHTS SCHLIMMERES,
ALS WOCHE FÜR WOCHE DAS
GLEICHE ZU TUN.

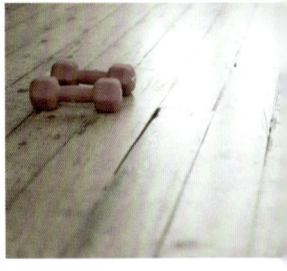

KÖRPERMITTE, POSITION & HALTUNG

Auf den Moment konzentrieren

Sport bietet die perfekte Möglichkeit, in sich hineinzuspüren und im Jetzt zu sein. Beim konzentrierten Ein- und Ausatmen können Sie sich bewusst machen, was Sie Ihrem Körper gerade Gutes tun. Jetzt ist nicht die Zeit, um Ihren Einkaufszettel durchzugehen. Konzentrieren Sie sich darauf, wie Ihre Muskeln arbeiten, Ihr Po gestrafft wird und Ihre Beine schlanker und kraftvoller werden. Und wenn es richtig anstrengend wird, erinnern Sie sich an die Vorteile, die die Übungen bringen: Sie werden dadurch fitter, verbrennen Fett, und Ihr Körper wird schlank und stark.

Die richtige Position

Die Position sagt Ihnen, wie Sie sich für jede Übung aufstellen: Aktivieren Sie Ihre Körpermitte, korrigieren Sie Ihre Haltung, spannen Sie die Gesäßmuskulatur an, halten Sie den Rücken gerade usw. Auch die richtige Position braucht Aufmerksamkeit und Übung, deshalb hat die korrekte Position und damit die Durchführung der Übung Priorität vor der Anzahl der Wiederholungen oder der Schnelligkeit der Übungsausführung. Lassen Sie es langsam angehen. Durch die korrekte Position bzw. die konzentrierte Übungsausführung werden mehr Muskeln aufgebaut, vor allem aber wird Verletzungen vorgebeugt. Achten Sie immer auf die arbeitenden Muskeln und spüren Sie in sie hinein. Führen Sie die Übungen möglichst vor einem Spiegel aus. So können Sie die Positionen und Übungsabläufe besser kontrollieren und korrigieren.

Der Schlüssel für eine gute Haltung liegt in einer stabilen Körpermitte (Bauch und Rücken). Aktivieren Sie dafür immer die Bauchmuskulatur und halten Sie den Rücken gerade. Wenn Sie Schmerzen in Rücken oder Gelenken, z. B. im Knie, verspüren, könnte es daran liegen, dass Sie die Übung nicht korrekt ausführen.

Kontrollieren Sie Haltung und Bewegungsabläufe im Spiegel. Die einzigen Stellen, in denen es schmerzen darf, sind die Muskeln, die gerade hart arbeiten müssen.

Die Körpermitte: wichtig für die Haltung, gut für die Gesundheit und das Liebesleben

Die Kräftigung der Körpermitte stärkt Sie von innen heraus. Wir alle sollten unsere Körpermitte trainieren, weil sie Wirbelsäule und Becken stabilisiert und den Rücken stützt. Für Frauen ist die Kräftigung von Beckenboden und schräger Bauchmuskulatur besonders wichtig, vor allem nach einer Geburt, wenn die Muskulatur sehr gedehnt ist.

Der Beckenboden ist eine Art Platte aus Muskeln, Bändern und Gewebe, die vom Schambein bis zum Rücken reicht und die inneren Organe wie Blase, Gebärmutter und Darm trägt und stützt. Falls Sie jemals beim Hüpfen, Husten oder Schnäuzen urinieren mussten, sollten Sie etwas für Ihren Beckenboden tun. Ein starker Beckenboden kann auch die Lust beim Sex steigern.

Die innere schräge Bauchmuskulatur, die unterste Bauchmuskelschicht, dient als eine Art Korsett um Ihre Taille. Eine kräftige schräge Bauchmuskulatur schont den Rücken, weil das Gewicht besser verteilt ist. So werden Verletzungen und Beschwerden minimiert.

Heute erledigen wir immer mehr Arbeiten im Sitzen; wir mailen, lesen, fahren, essen oder schauen Fernsehen im Sitzen. Das kann zu eingefallenen Schultern, einem gekrümmten Rücken und allgemein zu einer schlechten Haltung führen. Statt dies als Begleiterscheinung des modernen Lebens zu akzeptieren, sollten Sie es als Argument dafür sehen, Ihre Körpermitte als Basis für eine aufrechte Haltung zu stärken. Denn die Körpermitte ist essenziell für Gleichgewicht und Koordination. Eine starke Körpermitte macht auch mental stark. Und wer sich stark und dynamisch fühlt, nimmt die Hindernisse des Lebens viel leichter.

Aufrechtes Sitzen ist eine der einfachsten und effektivsten Maßnahmen zur Stärkung der Körpermitte, denn dabei werden die Bauch- und Rückenmuskulatur aktiviert. Durch aufrechtes Sitzen werden Sie größer, der Bauch wird eingezogen und sofort flacher, die Schultern werden sanft nach hinten unten gezogen. Um eine gute Haltung zu bewahren, benötigen Sie gleichmäßig ausgebildete Muskeln und Körperbewusstsein – etwas, an das Sie sich am Anfang ständig selbst erinnern müssen, bis es zur Selbstverständlichkeit geworden ist. Es mag zunächst anstrengend und sogar unbequem sein, aber knicken Sie nicht ein. Ihr Körper und Ihre Muskeln sind nun aktiviert und arbeiten.

Tipps für eine gute Haltung

Sitzen

Die Beine nicht übereinanderschlagen. Beide Füße flach auf den Boden stellen und das Körpergewicht gleichmäßig auf Füße, Schenkel, Becken und unteren Rückenbereich verteilen.

Falls möglich, die Stuhlhöhe so einstellen, dass die Hüften etwas höher sind als die Knie.

Den Bauchnabel Richtung Wirbelsäule ziehen. Die Bauchmuskulatur sollte leicht angespannt sein.

Die Schultern öffnen und entspannt nach unten hängen lassen.

Die Schultern nicht zu den Ohren hochziehen und den Kopf nicht nach vorne strecken.

Nie zu lange am Stück sitzen. Zwischendurch aufstehen und umhergehen. Das beugt einer Verspannung von Oberschenkelmuskulatur und Lendenwirbelbereich vor, was zu Wirbelsäulenschäden führen kann.

Bei Schreibtischarbeit möglichst auf einem Gymnastikball statt auf einem Stuhl sitzen.

Stehen

Mit leicht gespreizten Beinen stehen. Leicht vor- und zurückwiegen, sodass das Körpergewicht von den Fersen auf die Zehen und zurück verlagert wird, bis es gleichmäßig auf beide Füße verteilt ist.

Knie locker halten und den Bauchnabel leicht in Richtung Wirbelsäule ziehen.

Schultern öffnen und locker nach unten hängen lassen.

Die Schultern nicht zu den Ohren hochziehen.

Ohren, Schultern, Becken, Knie und Fußknöchel sollten in einer Linie sein.

Kurz und knapp

Rücken gerade, Schultern zurück, Kinn gerade, Brust raus, Bauch rein! Rufen Sie sich diese kleinen, einfachen Korrekturmaßnahmen beim Sitzen und Stehen immer wieder ins Gedächtnis, und beobachten Sie, wie sich die Körperhaltung verändert. Sie werden größer, der Bauch wird flacher, und der Busen wirkt größer. Das sind nur die rein äußerlichen Gründe für eine gute Haltung, aber es gibt auch andere:

Weniger Schmerzen in Rücken, Nacken, Becken oder Knien

Vorbeugung von Verletzungen bei Übungen

Verlangsamung bzw. Vorbeugen von Arthritis und Osteoporose

Stärkung von Selbstvertrauen und Selbstwertgefühl und Entwicklung von innerer Stärke

FÜR EINE GUTE HALTUNG BRAUCHT ES GLEICHMÄSSIG TRAINIERTE MUSKELN UND EINE GUTE KÖRPERWAHRNEHMUNG.

WORAN SIE SICH
MESSEN KÖNNEN

Stellen Sie sich Wochenaufgaben, um die Komfortzone zu verlassen. Machen Sie etwas, das Sie noch nie getan haben: weiter laufen, länger Seil springen, schwerere Gewichte stemmen, die Liegestütz-Grundposition länger halten. Wenn Sie damit an Ihre Grenzen stoßen, gehen Sie noch ein kleines bisschen weiter.

Setzen Sie sich Ziele. Sie sollten klare Vorstellungen davon haben, was Sie mit dem Trainingsprogramm erreichen wollen. Überlegen Sie sich, was Sie in einem Jahr erreichen möchten, und unterteilen Sie dieses Ziel in kleinere Zwischenziele für die kommenden Monate. Halten Sie sie schriftlich fest – das hilft bei der Vorstellung der Ziele und macht sie verbindlicher.

Ihre Ziele müssen nicht immer mit Sport zu tun haben. Tägliche Vorsätze sind für mich und meine Kunden ein guter Ausgangspunkt. Nehmen Sie sich fünf Dinge vor, die Sie in der kommenden Woche verbessern oder ändern möchten, und notieren Sie sie. Setzen Sie sich realistische Vorgaben, wie oft pro Woche Sie das Ziel erreichen wollen. Für jeden Tag, an dem Sie es geschafft haben, machen Sie einen Haken. Einige Beispiele für Wochenziele sind:

VORSATZ	ZIEL
mehr Wasser trinken	1,5 Liter pro Tag
regelmäßig Sport treiben	3-mal die Woche à 45 Minuten
auf Alkohol verzichten	an 5 Tagen
länger schlafen	mindestens 7 Stunden pro Nacht
gesund kochen und essen	3 neue gesunde Rezepte ausprobieren

Brennstoff für den Körper

Idealerweise sollten Sie 1 Stunde nach dem Training etwas essen. Ihr Stoffwechsel ist angekurbelt, und Ihr Körper verlangt nach Proteinen und Nährstoffen, um die hungrigen Muskeln zu füttern und ihre Regeneration zu beschleunigen. Wenn Sie wissen, dass Sie nach dem Sport keine Zeit zum Kochen haben, sorgen Sie dafür, dass ein gesunder Snack zur Hand ist. Essen Sie etwas Proteinreiches wie Eier, Fisch, Saaten und Nüsse, um die Muskelregeneration zu unterstützen.

Ihr Körper ist ein Brennofen

Wenn Sie ein hochintensives Intervalltraining absolvieren, entsteht der sogenannte Nachbrenneffekt, bei dem der Körper noch lange nach dem Sport vermehrt Kalorien verbrennt. Sport sollte aber keine Rechtfertigung für ungesundes Essen sein. Eine Packung Kekse mit dem Argument zu futtern, man trainiere die Kalorien im Fitnessstudio wieder ab, ist keine gesunde Denkweise. Körperlich aktiv zu sein ist toll für Ihre Gesundheit; Sport sollte eine Belohnung sein, keine Buße für falsches Essverhalten.

Selbstmotivation

Beim Abnehmen neigt man dazu, jedes Gramm zu zählen. Aber andauernd auf die Waage zu springen, um zu sehen, ob sich die Anzeige geändert hat, kann frustrierend werden, vor allem wenn sich nicht viel nach unten bewegt. Durch den Frust wird das Stresshormon Cortisol produziert, das die Einlagerung von Körperfett stimuliert. Denken Sie also eher an Fettverlust

und nicht an Gewichtsabnahme. Beobachten Sie, wie sich Ihre Figur verändert, und machen Sie sich nicht mit Ihrem Gewicht verrückt. Berücksichtigen Sie, dass Muskeln genauso schwer sind wie Fett. Ein Kilo ist ein Kilo, oder? Aber ein Kilo Muskeln ist wesentlich kompakter – fast 3-mal kleiner als Fett – und braucht deshalb weniger Platz. Wenn Sie also aus 60 Kilo schlanker Muskelmasse bestehen, sehen Sie wesentlich besser aus als mit 60 Kilo Fett. Es geht nicht um die Zahlen auf der Waage.

Ein anderer Mythos ist, dass Fett in Muskelmasse umgewandelt werden kann. Fettzellen können nicht in Muskelfasern umgewandelt werden. Was Sie aber tun können, ist, Fett zu verbrennen und Muskeln aufzubauen. Wenn mehr Kalorien zugeführt als verbrannt werden, wird der Überschuss als Körperfett eingelagert, quasi als Brennstoff für den extra Energiebedarf. Geschieht das regelmäßig, werden die Fettzellen größer. Wenn wir Fett verbrennen, werden die Fettzellen kleiner. Übrigens verbrauchen Muskeln mehr Kalorien als Fettzellen. Zeit also, ein paar Muckis aufzubauen.

Der Jeanstest

Packen Sie die Waage weg und nehmen Sie sich zwei Jeans oder zwei Ihrer Lieblingskleider. Die erste sollte ein bisschen knapp sitzen, eine, die Sie nur tragen, wenn Sie gut in Form sind. Das ist Ihre Testjeans für die ersten Wochen Ihrer Lebensstiländerung. Schlüpfen Sie einmal pro Woche hinein, um zu sehen, was sich getan hat. Denken Sie daran: Dinge ändern sich nicht über

Nacht! Die zweite Jeans (oder Kleid Nummer zwei) sollte supereng sein. Sie wissen schon … die Jeans, die seit Jahren im Schrank liegt, weil Sie immer vorhatten, irgendwann mal wieder hineinzupassen. Das ist Ihr Drei-Monats-Ziel. Legen Sie über die wöchentlichen Vorgaben hinaus längerfristige Ziele fest, damit Sie die Ergebnisse besser sehen und einschätzen können.

Maß nehmen

Eine andere Möglichkeit ist es, sich zu vermessen. Notieren Sie Ihre Körpermaße und legen Sie den Zettel dann weg. Alle vier Wochen wird neu Maß genommen und notiert. Damit die Werte vergleichbar sind, sollten Sie immer exakt an derselben Stelle und unter denselben Bedingungen messen. Einfacher und genauer wird es, wenn Sie jemand anderen bitten, Ihre Körperumfänge zu messen.

Arme: Messen Sie die dickste Stelle (um den Bizeps).

Brust: Legen Sie das Maßband waagerecht um die Brust. Die dickste Stelle liegt meist über den Brustwarzen.

Taille: Legen Sie das Maßband etwa 2 Zentimeter über dem Bauchnabel an (die schmalste Stelle). Messen Sie nach dem Ausatmen, aber ohne den Bauch einzuziehen.

Hüfte: Legen Sie das Maßband an der breitesten Stelle Ihrer Hüften/des Pos an, üblicherweise über dem Schambein.

Oberschenkel: Messen Sie an der dicksten Stelle des Beins, in der Regel etwa drei Viertel über dem Knie.

AUSDAUER- & KRAFTTRAINING

Beim hochintensiven Intervalltraining (HIIT) kommt es durch vermehrte Sauerstoffaufnahme nach Ende der Aktivität zum Nachbrenneffekt (englisch EPOC: excess post-exercise oxygen consumption). Dabei verbrennt der Körper nach dem Training noch längere Zeit mehr Kalorien. Hört sich toll an, oder? Dann legen Sie sich in kurzen Intervallen richtig ins Zeug.

Wenn Sie für einen Marathon trainieren, bringen lange Laufeinheiten Sie dem Ziel näher. Wenn Sie aber versuchen, Gewicht zu verlieren, sollten Sie nicht Stunden beim Joggen oder auf dem Crosstrainer verbringen und ständig nachsehen, wie viele Kalorien Sie schon verbrannt haben. Vielmehr sollten Sie das Training mit HIIT (siehe Seite 242) kombinieren. Mit der HIIT-Methode wird der Körper richtig aufgemischt und der Stoffwechsel zur Fettverbrennung animiert. Kommen Sie nur 3 Minuten aus Ihrer Komfortzone heraus und legen Sie ein paar knackige Intervalle ein. Fahren Sie beispielsweise auf dem Hometrainer und treten Sie dabei 30 Sekunden so fest in die Pedale, wie Sie können, gefolgt von 30 Sekunden ruhigem Treten, um zu Atem zu kommen. Wiederholen Sie die Einheit noch 2-mal (= 3 Minuten). Sie werden fitter und können in viel kürzerer Zeit tolle Ergebnisse erzielen.

Ausdauersportarten können mit der Zeit langweilig werden, also variieren Sie und finden Sie etwas, das Ihnen Spaß macht: Radfahren, Schwimmen oder auch Wandern. Man muss nicht immer das Gleiche machen! Es gibt auch viele Übungen mit Gewichten, die Ihre Herzfrequenz nach oben treiben, wie Seilspringen, Bergsteigen, normale und abgewandelte Burpees.

WERDEN SIE SELBSTBEWUSSTER: EIN STARKER KÖRPER BEEINFLUSST AUCH ALLE ANDEREN LEBENSBEREICHE AUF POSITIVE WEISE.

Sie werden kein Muskelprotz

Viele Frauen befürchten, dass sie durch Krafttraining zu aufgepumpt und maskulin aussehen. Ich kann Sie beruhigen: Das stimmt nicht. Das Einzige, was aufpumpt, ist Fett! Gewichtheben macht einen schlankeren, athletischeren, eleganten Körper.

Es gibt einen einfachen Grund, warum sich Frauen keine Muskelberge wie Männer antrainieren können: Testosteron. Frauen produzieren dieses Hormon nur in sehr kleinen Mengen; Männer ungefähr 20-mal so viel. Abgesehen davon, ist der Muskelaufbau auch bei Männern nicht ganz einfach und erfordert viel hartes Training, Zeit und Leidenschaft. Sie können also bedenkenlos Gewichte stemmen, es unterstützt Sie nur auf Ihrem Weg zu einer guten Figur.

Gute Gründe für Frauen, Gewichte zu stemmen

Kurbelt den Stoffwechsel und den Grundumsatz (basale Stoffwechselrate) an, sodass der Körper auch im Ruhezustand mehr Kalorien verbraucht

Erhöht die Knochendichte und reduziert so das Osteoporose-Risiko

Strafft und formt den Körper durch besser definierte Muskeln

Setzt Glückshormone frei, sorgt also für bessere Laune und einen höheren Energielevel, was Angstzuständen und Depressionen vorbeugt

Hält jung: das effektivste Anti-Aging-Training

Beugt vielen Zivilisationskrankheiten und chronischen Erkrankungen vor

Erhöht die Lebensqualität und das allgemeine Wohlbefinden

DIE RICHTIGE SPORTART — FÜR JEDES ALTER

Ausdauertraining und Kraftaufbau

Wenn man jung ist, kann der Körper eine schlechte Ernährung, viel Alkohol, wenig Schlaf usw. noch gut wegstecken. Das bedeutet aber nicht, dass man nichts für ihn tun sollte. In den Zwanzigern übernimmt man lebenslange gute Gewohnheiten. Jetzt ist die Zeit, eine Ausdauersportart zu finden, die einem Spaß macht, etwa Kickboxen, Laufen oder Radfahren. In den Dreißigern sollte man sein Training dann ein wenig variieren. Wenn Sie beispielsweise schon immer eine Läuferin waren, sollten Sie jetzt auch mit Gewichten hantieren. Wer Woche für Woche dasselbe macht, lockt seinen Körper nicht mehr aus seiner Komfortzone heraus, sprich, Körper und Geist haben keine Herausforderung mehr. Vielmehr ist der Sport zur Routine für Ihren Körper geworden, und Sie verbessern weder Ihre Fitness noch nehmen Sie ab. Denken Sie daran: Ab 30 wird es allmählich schwieriger, lästige Pfunde loszuwerden, und mit jedem weiteren Jahrzehnt sinkt die Stoffwechselrate um weitere ein bis zwei Prozent. Wenn Sie regelmäßig Sport treiben und einen gesunden Lebensstil verfolgen, werden Sie jedoch keine große Figurveränderung feststellen.

Abwechslungsreiches Training

Mit den Jahren fällt das Abnehmen immer schwerer, vor allem wenn man die 40 überschritten hat und der größte Feind Bauchfett heißt. Jetzt ist es an der Zeit, verstärkt Gewichte zu stemmen und Kraft aufzubauen. Dadurch wird die Muskelmasse erhalten bzw. verbessert und die Stoffwechselrate hoch gehalten, damit Sie weiterhin optimal Kalorien verbrennen. Erschlaffung, Hormone und ein verlangsamter Stoffwechsel sind drei Faktoren, die zur Alterung beitragen, doch durch die Erfolge beim regelmäßigen Training lässt diese eventuell länger auf sich warten. Wer dranbleibt und Ausdauer-sport mit Kraft- und Widerstandstraining kombiniert, erhält und verbessert seine Muskelmasse. Sport ist der Schlüssel, um sich fit und jung zu fühlen. Allerdings sollte man mit dem Älterwerden auch das Training anpassen, um mit und nicht gegen seinen Körper zu arbeiten.

Haltung und Beweglichkeit

Wenn Sie allmählich in die 50-plus-Jahre kommen, sind Pilates und Yoga großartige Möglichkeiten, die Körpermitte zu stärken und für eine aufrechte, gerade Haltung zu sorgen. Eine starke Körpermitte ist nicht nur wichtig für Ihre Gesundheit, sie lässt Sie auch jung aussehen. Ein Sportprogramm aus leichtem Kraft- und moderatem Ausdauertraining ist jetzt, wenn Sie auf die 60 zugehen, umso wichtiger, da auch Ihre Knochen altern. Ein Training mit Gewichten fördert die Knochendichte und beugt Osteoporose und Knochenbrüchen vor. Gelenke und Bänder sind nicht mehr ganz so beweglich. Setzen Sie deshalb verstärkt auf Dehnübungen, und trainieren Sie auch Ihr Gleichgewicht, um eine starke Körpermitte aufrechtzuerhalten. Yoga ist eine wunderbare, sanfte Methode, mit der sich die Mobilität und Beweglichkeit des Körpers bewahren und verbessern lässt.

Egal wie alt

Jung im Herzen und immer noch aktiv – es gibt auch im fortgeschrittenen Alter noch viele Sportarten, die Sie betreiben können, solange Sie für Abwechslung sorgen. Vor allem sollten Sie all das weiterhin betreiben, was Ihnen besonderen Spaß macht. Es gibt keinen endgültigen Schlusspunkt, bleiben Sie also immer aktiv!
Und es ist nie zu spät, eine neue Sportart anzufangen, vorausgesetzt, dass Sie es maßvoll angehen und dabei keine Schmerzen haben.

Ihr

VIER–WOCHEN–TRAINING

Das Programm, das ich zusammengestellt habe, umfasst funktionale Übungen, die in ihrem Bewegungsablauf alltäglichen Aktivitäten ähneln. Ziel ist die Kräftigung der Muskulatur, damit Ihnen der Alltag leichter fällt und Sie Tätigkeiten im Alltag beschwerdefrei durchführen können. Auch ohne Sport erfordert der Alltag Bewegung: Gleichgewichthalten, Drehen, Beugen, Ziehen und Schieben gehören zu den täglichen Aktivitäten, egal, ob Sie Ihre Kinder hochheben, Einkäufe schleppen oder staubsaugen. Ich mag eigentlich keine Kraft- und Fitnessmaschinen, weil die Belastung relativ einseitig ist und die Bewegungen meist nicht natürlichen Körperbewegungen entsprechen. Bei korrekter Durchführung des funktionalen Trainings werden die Beweglichkeit der Gelenke und die allgemeine Stabilität verbessert (eine Kundin erzählte mir mal, wie glücklich sie sei, dass sie durch das Training eine so große Körperkontrolle hat, dass sie ohne sich festzuhalten in der U-Bahn stehen könne, weil sich ihr Gleichgewicht so sehr verbessert habe).

Abwechslung heißt der Schlüssel zum Erfolg, und das habe ich auch hier berücksichtigt: komplette Work-outs, die mit jeder Woche anspruchsvoller werden, ohne sich zu wiederholen. Körper und Geist werden immer wieder neu gefordert – denn es gibt nichts Schlimmeres, als Woche für Woche das Gleiche zu tun.

VOR DEM START

Sie brauchen:
- Gymboss-App oder Stoppuhr.
- Springseil: mein Lieblingssportgerät. Billig, platzsparend und super, um Ausdauer und Koordination zu trainieren. Am besten aus Kunstfaser.
- Hanteln: mit einem Gewicht von 3–6 Kilogramm.
- Gymnastikball: Der aufblasbare Kunststoffball dient auch als Sitzgerät und trainiert eine gute Haltung.
- Gymnastik-/Isomatte oder weicher Teppich als Unterlage.

Fitnessrolle (Foam Roller)

Ein Zusatzgerät, das ich sehr mag. Die Rolle kann vor dem Work-out zum Aufwärmen der Muskeln oder danach zum Lockern benutzt werden. Rollt der Körper über die Rolle, werden Muskelverspannungen gelöst und die Durchblutung gefördert. Am Anfang kann es wie eine Tiefengewebsmassage recht schmerzhaft sein, aber es lassen sich auch schwer zugängliche Stellen wie das iliotibiale Band (die Sehne, die von der Hüfte zur Knieaußenseite verläuft) erreichen.

Tipps zur Verwendung einer Fitnessrolle
- Die Rolle nur auf weichem Gewebe anwenden – nicht über Knochen und Gelenke rollen.
- Mindestens 10-mal über jeden Bereich rollen.
- Tut es an einer Stelle richtig weh, ist es vermutlich eine Muskelverhärtung. Halten Sie die Position für einige Sekunden, um die Verhärtung zu lösen.

Aufwärmen

Um Verletzungen vorzubeugen, steht vor jedem Training ein kurzes Aufwärm- und danach ein Dehnprogramm (siehe Seite 208). Durch das Aufwärmen wird die Sauerstoffzufuhr von Muskulatur, Herz und Lunge langsam erhöht. Das macht das Training effektiver. Es ist ein guter Einstieg, sich auf das Trainingsziel einzustimmen und sich vorzustellen, wie toll es sich anfühlt, wenn man es erreicht hat.

Führen Sie folgende Bewegungen nacheinander jeweils 20 Sekunden durch, um den Puls langsam zu erhöhen. Am Ende sollten Sie etwas schwerer atmen, und Geist und Körper sollten bereit für die Übungen sein. Das Aufwärmprogramm sollte etwa 3 Minuten dauern.

RICHTEN SIE ZU HAUSE EINEN TRAININGSBEREICH EIN. SO KÖNNEN SIE IMMER EIN WORK-OUT EINLEGEN, AUCH WENN SIE WENIG ZEIT HABEN ODER NICHT IN EIN FITNESSSTUDIO GEHEN WOLLEN.

09

01

0 2

0 3

0 4

01 **Marschieren**
Auf der Stelle gehen, dabei die Knie bis zur Brust heben.

02 **Auf und ab**
In die Hocke gehen und den Boden berühren, die Fersen vom Boden heben. Auf die Zehenspitzen stellen und die Arme zur Decke strecken.

03 **Ausfallschritt**
Aus dem aufrechten Stand einen großen Ausfallschritt zur Seite machen und das Knie beugen. In die Ausgangsposition zurückkehren und auf der anderen Seite wiederholen.

04 **Anfersen**
Von einem Bein auf das andere springen, dabei die Ferse bis zum Gesäß hochziehen.

05 **Hüpfen mit Drehung**
Auf der Stelle hüpfen, dabei Ober- und Unterkörper in entgegengesetzte Richtungen drehen.

06 **Armkreisen**
Beide Arme ausstrecken und einige Male erst rückwärts, dann vorwärts kreisen lassen.

07 **Laufen und Boxen**
Schnell auf der Stelle laufen und mit den Armen rasche Boxbewegungen machen.

0 8

08 **Raupe**
Aus dem aufrechten Stand beide Hände auf dem Boden absetzen und nach vorne bewegen, bis der Körper fast ausgestreckt ist, dann nach hinten bewegen und in die Ausgangsposition zurückkehren.

09 **Abwärts und aufwärts blickender Hund**
In einer fließenden Bewegung von einer Position in die andere übergehen.

0 5

01

Dehnen

So, wie Sie das Training mit einem Aufwärmprogramm beginnen, sollten Sie es mit einigen Dehnübungen beenden. Dehnen ist ein wichtiger Bestandteil des Trainings, bei dem sich Körper und Geist entspannen. Spüren und atmen Sie in den Muskel hinein, der gerade gedehnt wird, um ihn noch mehr zu entspannen und zu lockern.

Durch Dehnen wird der Körper gestreckt und geöffnet, und Verspannungen in den Muskeln nach dem Training werden gelöst.

Halten Sie die Dehnpositionen für jeweils 20 Sekunden, bis es anfängt, ungemütlich zu werden. Unterstützen Sie die Dehnung und Entspannung durch tiefes Ein- und Ausatmen. Das Dehnprogramm sollte 4–5 Minuten dauern.

01 **Trizepsdehnung** – Einen Arm in Richtung Decke strecken. Unterarm nach unten beugen, sodass die Hand über dem Nacken liegt. Mit anderer Hand Ellbogen sanft hinter den Kopf ziehen. Dehnung verstärken und Hände verhaken. Auf der anderen Seite wiederholen.

02 **Brustöffner** – Hände hinter dem Rücken verschränken, Arme durchgestreckt vom Rücken fortbewegen. Falls möglich, Handflächen zusammendrücken.

03 **Katze und Kuh** – Zum Rückendehnen und -öffnen. In den Vierfüßerstand gehen. Für 20 Sekunden langsam in einer fließenden Bewegung zwischen den Positionen auf Abbildung 03a und 03b wechseln.

04 **Abwärts blickender Hund** – Wunderbare Ganzkörperdehnung, vor allem der Oberschenkelmuskulatur. Fersen nach unten drücken und abwechselnd nachdehnen.

05 **Taube** – In den Vierfüßerstand gehen. Rechtes Knie in Richtung rechtes Handgelenk führen und linkes Bein nach hinten strecken. Rumpf nach vorne beugen, bis er über dem angewinkelten Bein liegt. Um die Dehnung zu verstärken, Arme nach vorne ausstrecken und Stirn auf dem Boden ablegen. Auf der anderen Seite wiederholen.

06 **Drehsitz** – Mit angezogenen Beinen auf dem Boden sitzen. Rechten Fuß unter linkem Bein durchführen, sodass die Ferse am Sitzbeinhöcker liegt. Den linken Fuß über das rechte Knie heben und absetzen. Oberkörper nach links drehen. Auf der anderen Seite wiederholen.

07 **Hüftbeugerdehnung** – Rechtes Bein aufstellen, linkes Knie in den Boden drücken, Becken leicht nach vorne kippen. Nicht zu weit nach unten gehen. Dehnung verstärken und linken Arm zur Decke strecken und leicht nach rechts neigen. Auf der anderen Seite wiederholen.

08 **Oberschenkeldehnung** – Aus Position 07 mit einer Hand das Fußgelenk des hinteren Beins umfassen und den Fuß in Richtung Gesäß ziehen. Auf der anderen Seite wiederholen.

02

03a

03b

04

05a

05c

05b

06

07

08

MACHEN SIE ZWISCHEN DEN
WORK-OUTS 1 TAG PAUSE,
DAMIT IHR KÖRPER SICH
REGENERIEREN KANN.

WOCHE EINS

Los geht's!

Ablauf
30 Sekunden pro Übung
15 Sekunden Pause zwischen den Übungen
jede Runde 3-mal wiederholen
90 Sekunden Pause zwischen den Runden

Tipps für Woche eins

Work-out 1

Bereiten Sie sich auf die Woche vor und legen Sie die Tage fest, an denen Sie trainieren. Halten Sie einen Alternativplan bereit.

Besorgen Sie sich einen guten Sport-BH, ansonsten wird das Brustgewebe durch Hüpfen und Springen unnötig belastet und kann sogar schmerzen. Brustübungen kräftigen und heben den Busen – machen Sie die ganze Arbeit nicht zunichte.

Seilspringen – Setzen Sie sich nicht zu sehr unter Druck, wenn es nicht gleich klappt. Probieren Sie es weiter und beobachten Sie. Wenn Sie mit dem Springseil gar nicht zurechtkommen, hüpfen Sie ohne.

Ausdauersport ist jede Art von Training, das die Herzfrequenz erhöht.

Wenn Sie manche Übungen schwer finden – keine Sorge, jeder hat mal angefangen. Ich verspreche Ihnen, es wird bald leichter. Absolvieren Sie das Work-out im eigenen Tempo und loben Sie sich für alles, was Sie an diesem Tag geschafft haben.

Work-out 2

Kniebeugen sind eine der besten Übungen für die größten Muskeln des Körpers: vorderer Oberschenkel- und großer Gesäßmuskel. Außerdem werden die Körpermitte und so fast jeder Muskel der unteren Körperhälfte aktiviert. Ein echter Fatburner! Freunden Sie sich also mit Kniebeugen an.

Zwickt es heute ein bisschen? Das ist normal, es bedeutet einfach, dass Sie trainiert haben. Trinken Sie reichlich Wasser und machen Sie nach jedem Work-out die Dehnübungen. Jetzt empfiehlt sich auch ein Magnesiumbad. Der Mineralstoff lindert Muskelschmerzen und sorgt für eine schnellere Regeneration. Bittersalz (Magnesiumsulfat) gibt es in jeder Apotheke.

Gesunde Snacks für die Handtasche: Ambers Kokos-Feigen-Aprikosen-Kugeln (Seite 91), Mandeln, Haferkekse, Äpfel. Aber nicht alles auf einmal essen!

Das Motto des Tages: Ich mag keine Zeit zum Trainieren haben, aber ich nehme sie mir. Sagen Sie es laut.

Work-out 3

Stabilisieren Sie die Körpermitte und spannen Sie die Bauchmuskulatur an. Stellen Sie sich vor, man würde Sie in den Bauch boxen. Achten Sie darauf, die Spannung während des ganzen Work-outs zu halten, und denken Sie ans Atmen!

Erinnern Sie sich daran, dass Sie Ihre Lebensgewohnheiten umstellen, also ersetzen Sie schlechte Angewohnheiten durch gute.

Kleine Herausforderung: Wussten Sie, dass schlanke Muskeln zu 80 Prozent aus Wasser bestehen? Wenn Sie zu wenig trinken, können die Muskeln nicht richtig arbeiten. Stellen Sie sich der Herausforderung und trinken Sie heute mindestens 1 Liter Wasser (für den Frischekick sorgen Zitronensaft oder Gurkenscheiben).

Wie wird der Beckenboden aktiviert? Stellen Sie ihn sich als Fahrstuhl vor, der immer höher fährt, je mehr Sie ihn anspannen. Die Gesäßmuskulatur bleibt dabei locker. Diese bildliche Vorstellung hilft dabei.

Woche eins

WORK-OUT 1

3–5 Minuten aufwärmen.

01 Ausfallschritt
Beine, Po, Körpermitte
- Beine hüftbreit aufstellen, Hände in die Hüften.
- Einen großen Schritt nach vorne machen, dabei beide Knie beugen. Das vordere Knie sollte nicht über die Zehen hinausragen.
- Wenn das hintere Knie fast den Boden berührt, mit Schwung wieder aufrichten und die Übung mit dem anderen Bein wiederholen.
- Die Köpermitte angespannt lassen, um das Gleichgewicht zu halten.

02 Armbeuge mit Stuhl
Trizeps, Winkeärmchen, Körpermitte
- Vor einen Stuhl stellen, Rücken zum Stuhl gewandt. Hände auf die Stuhlkante legen, Finger zeigen nach vorne.
- Körper absenken, dabei die Ellbogen im 90-Grad-Winkel beugen, und wieder nach oben drücken.
- Der Rücken bleibt gerade und bewegt sich nah an der Stuhlkante.

03 Auf der Stelle laufen
Cardio, Fettverbrennung
- Arme in Richtung Decke strecken.
- Auf der Stelle joggen, dabei die Knie möglichst weit anheben.

04 **Plié-Ausfallschritt**
Oberschenkelinnenseite, Po, Körpermitte
- Beine mehr als schulterbreit spreizen, Zehen zeigen nach außen (für die Ballerinas unter uns: II. Position).
- Rücken gerade halten. Knie beugen, sodass sie in einer Linie mit den Zehen sind.
- Körper über die Fersen in die Ausgangsposition drücken.
- Schultern hinten halten, Körpermitte stabilisieren, Bauch- und Beckenbodenmuskulatur aktivieren (siehe Tipp auf Seite 211).

05 **Knieliegestütze**
Brust, Schultern, Trizeps, Körpermitte
- In den Vierfüßerstand gehen.
- Hände um eine Handlänge nach vorne setzen.
- Gewicht nach vorne verlagern, sodass die Schultern über den Händen sind.
- Arme beugen, Ellbogen zeigen nach hinten. Rumpf absenken.
- Wenn die Brust fast den Boden berührt, Körper in die Ausgangsposition drücken.
- Den Kopf während der ganzen Übung in einer Linie mit dem Rücken halten.

06 **Seilspringen**
Cardio, Fettverbrennung
- Springseilgriffe auf Hüfthöhe halten, Seil hinter sich auf dem Boden liegen lassen.
- Seil aus den Handgelenken heraus von hinten über den Kopf schwingen.
- Wenn das Seil vorne fast den Boden berührt, mit geschlossenen Beinen darüberspringen.

Abschluss
4 Minuten dehnen.

Woche eins

WORK-OUT 2

3–5 Minuten aufwärmen.

01 **Seitlicher Ausfallschritt**
Oberschenkel, Po, Körpermitte
• Aufrecht stehen.
• Einen großen Ausfallschritt zur Seite machen.
• Standbein im 90-Grad-Winkel beugen.
• Gesäß nach hinten schieben. Das gebeugte Knie bleibt über dem Fußgelenk.
• Mit Schwung in die Ausgangsposition drücken und auf der anderen Seite wiederholen.

02 **Armbeuge und Schulterdrücken**
Bizeps, Schultern, Körpermitte
• Beine hüftbreit aufstellen, Knie leicht beugen.
• Gewichte seitlich halten, Körpermitte stabilisieren.
• Arme mit den Handflächen nach oben zu den Schultern beugen.
• Handflächen nach vorne drehen.
• Gewichte von den Schultern aus über den Kopf stemmen.
• Über die Armbeuge langsam in die Ausgangsposition zurückkehren.

03 **Kniebeugen**
Oberschenkel, Po, Körpermitte
• Aufrecht stehen, Beine hüftbreit aufstellen. Nach Belieben einen Gymnastikball hinter sich legen (siehe Abbildung).
• Arme in Schulterhöhe nach vorne ausstrecken.
• Knie mit geradem Rücken beugen, bis das Gesäß den Ball berührt.
• Gesäß nach hinten schieben, Gewicht über den Fersen halten.
• In die Ausgangsposition zurückkehren und wiederholen.

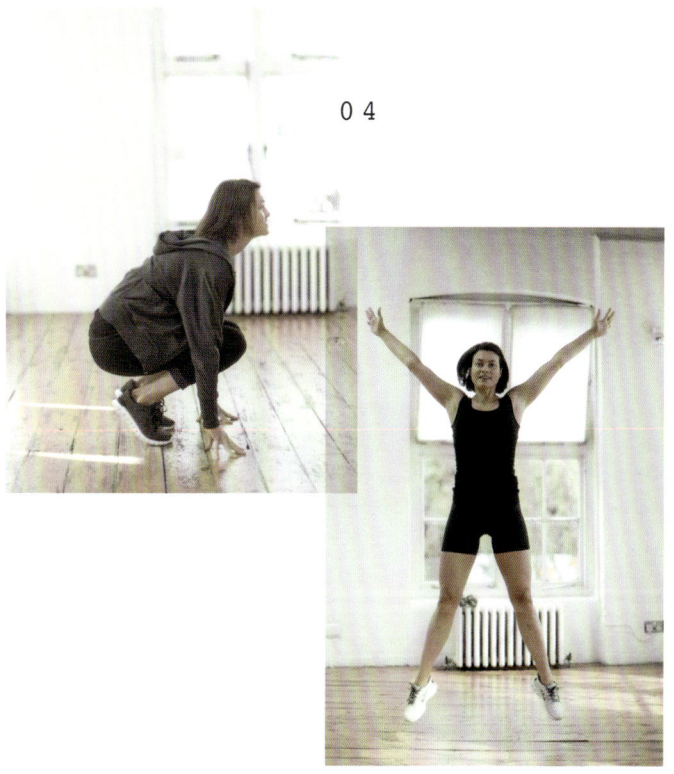

04 **Hampelmann**
Cardio, Fettverbrennung
- Mit geschlossenen Beinen aufstellen. In die Hocke gehen, dabei die Fersen anheben und mit den Fingerspitzen den Boden berühren.
- Hochspringen und Arme und Beine so ausstrecken, dass sie ein X bilden.
- Wieder in die Hocke gehen und wiederholen.

05 **Rückenheben**
Oberer Rücken, Schultern
- Auf den Bauch legen.
- Arme seitlich ausstrecken, Handflächen zeigen nach unten.
- Arme und Oberkörper mit nach oben gerichteten Daumen anheben, sodass der Rücken leicht gebogen ist.
- Position kurz halten, dann langsam in die Ausgangsposition zurückkehren.
- Bauch nicht in den Boden drücken, Bewegung aus dem Rücken heraus durchführen.

06 **Rückenrolle**
Bauch, Körpermitte, Gleichgewicht
- Aufrecht auf den Boden setzen.
- Beine geschlossen anwinkeln, Füße stehen auf dem Boden.
- Hände auf die Schienbeine legen, Rücken bis zum Lendenwirbelbereich rund machen.
- In einer fließenden Bewegung nach hinten rollen, bis die Schulterblätter Bodenkontakt haben. Nicht bis zum Nacken zurückrollen! Dann nach vorne in die Ausgangsposition rollen.

Abschluss
4 Minuten dehnen.

Woche eins

WORK-OUT 3

3–5 Minuten aufwärmen.

01 Ausfallschritt nach hinten
Oberschenkel, Po, Waden, Körpermitte
• Beine hüftbreit aufstellen, Hände in die Hüften.
• Einen großen Schritt nach hinten machen und Beine im 90-Grad-Winkel beugen. Das hintere Knie berührt fast den Boden. Körpermitte stabilisieren.
• In die Ausgangsposition zurückkehren und mit dem anderen Bein wiederholen.

02 Liegestütz-Grundposition
Körpermitte, Arme
• In den Vierfüßerstand gehen. Hände sind unter den Schultern.
• Beine ausstrecken, Fersen nach hinten schieben.
• Rumpf, Beine und Kopf sollten eine Linie bilden.
• Körpermitte stabil halten, Bauch- und Beckenbodenmuskulatur aktivieren (siehe Tipp auf Seite 211).

03 Fliegende auf dem Boden
Brust, Körpermitte
• Auf den Rücken legen. Beine anwinkeln und hüftbreit aufstellen.
• Gewichte in die Hände nehmen. Arme in Schulterhöhe nach oben ausstrecken, Handflächen zeigen zueinander.
• Körpermitte aktivieren, Ellbogen leicht beugen.
• Arme seitlich bis kurz über dem Boden senken. Position kurz halten, dann in die Ausgangsposition zurückkehren.

04 **Schulterbrücke**
Rücken, Po, Oberschenkel, Körpermitte
- Auf den Rücken legen. Beine anwinkeln und hüftbreit aufstellen.
- Bauch- und Beckenbodenmuskulatur aktivieren (siehe Tipp auf Seite 211).
- Fersen fest auf den Boden drücken und Becken nach oben schieben.
- Der Körper sollte von den Schultern bis zu den Knien eine Linie bilden.
- Position kurz halten, Beckenbodenmuskulatur abwechselnd lösen und aktivieren.

05 **Kurzhantel-Überzüge im Liegen**
Rücken, Arme, Körpermitte
- Auf den Rücken legen. Beine anwinkeln und hüftbreit aufstellen.
- Ein Gewicht mit beiden Händen über den Schultern halten. Bauchmuskulatur aktivieren.
- Gewicht mit leicht gebeugten Ellbogen über den Kopf in Richtung Boden führen.
- Kurz über dem Boden Position kurz halten, dann in die Ausgangsposition zurückkehren.

06 **Seilspringen**
Cardio, Fettverbrennung
- Springseilgriffe auf Hüfthöhe halten, Seil hinter sich auf dem Boden liegen lassen.
- Seil aus den Handgelenken heraus von hinten über den Kopf schwingen.
- Wenn es vorne fast den Boden berührt, mit geschlossenen Beinen darüberspringen.

Abschluss
4 Minuten dehnen.

WOCHE ZWEI

Stärker werden

Ablauf
40 Sekunden pro Übung
15 Sekunden Pause zwischen den Übungen
jede Runde 3-mal wiederholen
90 Sekunden Pause zwischen den Runden

Tipps für Woche zwei

Work-out 1

Sie dürfen stolz sein auf die Veränderungen, die Sie bereits bewirkt haben, egal, wie klein sie sein mögen. Unterschätzen Sie nicht den Wert der Work-outs. Es geht nicht nur darum, wie viele Kalorien Sie verbrannt haben, sondern wie Sie sich hinterher fühlen.

Cardiotraining ist effektiv – legen Sie los und geben Sie alles! Den Puls in kurzen Intervallen nach oben zu treiben steigert die Fettverbrennung und ist klasse für die Fitness.

Nüsse sind der Bringer! Walnüsse schmecken lecker und enthalten mehr Antioxidantien, Folsäure und Vitamin E als alle anderen Nüsse, außerdem essenzielle Omega-3-Fettsäuren.

Work-out 2

Die Balance auf einem Bein (Seite 222) ist gut fürs Gleichgewicht. Es ist eine Übung für Körper und Geist, bei der es auf eine stabile Körpermitte, Koordination und Konzentration ankommt. Wenn Sie alle drei Aspekte beherrschen, laufen Ihre Work-outs wie geschmiert.

Achten Sie auf ausreichend Schlaf. Das ist genauso wichtig wie eine gesunde Ernährung und regelmäßige Bewegung. Sieben Stunden Schlaf nach einem Tag mit gesundem Essen und moderater Bewegung können das Risiko für Herzerkrankungen um bis zu 65 Prozent senken.

Kleine Herausforderung: Versuchen Sie heute, sieben Stunden zu schlafen.

Work-out 3

Haben Sie schon das Wochenendgefühl? Nicht vergessen: alles in Maßen! Also morgen nicht mit einem Kater aufwachen, Sie werden es bereuen.

Ausreden, warum Sie Ihr Work-out nicht machen können, werden nicht akzeptiert. Konzentrieren Sie sich auf all die Gründe, warum Sie es trotzdem durchziehen sollten.

Die Hälfte ist überstanden, sehr gut! Setzen Sie sich realistische Vorgaben und Ziele für die kommende Woche, notieren Sie Ihre Ziele oder erzählen Sie jemandem davon – und setzen Sie sie um!

Woche zwei

WORK-OUT 1

3–5 Minuten aufwärmen.

01 **Ausfallschritt mit Knieheben (20 Sekunden pro Seite)**
Oberschenkel, Waden, Körpermitte, Po, Gleichgewicht
- Aufrecht stehen, Beine hüftbreit aufstellen.
- Einen großen Schritt nach hinten machen und Beine im 90-Grad-Winkel beugen. Das hintere Knie berührt fast den Boden. Körpermitte stabilisieren.
- Mit Schwung vom hinteren Fuß das hintere Knie zur Brust führen.
- Bein nach hinten in den Ausfallschritt führen und wiederholen.

02 **Bergsteiger**
Cardio, Fettverbrennung, Körpermitte, Beine, Schultern
- In die Liegestütz-Grundposition gehen. Hände sind unter den Schultern, Fersen nach hinten schieben.
- Körper vom Kopf bis zu den Beinen in einer Linie halten (Gesäß nicht nach oben!).
- Ein Knie in Richtung Brust führen und mit den Zehen den Boden berühren.
- Mit dem anderen Bein wiederholen und in schneller Folge abwechseln.
- Bauchmuskulatur während der ganzen Übung aktivieren, damit es richtig brennt.

03 **Trizepsausschlag nach hinten**
Trizeps, Körpermitte
- Gewichte in die Hände nehmen. Beine hüftbreit aufstellen, Knie leicht beugen.
- Körpermitte stabilisieren. Rumpf aus der Hüfte heraus nach vorne beugen. Arme seitlich halten, Ellbogen beugen.
- Arme nahe am Körper halten und nach hinten strecken.
- Position kurz halten, Trizeps (Oberarmstrecker) aktivieren.
- Arme in Ausgangsposition führen und wiederholen.

04 **Brustdrücken mit angewinkelten Beinen**
Brust, Trizeps, Körpermitte
- Auf den Rücken legen. Gewichte in die Hände nehmen, Beine anwinkeln (90 Grad).
- Rücken in den Boden drücken, Bauchmuskulatur aktivieren.
- Arme über den Schultern ausstrecken, Handflächen zeigen in Richtung Beine.
- Ellbogen beugen und Gewichte seitlich senken, bis die Oberarme den Boden berühren (Ellbogen sind im 90-Grad-Winkel gebeugt).
- Arme in Ausgangsposition führen und wiederholen.

05 **Atlas mit aktiviertem Beckenboden (Position jeweils 20 Sekunden halten)**
Po, Rücken, Körpermitte, Beckenboden

- In den Vierfüßerstand gehen. Hände sind unter den Schultern, Knie unter den Hüften.
- Rücken gerade halten. Bauch-, Beckenboden- und Gesäßmuskulatur aktivieren (siehe Tipp Seite 211).
- Das linke Bein nach hinten ausstrecken und parallel zum Boden halten.
- Gleichzeitig den rechten Arm nach vorne ausstrecken.
- In die Ausgangsposition zurückkehren und auf der anderen Seite wiederholen.

06 **Abgewandelte Liegestütze mit Gymnastikball**
Cardio, Fettverbrennung, Körpermitte, Beine, Schultern

- Gymnastikball an die Wand stellen. Mit den Händen auf dem Ball in die Liegestütz-Grundposition gehen.
- Bauchmuskulatur aktivieren, Körpermitte stabilisieren.
- Nach vorne hüpfen, sodass die Füße unter der Brust landen, und sofort in die Ausgangsposition springen. Wiederholen.
- Körpermitte während der ganzen Übung stabil und Gesäß unten halten.

Abschluss
4 Minuten dehnen.

Woche zwei

WORK–OUT 2

3–5 Minuten aufwärmen.

01 Ausfallschritt mit Gewichten
Oberschenkel, Po, Körpermitte
- Beine hüftbreit aufstellen, Gewichte seitlich in den Händen halten.
- Einen großen Schritt nach vorne machen, Knie beugen. Das vordere Knie sollte nicht über die Zehen hinausragen.
- Wenn das hintere Knie fast den Boden berührt, mit Schwung vom hinteren Fuß einen großen Schritt nach vorne machen. Wieder Knie beugen.
- Körpermitte stabil halten, um nicht das Gleichgewicht zu verlieren. In Ausfallschritten durch den Raum gehen.

02 Seilspringen
Cardio, Fettverbrennung
- Wie in Woche eins (siehe Seite 217).
- Wenn möglich, die Frequenz leicht erhöhen.
- Auf einem Bein springen.

03 Balance auf einem Bein (20 Sekunden pro Bein)
Körpermitte, Gleichgewicht, oberer Rücken, Schultern
- Aufrecht stehen, Beine hüftbreit aufstellen. Arme seitlich, Handflächen nach vorne.
- Einen Punkt auf Augenhöhe fixieren.
- Körpermitte stabilisieren, Gewicht auf das linke Bein verlagern.
- Das rechte Knie so hoch wie möglich heben.
- Gleichgewicht halten. Arme langsam seitlich über den Kopf heben, dabei die Schulterblätter zusammenziehen. Mit dem anderen Bein wiederholen.

04 **Abgewandelter Burpee mit Sprung**
Cardio, Fettverbrennung, Körpermitte, Beine
- Mit den Armen auf einem Stuhl oder einer Stufe abstützen (je höher, desto einfacher wird die Übung). Beine nach hinten ausstrecken.
- Körpermitte stabilisieren, Bauchmuskulatur während der ganzen Übung aktivieren.
- Kopf, Rumpf und Beine sollten eine Linie bilden.
- Becken nicht durchhängen lassen.
- Nach vorne springen, Gewicht auf die Beine verlagern.
- Aus dieser Position nach oben hüpfen und Arme in die Höhe strecken.
- In die Ausgangsposition zurückkehren und wiederholen.

05 **Knieliegestütz (wie in Woche eins, Work-out 1, aber schwieriger)**
Brust, Trizeps, Körpermitte
- Aus dem Vierfüßerstand in die Liegestütz-Grundposition gehen. Hände sind unter den Schultern.
- Knie beugen und auf dem Boden absetzen.
- Ellbogen nach hinten beugen. Rumpf absenken, bis die Brust fast den Boden berührt.
- Position kurz halten, dann nach oben in die Ausgangsposition drücken.

06 **Sprinten auf der Stelle**
Cardio, Fettverbrennung
- Gewicht auf die Fußballen verlagern, Knie leicht beugen. Oberkörper leicht nach vorne neigen.
- So schnell wie möglich auf der Stelle laufen und durch schnelle Armbewegung unterstützen.
- Stellen Sie sich einen 100-Meter-Sprint vor, den Sie gewinnen wollen!

Abschluss
4 Minuten dehnen.

Woche zwei

WORK-OUT 3

3–5 Minuten aufwärmen.

01 Hantel schwingen
Po, Bauch, Körpermitte
- Beine schulterbreit aufstellen. Eine Hantel mit beiden Händen vor dem Körper halten.
- Rücken gerade halten. In die Kniebeuge gehen, Gewicht auf die Fersen verlagern. Hantel vor dem Körper halten.
- Becken nach vorne drücken und gerade aufrichten.
- Hantel mit ausgestreckten Armen über den Kopf schwingen.
- Bauchmuskulatur ist aktiviert, Körpermitte stabilisiert.
- In die Ausgangsposition zurückkehren und wiederholen. In flüssigen Bewegungen arbeiten.

02 Abgewandelter Seitstütz
Körpermitte, Taille, Schultern
- In die Liegestütz-Grundposition gehen. Beine sind hüftbreit gespreizt, Hände unter den Schultern.
- Kopf, Rumpf und Beine sollten eine Linie bilden.
- Gewicht auf einen Arm verlagern und den anderen zur Decke strecken, dabei den Rumpf mitdrehen. (Der Körper sollte von der Seite eine T-Form haben.)
- In die Ausgangsposition zurückkehren und auf der anderen Seite wiederholen.
- Körpermitte stabil und Körperspannung halten.

03 Trockenschwimmen
Rücken
- Auf den Bauch legen, Arme nach vorne ausstrecken.
- Beine vom Boden abheben und halten.
- Kopf, Arme und Brust vom Boden abheben, Blick zum Boden richten. Eine Brustschwimmbewegung machen.
- Bauch nicht in den Boden drücken – die Kraft sollte aus dem Rücken kommen.

04

04 Grätschsprung aus der Liegestütz-Grundposition
Cardio, Fettverbrennung, Körpermitte, Bauch, Schultern, Beine

- In die Liegestütz-Grundposition gehen, Hände sind unter den Schultern.
- Kopf, Rumpf und Beine bilden eine Linie.
- Körpermitte stabilisieren, Beckenbodenmuskulatur aktivieren (siehe Tipp Seite 211).
- Beine durch einen Sprung breit grätschen und sofort in die Ausgangsposition springen.
- Nicht das Gesäß hochnehmen und schummeln!

05

05 Beingrätsche im Liegen
Oberschenkelinnenseite, Bauch, Körpermitte

- Auf den Rücken legen. Beine mit angezogenen Füßen senkrecht nach oben strecken.
- Lendenwirbelbereich leicht in den Boden drücken. Bauch- und Beckenbodenmuskulatur aktivieren (siehe Tipp Seite 211), Körpermitte stabilisieren.
- Beine möglichst breit grätschen. Position kurz halten, dann in Ausgangsposition zurückkehren. Wiederholen.

06 Rückenrolle
Körpermitte, Bauch, Gleichgewicht

- Aufrecht auf den Boden setzen.
- Beine anwinkeln, Füße stehen auf dem Boden.
- Hände auf die Schienbeine legen, Rücken bis zum Lendenwirbelbereich rund machen.
- In einer fließenden Bewegung nach hinten rollen, bis die Schulterblätter Bodenkontakt haben. Nicht bis zum Nacken zurückrollen!
- Nach vorne in die Ausgangsposition rollen, dabei die Arme nach vorne strecken und versuchen, das Gesäß vom Boden zu lösen. Wiederholen.

06

Abschluss
4 Minuten dehnen.

WOCHE DREI

Schlank werden

Ablauf

50 Sekunden pro Übung
10 Sekunden Pause zwischen den Übungen
jede Runde 3-mal wiederholen
60 Sekunden Pause zwischen den Runden

Tipps für Woche drei

Work-out 1

Gymnastik, die den Rücken stärkt, ist bestens investierte Zeit für einen glücklichen, schmerzfreien Rücken.

Nehmen Sie sich immer Zeit fürs Frühstück! Dadurch wird Ihr Stoffwechsel für den bevorstehenden Tag angekurbelt, und es kommt nicht zu vormittäglichen Heißhungerattacken auf zuckrige, fettige Snacks.

Keine Sorge, Sie werden durch das Krafttraining nicht zum Muskelpaket. Im Gegenteil, Sie werden schlank und stark. Nach einem Work-out mit Gewichten ist Ihr Stoffwechsel über Stunden erhöht, was bedeutet, dass immer noch Fett verbrannt wird, wenn Sie schon im Büro sitzen.

Work-out 2

Legen Sie ausreichend Ruhetage ein, damit sich die Muskeln regenerieren können. Ruhetage sind ebenso wichtig wie das Training.

Nach dem Work-out sollten Sie eine proteinreiche Mahlzeit zu sich nehmen. Protein repariert das Gewebe, und genau das braucht Ihr Körper jetzt. Probieren Sie Quinoa mit Kürbis & Kräutern (Seite 62) oder das perfekt gebratene Fischfilet (Seite 76).

Ärgern Sie sich nicht, wenn Sie bei der Übung Rückenrolle mehr Zeit auf dem Po als auf den Füßen verbringen. Üben Sie weiter und vergessen Sie das Lachen nicht. Sport sollte Spaß machen!

Schmerzen im Lendenwirbelbereich? Prüfen Sie, ob Sie die Übung richtig durchführen und Ihre Haltung korrekt ist. Achten Sie darauf, dass Ihre Körpermitte bei den Übungen stabilisiert ist. Rücken oder Knie sollten bei den Übungen nie schmerzen.

Work-out 3

Auch eine Million Crunches machen keinen flachen Bauch – Russische Drehung, Kniebeuge, Holzfäller, Übungen aus der Liegestütz-Grundposition, eine gute Haltung und eine gesunde Ernährung schon.

Hüpfen und Springen sind super für eine höhere Knochendichte.

Woche drei

WORK-OUT 1

3–5 Minuten aufwärmen.

01 Abgewandelter Burpee
Cardio, Fettverbrennung, Körpermitte, Bauch, Beine, Schultern
- In die Liegestütz-Grundposition gehen, Hände sind unter den Schultern.
- Bauchmuskulatur aktivieren, Körpermitte stabilisieren.
- Mit den Füßen nach vorne, dann sofort in die Ausgangsposition springen. Wiederholen.
- Körpermitte während der ganzen Übung stabil und aktiv halten, Gesäß nicht nach oben drücken.

02 Arm- und Rückenstreckung auf dem Ball
Rücken, Schultern, Gleichgewicht
- Auf dem Bauch auf den Gymnastikball legen, Zehenspitzen auf den Boden.
- Arme seitlich ausstrecken.
- Daumen nach oben strecken, Arme und Oberkörper anheben. Zehenspitzen bleiben am Boden, Hüften auf dem Ball.
- Position kurz halten, dann Oberkörper absenken und in die Ausgangsposition zurückkehren.

03 Ausfallschritt mit Armbeuge und Gewichten
Oberschenkel, Po, Bizeps, Körpermitte
- Gewichte in die Hände nehmen, Beine hüftbreit aufstellen.
- Arme seitlich halten, Handflächen zeigen nach vorne.
- Einen großen Schritt nach vorne machen, Knie beugen. Das vordere Knie sollte nicht über die Zehen hinausragen.
- Wenn das hintere Knie fast den Boden berührt, Position kurz halten und Arme nach oben in Richtung Schultern beugen.
- Gewichte absenken und in die Ausgangsposition zurückkehren.
- Mit dem anderen Bein wiederholen.

04 Kniebeuge und Schulterdrücken

Oberschenkel, Po, Körpermitte, Schultern

- Hanteln in die Hände nehmen. Aufrecht stehen, Beine hüftbreit aufstellen.
- Hanteln mit einer Armbeuge an die Schultern führen.
- Rücken gerade halten, Knie im 90-Grad-Winkel beugen.
- Gesäß nach hinten schieben und Gewicht über den Fersen halten.
- In den Stand kommen und Arme über dem Kopf ausstrecken.
- Hanteln auf Schulterhöhe bringen. Wiederholen.

05 Knie zur Brust und Waage (25 Sekunden pro Seite)

Gleichgewicht, Po, Körpermitte

- Aufrecht stehen. Beine hüftbreit aufstellen, Arme seitlich halten.
- Ein Knie in Richtung Brust heben.
- Rücken gerade, Arme seitlich halten. Das angewinkelte Bein nach hinten ausstrecken, Oberkörper aus der Hüfte heraus nach vorne neigen.
- In die Ausgangsposition zurückkehren und mit dem anderen Bein wiederholen.

06 Abgewandelter Seitstütz (25 Sekunden pro Seite)

Cardio, Fettverbrennung, Körpermitte, Beine, Schultern

- Auf die Seite legen.
- Auf dem Ellbogen abstützen, Ellbogen ist unter der Schulter. Körper aus der Hüfte heraus anheben. Den anderen Arm in Richtung Decke strecken. Kopf, Körper und Beine sollten eine Linie bilden.
- Nach 25 Sekunden langsam in die Ausgangsposition zurückkehren. Auf der anderen Seite wiederholen.

Abschluss
4 Minuten dehnen.

Woche drei

WORK-OUT 2

3–5 Minuten aufwärmen.

01 Erhöhte Ausfallschritt-Kniebeuge (25 Sekunden pro Seite)
Oberschenkel, Po, Körpermitte, Gleichgewicht
- Aufrecht mit dem Rücken zu einem Stuhl oder einer Stufe stehen. Einen Ausfallschritt nach vorne machen und das hintere Bein auf Stuhl oder Stufe ablegen.
- Das vordere Knie beugen und Körper senken, ohne sich nach vorne zu beugen. Rücken bleibt gerade.

01

02 Hantel schwingen mit Kniebeuge
Po, Beine, Körpermitte
- Gewichte in die Hände nehmen. Aufrecht stehen, Beine hüftbreit aufstellen.
- Stellen Sie sich vor, die Hanteln wären Koffergriffe.
- In die Kniebeuge gehen, Gewicht auf die Fersen verlagern. Hanteln nach hinten schwingen.
- Mit Schwung den Körper aufrichten.
- Gewichte mit durchgestreckten Armen über den Kopf schwingen.
- Bauchmuskulatur während der ganzen Übung aktivieren, um die Körpermitte zu stabilisieren.

02

03 Liegestütz und Knieliegestütz
Brust, Trizeps, Körpermitte, Bauch
- In die Liegestütz-Grundposition gehen.
- Oberkörper langsam absenken, Ellbogen zeigen dabei nach hinten.
- Körpermitte stabilisieren, Bauchmuskulatur aktivieren. Der Körper sollte vom Kopf bis zu den Beinen eine Linie bilden.
- Wenn die Brust fast den Boden berührt, wieder nach oben stemmen.
- Knie auf dem Boden absetzen und 3 Knieliegestütze durchführen (siehe Woche zwei, Work-out 2, auf Seite 223).

03

04 Hampelmann (siehe Woche eins, Work-out 2, auf Seite 215)

Cardio, Fettverbrennung

• Mit geschlossenen Beinen aufstellen, Fersen anheben. Das Gewicht liegt auf den Ballen.
• Tief in die Hocke gehen und mit den Fingerspitzen den Boden berühren.
• Hochspringen und Arme und Beine so ausstrecken, dass sie ein X bilden.
• Wieder in die Hocke gehen und wiederholen.

05 Abgewandelter Seitstütz (25 Sekunden pro Seite)

Taille, Rücken, Schultern, Körpermitte

• Auf die rechte Seite legen, Gewicht in der linken Hand halten. Körper seitlich hochdrücken (siehe Woche drei, Work-out 1, auf Seite 229).
• Gewicht von der linken Hüfte aus mit gestrecktem Arm in Richtung Decke führen.
• Arm bis zur Hüfte absenken, 25 Sekunden wiederholen.
• Auf der anderen Seite wiederholen.

06 Rückenrolle in den Stand (siehe Woche zwei, Work-out 3, auf Seite 225, aber im Stand endend)

Cardio, Fettverbrennung, Körpermitte, Beine, Schultern

• Übung, wie in Woche zwei beschrieben, ausführen, aber beim Vorwärtsrollen und Ausstrecken der Arme den Schwung nutzen, um auf die Beine zu kommen. Aus den Fersen heraus in den Stand drücken.
• Knie beugen, mit angezogenen Beinen auf den Boden setzen und Rolle wiederholen.
• Zu schwierig? Stützen Sie sich beim Aufrichten mit den Händen ab oder wiederholen Sie die Übung aus Woche zwei.

Abschluss

5 Minuten dehnen.

Woche drei

WORK-OUT 3

3–5 Minuten aufwärmen.

01 **Seilspringen (siehe Woche eins, Work-out 1, auf Seite 213)**
Cardio
• Versuchen Sie, die Frequenz leicht zu erhöhen.

02 **Ausfallschritt in alle Richtungen**
Oberschenkel, Körpermitte
• Diese Übung verbindet die Ausfallschritte nach vorne, zur Seite und nach hinten, die wir in den ersten Wochen praktiziert haben.
• Gewichte in die Hände nehmen. Aufrecht stehen, Beine hüftbreit aufstellen.
• Einen Ausfallschritt nach vorne machen und in die Ausgangsposition zurückkehren.
• Mit demselben Bein einen seitlichen Ausfallschritt machen und in die Ausgangsposition zurückkehren.
• Mit demselben Bein einen Ausfallschritt nach hinten machen und in die Ausgangsposition zurückkehren.
• Mit dem anderen Bein wiederholen.

03 **Holzfäller (25 Sekunden pro Seite)**
Rücken, Oberschenkel, Schultern, Körpermitte, Taille
• Aufrecht stehen, Beine schulterbreit aufstellen. Ein Gewicht mit beiden Händen halten.
• Eine Kniebeuge machen, dabei das Gewicht zum linken Fuß führen.
• Aufrichten und dabei das Gewicht über die rechte Schulter führen.
• Oberkörper nach rechts drehen und dabei die linke Ferse vom Boden lösen.
• Stellen Sie sich vor, Sie würden einen Baum fällen.
• Wiederholen: vom rechten Fuß zur linken Schulter.

0 2

0 3

04 **Russische Drehung**
Taille, Rücken, Körpermitte

- Mit geschlossenen Beinen auf den Boden setzen. Beine anziehen, Fersen aufstellen.
- Ein Gewicht mit beiden Händen vor dem Körper halten.
- Oberkörper leicht nach hinten lehnen und Bauchmuskulatur aktivieren.
- Oberkörper mit dem Gewicht von einer Seite zur anderen drehen.
- Stellen Sie sich vor, Sie würden in einem Kanu einen Fluss hinunterpaddeln.

05 **Liegestütz-Grundposition auf dem Ball**
Körpermitte, Schultern, Bauch

- In den Vierfüßerstand gehen. Der Gymnastikball liegt hinter einem.
- Nacheinander Füße und Schienbeine auf den Ball legen.
- Position mit Beinen auf dem Ball halten.
- Darauf achten, dass die Körpermitte stabil und die Bauchmuskulatur aktiviert ist. Kopf, Rumpf und Beine bilden eine Linie.

06 **Abgewandelter Seitstütz (25 Sekunden pro Seite)**
Taille, Körpermitte

- Auf die Seite legen.
- Auf dem rechten Ellbogen abstützen, Ellbogen ist unter der Schulter.
- Körper aus der Hüfte heraus anheben. Kopf, Rumpf und Beine sollten eine Linie bilden.
- Den linken Arm in Richtung Decke strecken, dann nach unten und unter dem Rumpf hindurchführen.
- Nach 25 Sekunden langsam in die Ausgangsposition zurückkehren. Auf der anderen Seite wiederholen.

Abschluss
5 Minuten dehnen.

WOCHE VIER

Süchtig werden

Ablauf
60 Sekunden pro Übung
keine Pause zwischen den Übungen
jede Runde 3-mal wiederholen
30 Sekunden Pause zwischen den Runden

Tipps für Woche vier

Work-out 1

Burpees (Seite 236) sind die perfekte Cardioübung, und je mehr Sie hinkriegen, desto schneller machen sich Veränderungen bemerkbar. Wandeln Sie Ihre Abneigung für diese Übung in Leidenschaft um, und sehen Sie das Fett dahinschmelzen.

Ihr Gluteus maximus (großer Gesäßmuskel) ist der größte Muskel des Körpers, und je mehr Muskeln Sie haben, desto höher ist Ihr Grundumsatz. Kräftigen Sie daher Ihren größten Muskel und lassen Sie ihn heute brennen.

Wie heißt es so schön? Was du heute kannst besorgen, das verschiebe nicht auf morgen. Bereiten Sie am Vorabend Ihre Mahlzeiten vor, damit Sie immer einen gesunden Snack parat haben.

Work-out 2

Trizeps – Kampf den Winkeärmchen! Bringen Sie den größten Armmuskel zum Brennen für wohldefinierte, schlanke Oberarme.

Wenn Sie nach dem Work-out taufrisch aussehen, haben Sie nicht hart genug trainiert. Starkes Schwitzen und ein roter Kopf sind gute Anzeichen für ein ordentliches Training.

Wenn es richtig hart wird, versuchen Sie, zu lächeln und vergnügt zu sein. Sie tun gerade etwas Wunderbares für Ihren Körper.

Sämtliche Übungen, bei denen Gewichte über den Kopf bewegt werden, sind gut für die Bauchmuskulatur.

Der Verrückte Mönch (Seite 239) ist eine perfekte Übung für die Körpermitte. Achten Sie darauf, während der ganzen Übung Bauch- und Beckenbodenmuskulatur zu aktivieren.

Work-out 3

Mittlerweile sollten Sie sich fit und stark fühlen. Toll, dass Sie es bis hierhin geschafft haben. Es gibt nun keine Ruhepausen mehr zwischen den Übungen. Spüren Sie, wie die Muskeln brennen, aber machen Sie nicht schlapp! Das wunderbare Gefühl, es geschafft zu haben, ist am Ende des Work-outs die Belohnung für all Ihre Anstrengungen.

Woche vier

WORK-OUT 1

3–5 Minuten aufwärmen.

01 Burpee
Cardio, Fettverbrennung, ganzer Körper
- In die Liegestütz-Grundposition gehen (siehe Woche eins, Work-out 3, auf Seite 216).
- Körpermitte stabilisieren und mit den Füßen nach vorne springen.
- Gewicht auf die Beine verlagern, Füße sind unter den Knien.
- Aus der Hockposition mit nach oben gestreckten Armen in die Luft springen.

02 Schulterbrücke mit Beinhebung
Po, Rücken, Oberschenkel, Körpermitte
- Auf den Rücken legen. Beine hüftbreit aufstellen.
- Bauch- und Beckenbodenmuskulatur aktivieren (siehe Tipp Seite 211). Fersen in den Boden drücken, Körper aus der Hüfte heraus anheben.
- Position kurz halten, dabei ein Bein anheben und das gebeugte Knie über die Hüfte bringen.
- Bein absetzen, mit dem anderen Bein wiederholen. Becken stabil auf einer Höhe halten.

03 Knicks und Kniehebung mit Schulterdrücken (30 Sekunden pro Bein)
Po, Oberschenkel, Schultern, Gleichgewicht, Körpermitte
- Gewichte seitlich am Körper halten. Aufrecht stehen, Beine hüftbreit aufstellen.
- Mit dem rechten Bein einen Schritt nach schräg hinten machen, sodass der Fuß seitlich vom linken Bein steht.
- Mit geradem Rücken beide Knie wie zum Knicks beugen, vorderes Knie soll im 90-Grad-Winkel sein. Mit den Gewichten den Boden neben dem vorderen Fuß berühren, Hände sind unter den Schultern.
- Mit Schwung aufrichten, rechtes Knie zur Brust heben.
- Gewichte mit durchgestreckten Armen über den Kopf führen. Mit dem anderen Bein wiederholen.

04 Seilspringen
Cardio, Fettverbrennung
- Alter Bekannter (siehe Woche eins, Work-out 1, auf Seite 213). Wenn Sie sich bereit fühlen, beim Springen auf der Stelle laufen.
- Knie jeweils stark anheben.

05 Klappmesser mit Ball
Bauch, Schultern, Gleichgewicht, Körpermitte
- In die Liegestütz-Grundposition gehen, Beine auf dem Gymnastikball (siehe Woche drei, Work-out 3, auf Seite 233).
- Für ein besseres Gleichgewicht Bauchmuskulatur aktivieren und Körpermitte stabilisieren.
- Knie anziehen und Ball dadurch in Richtung Brust rollen.
- Rücken gerade halten, Hände sind unter den Schultern.

06 Fliegende auf dem Ball
Cardio, Fettverbrennung, Körpermitte, Beine, Schultern
- Gewichte in die Hände nehmen, auf den Gymnastik-ball setzen.
- Mit den Beinen nach vorne wandern, bis nur noch Schultern und Kopf aufliegen.
- Arme in Schulterhöhe nach oben ausstrecken, Handflä-chen zeigen zueinander.
- Zur Stabilisierung Bauch- und Beinmuskulatur aktivie-ren. Ellbogen leicht beugen.
- Arme langsam seitlich absenken, bis sie in einer Linie mit dem Oberkörper sind.
- Arme wieder nach oben bringen und wiederholen. Becken nicht durchhängen lassen, auf Körperspannung achten.

Abschluss
5 Minuten dehnen.

Woche vier

WORK–OUT 2

3–5 Minuten aufwärmen.

01 **Plié-Ausfallschritt mit Gewichten**
Oberschenkelinnenseite, Po, oberer Rücken, Körpermitte
- Gewichte in die Hände nehmen. Mit mehr als hüftbreit gespreizten Beinen aufstellen, Zehen und Knie zeigen nach außen (II. Ballettposition).
- Gewichte vor dem Körper halten, Handflächen zeigen zum Körper.
- Rücken gerade halten, Knie beugen. Die Knie sollten nicht über die Zehen hinausragen.
- Körper aufrichten, dabei die Arme seitlich nach oben führen und beugen, sodass die Gewichte über den Schultern liegen.
- Schultern entspannen, Schulterblätter zusammendrücken.
- Arme senken und wieder in die Kniebeuge gehen.

01

02 **Armziehen in die Streckung (30 Sekunden pro Seite)**
Po, Rücken, Oberschenkel, Körpermitte
- Ein Gewicht in die rechte Hand nehmen. Aufrecht stehen, Beine schulterbreit aufstellen.
- Mit dem linken Bein einen seitlichen Ausfallschritt machen und mit dem linken Arm darauf abstützen.
- Gewicht vom Boden aus nah am Körper nach oben führen.
- Wenn der Oberarm in einer Linie mit dem Rumpf ist, Oberkörper drehen und Arm gerade nach oben ausstrecken. Zum Gewicht aufblicken.
- Langsam in die Ausgangsposition zurückkehren. 30 Sekunden wiederholen, dann die Seite wechseln.

02

03 **Auf der Stelle laufen mit Schulterdrücken**
Cardio, Beine, Schultern, Körpermitte
- Gewichte in die Hände nehmen und mit gestreckten Armen über dem Kopf halten. Körpermitte stabilisieren.
- Auf der Stelle laufen und Knie dabei in Richtung Brust heben.

03

04 **Trizep-Dips**

Trizeps, Körpermitte, Gleichgewicht

• Auf eine Stuhlkante setzen und mit den Händen abstützen, Finger zeigen nach vorne.
• Beine auf dem Boden oder dem Gymnastikball gerade ausstrecken.
• Gewicht auf die Arme verlagern und Körper vor dem Stuhl absenken. Der Rücken bleibt nah an der Stuhlkante.
• Ellbogen im 90-Grad-Winkel beugen, dann nach oben drücken.
• Der Trizeps wird brennen. Auf die Stabilisierung der Körpermitte achten.

05 **Handstand mit Anfersen**

Schultern, Rücken, Bauch, Körpermitte, Beine

• Hände unter den Schultern auf dem Boden ablegen.
• Knie beugen, Gesäß nach oben strecken.
• Gewicht auf die Arme verlagern. Mit den Beinen hochspringen und versuchen, die Fersen ans Gesäß zu führen.
• Das Gesäß so hoch wie möglich bringen, wie bei einem Handstand. (Eines Tages schaffen Sie es vielleicht – viel Spaß!)

06 **Ausfallschritt mit Rumpfdrehung**

Oberschenkel, Po, Taille, Körpermitte

• Ein Gewicht zwischen beide Hände nehmen und vor der Brust halten.
• Einen Ausfallschritt nach vorne machen, dabei den Oberkörper in Richtung des vorderen Beins drehen.
• Rücken gerade halten, Körpermitte stabilisieren.
• Mit Schwung in die Ausgangsposition zurückkehren und auf der anderen Seite wiederholen.

Abschluss

5 Minuten dehnen.

Woche vier

WORK-OUT 3

3–5 Minuten aufwärmen.

01 **Springender Scheren-Ausfallschritt**
Cardio, Fettverbrennung, Beine, Po
- Einen Ausfallschritt nach vorne machen, aber das Knie nur halb so tief beugen.
- Schnell hochspringen und im Sprung die Beine wechseln.
- Rücken gerade lassen.
- Die Bewegung sollte dynamisch und fließend sein.

02

02 **Waage mit Gewichten (30 Sekunden pro Seite)**
Trizeps, Po, Beine, Körpermitte
- Gewichte in die Hände nehmen. Aufrecht stehen, Beine hüftbreit aufstellen.
- Oberkörper aus der Hüfte heraus nach unten beugen und ein Bein nach hinten ausstrecken, aber nicht durchdrücken.
- Auf einem Bein das Gleichgewicht halten.
- Arme nah am Körper halten und so ausstrecken, dass sie in einer Linie mit dem Oberkörper sind. Einen Punkt in Augenhöhe fixieren, um das Gleichgewicht besser halten zu können.

03 **Hocke an der Wand**
Po, Oberschenkel, Schultern, Arme
- An der Wand in die Hocke gehen. Lendenwirbelbereich und Schultern gegen die Wand drücken.
- Gesäß und Knie sollten auf einer Höhe sein, Oberschenkel parallel zum Boden und Knie in einer Linie mit dem Fußgelenk.
- Arme gerade nach vorne ausstrecken, Position 60 Sekunden halten.
- Dabei die Arme drehen, sodass die Daumen mal nach unten, mal nach oben zeigen.

03

04 Grätschsprung mit Knieliegestütz
Cardio, Fettverbrennung, Brust, Trizeps, Bauch
• In die Liegestütz-Grundposition gehen (siehe Woche eins,
  Work-out 1, auf Seite 213).
• Körpermitte stabilisieren, Bauchmuskulatur aktivieren. Der
  Körper sollte vom Kopf bis zu den Beinen eine Linie bilden.
• Beine mit einem Sprung spreizen, dann in die Ausgangspo-
  sition springen.
• Knie auf Boden setzen, Knieliegestütz machen. Wiederholen.

05 Bergsteiger
Cardio, Fettverbrennung, Schultern, Bauch, Beine
• In die Liegestütz-Grundposition gehen (siehe Woche eins,
  Work-out 1, auf Seite 213)
• Ein Knie zur Brust ziehen.
• Schnell wechseln und das andere Knie zur Brust ziehen.
• So schnell wie möglich wechseln, dabei stabil in der Liege-
  stütz-Grundposition bleiben.

06 Untertasse
Bauch, Oberschenkel
• Auf den Rücken legen, Arme neben dem Körper.
• Beine anwinkeln (Knie und Hüften im 90-Grad-Winkel).
• Körpermitte stabilisieren, Bauchmuskulatur aktivieren und
  Lendenwirbelbereich in den Boden drücken.
• Kopf, Schultern und Arme anheben. Beine im 45-Grad-
  Winkel ausstrecken und 60 Sekunden halten.
• Wenn das zu viel ist, Beine in die Ausgangsposition bringen
  und nur Kopf, Arme und Schultern anheben.

07 Abgewandelter Burpee
Bauch, Oberschenkel
• In die Liegestütz-Grundposition gehen (siehe Woche eins,
  Work-out 1, auf Seite 213).
• Mit den Füßen möglichst nah an die Hände springen.
• In die Ausgangsposition springen. Wiederholen.

Abschluss
5 Minuten dehnen.

Keine Zeit?

ZEIT FÜR TABATA

Tabata ist eine sehr effektive Trainingsmethode für Fettverbrennung und Ausdauer. Bei diesem extrem kurzen Work-out (insgesamt 4 Minuten) wird richtig gepowert.

Die Trainingsmethode wurde Anfang der 1990er-Jahre nach Testreihen an zwei Athletengruppen vom japanischen Sportwissenschaftler Izumi Tabata entwickelt. Die erste Gruppe absolvierte mäßig intensive einstündige Work-outs, die zweite Gruppe folgte einem hochintensiven 4-minütigen Intervalltraining (HIIT), das sich aus 8 Einheiten aus 20 Sekunden höchster Anstrengung und 10 Sekunden Pause zusammensetzte. Die Ergebnisse zeigten, dass HIIT die aerobe und die basale Umsatzrate der gesamten Gruppe erhöhte.

HIIT oder Tabata-Training kurbelt den Stoffwechsel nicht nur während des Work-outs an, sondern sorgt auch für einen langen Nachbrenneffekt. So verbrennen Sie auch nach dem Training vermehrt Kalorien, und der Stoffwechsel ist erhöht. Ein hoher Grundumsatz hilft bei der Fettverbrennung. Die Vorteile des hochintensiven Trainings liegen auf der Hand, aber es sollte als Ergänzung, nicht als Ersatz für andere sportliche Aktivitäten gesehen werden: Es geht um ein ausgewogenes Sportprogramm aus Kraft- und Ausdauerdisziplinen und um Abwechslung.

Tabata ist für Menschen geeignet, die mein Vier-Wochen-Trainingsprogramm (siehe Seiten 211–241) absolviert haben. Aufgrund der hohen körperlichen Belastung ist Tabata bei Herz-Kreislauf-Problemen nicht zu empfehlen. Wenn Sie einen hohen Blutdruck haben, sollten Sie erst Ihren Hausarzt konsultieren.

Jetzt aber ran an den Speck. Am besten laden Sie sich die Intervall-Timer-App für Tabata oder Gymboss herunter, die Ihnen beim Einhalten der Intervalle hilft: immer 20 Sekunden höchste Anstrengung und 10 Sekunden Pause. Wärmen Sie sich immer gründlich auf, bevor Sie mit einem Tabata-Work-out beginnen.

Ziel ist, in 4 Minuten – insgesamt 8 Einheiten aus 20 Sekunden Übung und 10 Sekunden Pause – wirklich alles aus sich herauszuholen. Machen Sie alle 4 Übungen eines Work-outs nacheinander und wiederholen Sie sie dann einmal!

Tabata-Work-out 1
• 20 Sekunden Burpees (Seite 236)
10 Sekunden Pause
• 20 Sekunden Bergsteiger (Seite 241)
10 Sekunden Pause
• 20 Sekunden Sprinten auf der Stelle (Seite 223)
10 Sekunden Pause
• 20 Sekunden Liegestütz und Knieliegestütz (Seite 230)
Wiederholen

Tabata-Work-out 2
• 20 Sekunden Abgewandelter Burpee (Seite 228)
10 Sekunden Pause
• 20 Sekunden Hampelmann (Seite 215)
10 Sekunden Pause
• 20 Sekunden Raupe (Seite 207)
10 Sekunden Pause
• 20 Sekunden Rückenrolle in den Stand (Seite 231)
Wiederholen

SCHLUSSWORT

Nachdem alles gesagt und getan ist, die Kinder mit gepacktem
Ranzen durch die Tür sind, nach all diesen kalten, dunklen
Wintermorgen, an denen wir in aller Frühe aus dem Haus
mussten, nach all den langen Nächten, in denen wir bis in die
frühen Morgenstunden vor dem Computer saßen, vergessen wir
allzu leicht, uns um uns selbst zu kümmern.

Unsere Liebe und Fürsorge sollten wir jeden Tag nicht nur anderen, sondern auch uns selbst zukommen lassen.
Der Alltag bietet viele Fallen, in die wir geraten können. Aber es gibt Wege, die Dinge leichter und schöner zu
gestalten, um mit mehr Freude und Zufriedenheit zu leben. Für uns drei war dieses Buch ein Mittel, all die Dinge
zusammenzufassen, die wir miteinander teilen. Es ist ein Buch, das uns daran erinnert, wie man die Freude auf-
rechterhält und zufrieden bleiben kann, denn wir alle brauchen manchmal eine kleine Erinnerungshilfe.

In Momenten, in denen uns das Leben chaotisch erscheint und wir ins Schleudern geraten, sollte man möglichst
schnell einen Haken dahintersetzen und von vorn beginnen, ganz urteilsfrei und ohne sich allzu sehr unter Druck
zu setzen.

Wir alle sind auf der Suche und probieren, ständig zu lernen und zu wachsen, und doch geraten wir ins Straucheln
und machen Fehler. Wir sind alles andere als perfekt, aber für uns drei haben Eigenliebe und Eigenwahrnehmung
eine große Bedeutung, und wir versuchen, unser Bestes zu geben.

Auf den Seiten dieses Buches stellen wir Ihnen keine Radikalkur vor; es ist ein Buch, das Sie immer wieder aus dem
Regal ziehen können, um sich inspirieren zu lassen und sich wieder auf Dinge zu besinnen, die Ihnen guttun.

Es war ein großes Privileg, viel harte Arbeit und ein riesiger Spaß für uns, dieses Buch zu schreiben.
Wir hoffen, es bereitet auch Ihnen viel Freude.

Sadie, Holly und Amber

WISSEN IST MACHT

GRUNDLAGEN

Sich beim Essen auf reine Willensstärke zu verlassen ist eine riskante Strategie. Einen Kuchen vor sich stehen zu lassen verlangt sehr viel Willensstärke (es sei denn, es ist ein gesunder). Wenn Sie länger nichts essen, geht Ihr Blutzuckerspiegel nach unten, und deshalb haben Sie Lust auf einen Snack mit reichlich Zucker und schlechten Fetten. Sorgen Sie also dafür, dass Sie bei solchen Hungerattacken nichts Ungesundes im Haus oder in der Büroschublade, dafür aber einen gesunden Snack griffbereit haben.

Zutatenlisten lesen

Machen Sie sich schlau. Sie werden überrascht sein, was alles in sogenannten natürlichen, gesunden, organischen, frischen, fettreduzierten Produkten steckt. Viele dieser clever vermarkteten Lebensmittel und Snacks sind alles andere als gesund, deshalb sollten Sie die Zutatenliste sorgfältig lesen. Lebensmittel enthalten häufig Stabilisatoren, Emulgatoren, E-Nummern, Süßungsmittel und andere Zusätze. Am schlimmsten sind oft fettarme bzw. -reduzierte Produkte, denn oft wird Fett durch Zucker ersetzt, der den fehlenden Geschmack ersetzen soll. An guten Fetten sollte aber nicht gespart werden. Wichtig ist, den Unterschied zwischen guten und schlechten Fetten zu kennen (siehe Seite 247). Verstehen Sie die Zutatenliste, können Sie gezielt gesunde Lebensmittel kaufen.

Zucker

Zucker ist wie eine Droge: Er macht süchtig! Es ist eine hochtoxische, gefährliche Substanz, die zumindest teilweise verantwortlich ist für:
• Angstzustände
• Depressionen
• Diabetes
• Entzug von Nährstoffreserven im Körper
• hormonelles Ungleichgewicht
• Mattigkeit und Stoffwechselstörungen
• niedrigen Energielevel
• Stimmungsschwankungen
• Übergewicht/Fettleibigkeit
• vorzeitige Alterung von Körper und Haut
• Zahn- und Zahnfleischerkrankungen

Täglicher hoher Zuckerkonsum macht den Körper sauer. Um wieder in den basischen Bereich zu gelangen, werden Mineralien aus den tiefen Körperregionen gezogen, z. B. Kalzium aus Knochen und Zähnen, was zu einer Schwächung der betroffenen Körperteile führen kann. Ein zu hoher Zuckerkonsum betrifft aber schließlich jedes Organ.

Durch eine zuckerlastige Ernährung wird zudem die Ausschüttung des Hormons Leptin gestört, das dem Gehirn meldet, wenn der Magen voll ist. Wer zu viel Zucker isst, neigt dazu, zu viel zu essen.

Irgendwie müssen wir einen Weg finden, unser Leben im wahrsten Wortsinn zu versüßen, ohne unserer Gesundheit zu schaden. Das lässt sich mit leckeren, natürlichen, gesunden Zuckeralternativen erreichen: Roh-Honig, nativer Ahornsirup, dunkle Schokolade und Obst sind tolle Süßungsmittel und Süßigkeiten, die komplexe Zucker, Nährstoffe und essenzielle Vitalstoffe bereitstellen, ohne die körpereigenen Ressourcen anzugreifen – und sie schmecken großartig.

Wasser

Wasser ist Leben – unverzichtbar für die Gesundheit von Körper, Geist und Seele. Schließlich besteht unser Körper zu über 60 Prozent aus Wasser.

Wir brauchen Wasser, um zu denken und die im Körper gebildeten Giftstoffe auszuschwemmen. Unser Gehirn besteht zu über 70 Prozent aus Wasser und braucht täglich Wasser aus Nahrung und Getränken, um gut funktionieren zu können. Symptome einer zu geringen Flüssigkeitsaufnahme sind Verstopfung, Kopfschmerzen, Müdigkeit und Hungergefühl – häufig, wenn Sie glauben, hungrig zu sein, will Ihr Körper eigentlich Flüssigkeit, und zwar am besten in Form von gefiltertem Wasser, Mineralwasser oder ungesüßten Kräutertees. Allerdings wird Mineralwasser meist in Plastikflaschen angeboten, die BPA (Bisphenol A) enthalten, eine sich anreichernde chemische Verbindung, die für einen Anstieg des Östrogenspiegels verantwortlich gemacht wird, bei Männern und Frauen. Bei Männern kann dies zu Prostatakrebs und verminderter Spermienzahl führen, bei Frauen kann es Brustkrebs auslösen. Bei

Kindern und Jugendlichen führt BPA erwiesenermaßen zu einem höheren Risiko für Hyperaktivität. Zudem sind Plastikflaschen schlecht für die Umwelt. Greifen Sie also zur guten alten Pfandglasflasche oder zu BPA-freiem Plastik. Das ist besser für Sie und die Umwelt.

Obst und Gemüse

Früher wurden Früchte so lange an der Pflanze gelassen, bis sie vollreif waren, und im Umland auf den Märkten verkauft. In unserer globalisierten Welt werden Getreide, Früchte und Gemüse noch unreif geerntet und auf lange Transportwege geschickt, was unweigerlich zu einem Verlust an Nährstoffen führt: Zu früh Geerntetes entwickelt nicht so viele Vitalstoffe wie Anthocyane und Polyphenole, die für Farbe und Aroma der Frucht verantwortlich sind und vor DNA-Schäden, Gehirnzellenzersetzung und Krebs schützen. Dies umgeht man am besten, indem man Obst und Gemüse aus dem eigenen Garten erntet bzw. saisonale Produkte aus der Region kauft, die es auf Bauern- und Wochenmärkten oder in Hofläden gibt.

Getreide, Nüsse und Saaten – einweichen oder nicht?

Getreide, Nüsse, Hülsenfrüchte und Saaten sind reich an Enzymen, enthalten aber auch Antinährstoffe wie Phytinsäure, eine Substanz in der Kleie aller Getreidearten, Nüsse und Saaten. Sie verhindert die Aufnahme von Kalzium, Magnesium, Eisen, Kupfer und Zink und macht Körner und Co. schwer verdaulich.

Durch Keimen oder Einweichen werden diese Antinährstoffe neutralisiert, sodass Getreide, Nüsse und Saaten leichter aufgespalten werden können und viel nährstoffreicher sind – das ist in traditionellen Kulturen offensichtlich bekannt. Durch Einweichen und/oder Keimen wird ein Prozess in Gang gesetzt, bei dem die Enzymaktivität mehr als versechsfacht wird und der den Nährwert erheblich steigert. Ich weiche Getreide, Nüsse und Saaten immer ein. Saaten selbst zu keimen macht Spaß, und die Sprossen schmecken köstlich in Salaten und Sandwichs.

Vorratsschrank „entgiften"

Wenn Sie sich gesund ernähren wollen, sollten Sie Ihren Vorratsschrank entgiften. Entsorgen Sie alles, was nicht gut für Ihre Gesundheit ist. So geraten Sie nicht durch ungesunde Snacks und Lebensmittel in Versuchung, wenn Sie Hunger haben oder sich schlapp fühlen. Wer nur Leckeres und Gesundes im Kühl- und Vorratsschrank hat, ist auf dem richtigen Weg zu einer ausgewogenen, gesunden Ernährung.

Koffein

Koffein hat eine stimulierende Wirkung. Ein Zuviel an Koffein (mehr als zwei Tassen pro Tag) kann die Nebennieren erheblich unter Stress setzen, die dann zu viel Adrenalin und Cortisol an den Organismus abgeben. Diese Hormone helfen dem Körper in Stresssituationen. Wenn zu viel davon im Blut ist, lagert der Körper Fett als Reserven ein. Zu viel Koffein kann zu Cellu-

litis beitragen und die Nährstoffversorgung der Haut mit so wichtigen Vitalstoffen wie Kalzium und B-Vitaminen stören. Da Koffein eine harntreibende Wirkung hat, kann es zu Dehydrierung und Wassereinlagerungen im Körper beitragen. Es ist aber nicht alles schlecht: Eine Tasse (und nicht mehr) guter Biokaffee versorgt den Körper mit Antioxidantien und fördert die Verdauung. Das Gleiche gilt für grünen Tee. Da er weniger Tein als Kaffee Koffein enthält, können Sie davon auch etwas mehr trinken. Grüner Tee hat auch mehr Antioxidantien, die sehr gut für Ihren Körper sind. Vermeiden Sie entkoffeinierte Getränke, da die Zutaten darin alle stark verarbeitet sind.

Tipp zu Essensportionen

Sie sind gesund und fühlen sich großartig. Damit das so bleibt, sollten Sie immer die unterschiedlichen Anteile der Nährstoffgruppen in Ihren Mahlzeiten berücksichtigen. Verwenden Sie Ihre Hand als Richtlinie.
Handfläche = Proteine: Fisch, Geflügel, Hülsenfrüchte, Tofu und Tempeh
Faust = Kohlenhydrate: Vollkorngetreide, -saaten, Reis usw.
Hand = Gemüse: eine ausgebreitete Hand ist eine gute Menge (je grüner, desto besser)
Daumen = Fette: gute, gesunde Fette

LEBENSSTIL

90:10 – so lautet das Verhältnis, nach dem Sie leben sollten – das heißt, 90 Prozent der Zeit sollten Sie Ihren Gesundheitsprinzipien folgen, in den restlichen 10 Prozent dürfen Sie unvernünftig sein. Das sollte aber nur ab und zu vorkommen und nicht zur Gewohnheit werden. Da sich das Leben ständig weiterentwickelt, sollten Sie einen Tag nie ganz abschreiben. Alles gleicht sich aus, und nach einem schwachen Moment kehren Sie wieder auf Ihren gesunden Weg zurück – ein Keks bedeutet ja nicht, dass Sie die ganze Packung essen müssen.

Nein zu Fertiggerichten

Lebensmittel, deren natürlicher Zustand stark verändert wurde, sollte man vermeiden. Ursprünglich enthalten sie viele Nährstoffe, werden aber so stark verarbeitet, dass sie künstliche Zusatzstoffe benötigen, um gut zu schmecken. Füllstoffe machen verarbeitete Lebensmittel billiger, und Konservierungsstoffe verlängern ihre Lagerfähigkeit.

Allerdings enthalten sie dann nicht mehr die guten Mikronährstoffe und Enzyme, die unser Körper benötigt. Und auch wenn diese Convenienceprodukte verlockend und bequem erscheinen, gibt es viele andere Möglichkeiten, sich und seine Familie schnell, einfach, günstig und lecker satt und zufrieden zu machen. Blättern Sie durch die Rezepte in diesem Buch und entdecken Sie, wie unkompliziert und schnell gesunde Kost sein kann.

Kein Diätenwahn

Die meisten von uns (auch wir drei) haben schon mal Radikaldiäten und extreme Fitnessprogramme ausprobiert … aber funktionieren sie?

Ja, am Anfang vielleicht. Sind sie nachhaltig? Nein! Kommen die verlorenen Pfunde zurück? Ja! Machen solche Programme Spaß? Auf keinen Fall! Sind sie gesund? Nein!

Eine strenge Diät oder ein Trainingsprogramm durchzuhalten, kann richtig hart sein. Man beginnt mit den besten Absichten. Man beobachtet erste Erfolge und denkt, man sei durch nichts zu stoppen. Aber dann kommt das Leben dazwischen: Sie haben einen anstrengenden Tag, die Kinder sind krank, Sie hinken bei der Arbeit einer wichtigen Deadline hinterher, und Sie fühlen sich schlapp – und schon lassen Sie die erste Sporteinheit sausen. Sie schieben eine Pizza in den Ofen und, da Sie sowieso schon sündigen, spülen Sie sie mit einer halben Flasche Wein runter. Ein kurzer Moment, und all Ihre Disziplin ist dahin. Beim Einschlafen haben Sie ein schlechtes Gewissen. Sie haben das Gefühl, dass die ganze Arbeit der letzten paar Wochen umsonst war, und fallen in alte Verhaltensmuster zurück.

Jetzt macht sich nicht nur der berüchtigte Jo-Jo-Effekt bemerkbar, sondern auch Ihr Stoffwechsel wird unter enormen Stress gesetzt. Finden Sie deshalb Ihr Gleichgewicht. Kleine Gewohnheitsänderungen machen den großen Unterschied. Probieren Sie nicht, alles auf einmal zu ändern.

Kauen

Kauen Sie Ihre Nahrung gut und lange! Das regt den Speichelfluss an, der die Aufspaltung der Nahrung bereits im Mund einleitet. Wenn Sie zu hastig essen, bleibt die schlecht zerkleinerte Nahrung umso länger im Magen und erzeugt Blähungen und Flatulenz. Viele Vitalstoffe im Essen können nicht richtig freigesetzt werden. Nehmen Sie sich also für jede Mahlzeit Zeit und kauen Sie

jeden Bissen mindestens 20-mal. Das allein schon sorgt für einen flacheren, glücklicheren Bauch.

Alkohol

Alkohol ist ein beliebtes Stressbekämpfungsmittel. Er entspannt, ist völlig legal und überall erhältlich. Aber Alkohol enthält auch viele einfache Zucker, die zu den schlimmsten Dickmachern gehören. Er steckt also voller leerer Kalorien und schädigt sämtliche Körperorgane, von den inneren Organen bis zur Haut. Alkoholgenuss verringert die Muskelmasse und macht den Körper schwach und bringt ihn aus der Form. Machen Sie sich alle Nebenwirkungen von Alkohol bewusst, damit er nicht zur Gewohnheit am Ende eines stressigen Tages wird.

Auch hier gilt: alles in Maßen. Gegen das gelegentliche Glas Rotwein oder einen erfrischenden Gin Tonic ist nichts einzuwenden. Es geht nicht darum, Ihnen ein Ritual oder ein Vergnügen zu verwehren, sondern Alkohol durch leckere, gesunde Alternativen zu ersetzen.

pH-Wert

Das Ziel heißt: den Körper nicht übersäuern. Ihr Körper arbeitet ständig daran, den pH-Wert ins richtige Lot zu bringen. Sie können ihn dabei unterstützen, indem Sie das Richtige essen. Säurebildende Nahrungsmittel sind beispielsweise raffinierter Zucker, Fleisch, Getreide und stark verarbeitete Lebensmittel. Ein übersäuerter Körper ist wie ein Magnet für Krankheiten, Schwächegefühl und Alterserscheinungen. Basische Nahrung hält Ihren Körper gesund und am Laufen. Dazu gehören zum Beispiel die meisten Gemüsesorten, Weizengras, Mandeln, einige Obstsorten und Saaten. Davon sollten Sie ausreichend zu sich nehmen.

Keine Kalorien zählen

Verabschieden Sie sich von der Vorstellung, dass alle Kalorien das Gleiche auf die Waage bringen. Als Beispiel sollen ein Schokoriegel und 1½ Avocados dienen. Sie haben ungefähr gleich viele Kalorien. Aber wie Ihr Körper damit umgeht, könnte nicht unterschiedlicher sein. Wenn Sie einen Schokoriegel essen, läuten in Ihrem Körper die Zuckeralarmglocken. Es werden chemische Prozesse in Gang gesetzt, die den Zuckerüberschuss aus Ihrem Blutkreislauf in Ihre Fettzellen leiten. Wenn Sie eine Avocado essen, erkennt Ihr Körper darin eine nährstoffreiche Energiequelle. Er absorbiert alle wertvollen Kalorien und verwendet sie zur Zellbildung und als Energielieferant für die Körperfunktionen. Alles, was nicht benötigt wird, wird durch das Verdauungssystem wieder ausgeschieden. Schokoriegel = Toxin = Fett = Heißhunger = Stimmungsschwankung; Avocado = Energie = Nährstoffe = Zufriedenheit = Glück.

Es geht nicht darum, Kalorien zu zählen, sondern darum, dass die Kalorien, die dem Körper zugeführt werden, keine leeren Kalorien, sondern hoch verwertbare sind.

FETTE

Gesunde und weniger gesunde

Das menschliche Gehirn besteht aus etwa 60 Prozent Fett (Trockenmasse). Jede Zellmembran, jeder Zellbaustein besteht aus Fetten, genauso viele Hormone, Neurotransmitter und andere aktive Substanzen im Körper. Fette sind extrem wichtige Bestandteile unserer Ernährung. Die große Frage aber ist: Welche Fette?

Werfen wir erst einen Blick auf Margarine, Butterersatz, streichbare Pflanzenfette und andere künstliche Fette. Sie alle werden gehärtet, um die Lagerfähigkeit zu erhöhen und die Konsistenz zu optimieren. Gehärtete Fette stecken in fast allen verarbeiteten Lebensmitteln wie Schokolade, Eiscreme, Plätzchen, Kuchen, Brot, Gebäck, Fertiggerichten, Chips usw.

Beim Härten werden unter hohem Druck bei sehr hohen Temperaturen (120–210 °C bzw. 240–410 °C) mit geeigneten Katalysatoren wie Nickel, Aluminium oder anderen Metallen Wasserstoffmoleküle in die chemische Struktur von Ölen geschleust. Spuren dieser Metalle können in gehärteten Fetten verbleiben, reichern sich im Körper an und sind schwer abbaubar. Insbesondere Aluminium wird häufig in Zusammenhang mit degenerativen Erkrankungen wie Alzheimer und anderen Demenzkrankheiten gebracht. Aber das Hauptproblem von gehärteten Fetten ist, dass ihre chemische Struktur verändert wurde und so schädliche Fette entstehen. Diese sind als Transfette bekannt. Transfettsäuren sind in ihrer Struktur den guten essenziellen Fettsäuren zwar ähnlich, aber haben nicht ihre positiven Eigenschaften. Im Gegenteil, sie schwächen u. a. das Immunsystem, wirken sich negativ auf den Cholesterinspiegel aus, was Ursache für Herz-Kreislauf-Erkrankungen sein kann. Außerdem werden sie mit Diabetes, Allergien und Krebs in Verbindung gebracht.

Gesunde Fettsäuren sorgen für glänzendes Haar, strahlende Haut, funktionierende Organe und helfen bei der Vitaminaufnahme. Essenzielle Fettsäuren sind genau das: essenziell!
• Fett verstärkt das Aroma und die Textur von Lebensmitteln.
• Fett versorgt uns den ganzen Tag mit Brennstoff.
• Fett fördert die Gehirnleistung. Wichtig ist, dass wir möglichst nur naturbelassene, nichtgehärtete Fette konsumieren. Öle sollten kalt gepresst bzw. nativ sein. Essen Sie Fette, wie sie die Natur liefert, dann kann nichts schiefgehen.

Zum Anbraten/-bräunen (kalt gepresst oder nativ)
• Erdnussöl
• Färberdistelöl
• Gänse-/Entenschmalz
• Ghee (indisches Butterschmalz)
• Kokosöl
• Sonnenblumenöl

Zum Sautieren & Ofengaren
• Erdnussöl
• Färberdistelöl
• Gänse-/Entenschmalz
• Ghee (indisches Butterschmalz)
• Kokosöl
• Olivenöl
• Rapsöl
• Sesamöl
• Sonnenblumenöl
• Traubenkernöl

Für Saucen und Dips
• Avocadoöl
• Haselnussöl
• Kürbiskernöl
• Leinöl
• natives Olivenöl extra
• Rapsöl
• Sesamöl
• Walnussöl

Zur Nahrungsergänzung
• Fischöl mit hohem Anteil an DHA oder EPA
• gutes Nuss- oder Saatenöl mit einem 2:1-Verhältnis von Omega-3- und Omega-6-Fettsäuren
• Lebertran

Herzlich Holly & Amber

VERWÖHNWOCHE

Ziel in dieser Woche ist es, Ihren Körper von innen heraus zu verwöhnen. Seien Sie gut zu sich, nehmen Sie sich eine Auszeit vom stressigen Alltag und konzentrieren Sie sich auf sich selbst. Die Verwöhnwoche kann mit der Reinigungs- und Kräftigungswoche (Seiten 250–251) zu einem Zwei-Wochen-Programm erweitert werden. Die Verwöhnwoche ist kein Diätplan, bei dem man sich schlapp fühlt und unter Entzugserscheinungen leidet. Der Körper soll mit allen Nährstoffen versorgt werden, damit Sie sich energiegeladen, ruhig, erfrischt und belebt fühlen.

Herzlichst Sadie

Montag	Morgens: 6- bis 10-mal Sonnengruß (Seiten 132–133) Abends: 5–10 Minuten Dem Atem lauschen (Seite 142)
Dienstag	20 Minuten bewusstes Spazierengehen oder Joggen, wirklich den Moment wahrnehmen
Mittwoch	Morgens: 6- bis 10-mal Sonnengruß (Seiten 132–133) Abends: 5–10 Minuten Dem Atem lauschen (Seite 142)
Donnerstag	20 Minuten bewusstes Spazierengehen oder Joggen, wirklich den Moment wahrnehmen
Freitag	Morgens: 10-mal Sonnengruß (Seiten 132–133) Abends: 5–10 Minuten Dem Atem lauschen (Seite 142)
Samstag	20 Minuten bewusstes Spazierengehen oder Joggen, wirklich den Moment wahrnehmen
Sonntag	Morgens: 5–10 Minuten Dem Atem lauschen (Seite 142)

*Dieser Ernährungsplan kann individuell angepasst werden.
Vegetarier ersetzen Fisch- oder Geflügelgerichte durch ein
Gemüsehauptgericht. Wenn Sie auf Getreide oder Milchprodukte
verzichten, ersetzen Sie Milch oder Kefir in den Smoothies durch
vollfette Kokosmilch oder Mandelmilch und verwenden Sie
Kokoscreme oder Sojajoghurt für Knuspermüsli oder Fruchtsalat.
Der Plan ist nur eine Richtlinie. Wenn Sie außer Haus essen oder
aussetzen möchten, wählen Sie Ihre Gerichte mit Bedacht und
vermeiden Sie Zucker und leere Kohlenhydrate.*

Ihre Amber

	Frühstück	*Snack*	*Mittagessen*	*Snack*	*Abendessen*
Montag	Bananen-Mandel-Smoothie mit Zimt (Seite 17)	ein Kräutertee und ein Snack aus der Liste unten	Nährstoffschale (Seite 66)	ein Kräutertee und ein Snack aus der Liste unten	Puy-Linsen mit Spinat (Seite 53) und ein Stück gebratener Fisch*
Dienstag	Avocado mit Basilikum & Chili auf Toast (Seite 44)	ein Kräutertee und ein Snack aus der Liste unten	Nährstoffschale (Seite 66)	ein Kräutertee und ein Snack aus der Liste unten	Huhn auf japanische Art (Seite 68) mit Zerdrücktem Gurkensalat (Seite 56) und Quinoa oder Naturreis*
Mittwoch	Som Tum Pollamai mit Ihrem Lieblingsjoghurt (Seite 47)	ein Kräutertee und ein Snack aus der Liste unten	Nährstoffschale (Seite 66)	ein Kräutertee und ein Snack aus der Liste unten	Zucchininudeln mit Rucolablüten (Seite 80)*
Donnerstag	Brombeer-Schoko-Smoothie mit Rosenwasser (Seite 14)	ein Kräutertee und ein Snack aus der Liste unten	Nährstoffschale (Seite 66)	ein Kräutertee und ein Snack aus der Liste unten	Mamas Gemüsechili (Seite 79)*
Freitag	ein Smoothie Ihrer Wahl (Seiten 14–17)	ein Kräutertee und ein Snack aus der Liste unten	Nährstoffschale (Seite 66)	ein Kräutertee und ein Snack aus der Liste unten	Zitronen-Sumach-Huhn (Seite 70) und Quinoa mit Gemüse & Kräutern (Seite 62)*
Samstag	Pochierte Eier mit Blumenkohl, Grünkohl & Dukkah (Seite 34)	ein Kräutertee und ein Snack aus der Liste unten	eine Suppe Ihrer Wahl (Seiten 50–52)	ein Kräutertee und ein Snack aus der Liste unten	Japanische Reisschale mit Gemüse & Kimchi (Seite 67) oder Gebackener Seelachs mit Ingwer (Seite 76)*
Sonntag	Kleine Kokospfannkuchen mit Banane (Seite 33)	ein Kräutertee und ein Snack aus der Liste unten	spätes Mittagessen/frühes Abendessen: Mexikanisches Festessen (Seiten 72–73)		

Snackauswahl

- 1 Handvoll eingeweichte Mandeln
- 1 Orange
- 2 Medjool-Datteln
- 1–2 Gewürz-Schoko-Brownies mit Süßkartoffeln (nach Größe; Seite 96)
- einige Kokos-Feigen-Aprikosen-Kugeln (Seite 91)
- 1 Handvoll Blaubeeren

* Sie können jedes Abendessen mit einem Dessert (Seiten 83–103) abschließen.

REINIGUNGS- UND KRÄFTIGUNGSWOCHE

Ziel dieser Woche ist es, den Körper von innen zu reinigen und von außen zu fordern und zu kräftigen. Die Reinigungs- und Kräftigungswoche ist besonders zu empfehlen, wenn Sie sich auf einen besonderen Anlass vorbereiten möchten, etwa einen Urlaub oder ein Fest. Wählen Sie ein Trainingsprogramm, das zu Ihrem Fitnesslevel passt.

Ihre Holly

Montag	• Aufwärmen (Seiten 206–207) • Tag 1 aus einem Work-out Ihrer Wahl (Seiten 211–241) • Dehnen (Seiten 208–209)
Dienstag	• Aufwärmen (Seiten 206–207) • 15 Minuten Seilspringen • 1 Tabata-Work-out (Seite 242) • Dehnen (Seiten 208–209)
Mittwoch	• Aufwärmen (Seiten 206–207) • Tag 2 aus einem Work-out Ihrer Wahl (Seiten 211–241) • Dehnen (Seiten 208–209)
Donnerstag	• 30 Minuten joggen • Dehnen (Seiten 208–209)
Freitag	• Aufwärmen (Seiten 206–207) • Tag 3 aus einem Work-out Ihrer Wahl (Seiten 211–241) • Dehnen (Seiten 208–209)
Samstag	• 30 Minuten joggen • Dehnen (Seiten 208–209)
Sonntag	• Aufwärmen (Seiten 206–207) • 15 Minuten Seilspringen • 1 Tabata-Work-out (Seite 242) • Dehnen (Seiten 208–209)

Dieser Ernährungsplan ist etwas strenger als in der Verwöhnwoche. Zur besseren Organisation können Sie zumindest die für den nächsten Tag benötigten Lebensmittel einkaufen. Erledigen Sie Einkauf und auch die Vor- und Zubereitung mit einer positiven Einstellung. Sehen Sie es nicht als lästige Pflicht, sondern als kreativen Lernprozess, den wir alle durchlaufen müssen, wenn wir uns lieben und verwöhnen wollen.

Ihre Amber

	Frühstück	*Snack*	*Mittagessen*	*Abendessen*
Montag bis Freitag	ein grüner Saft (Seite 21) oder ein Smoothie (Seiten 14–17) und/oder Som Tum Pollamai (Seite 47) mit Joghurt oder glutenfreies Knuspermüsli (Seite 40) und Joghurt	ein Kräutertee und ein Snack aus der Liste unten	eine Suppe Ihrer Wahl (Seiten 50–52) oder eine Nährstoffschale (Seite 66)	ein Abendessen aus dem Plan für die Verwöhnwoche (Seite 249), aber versuchen Sie, Kohlenhydrate und spätes Essen zu vermeiden
Samstag	Pochierte Eier mit Blumenkohl, Grünkohl & Dukkah (Seite 34)	ein Kräutertee und ein Snack aus der Liste unten	eine Suppe Ihrer Wahl (Seiten 50–52) oder eine Nährstoffschale (Seite 66)	Huhn auf japanische Art (Seite 68) mit zerdrücktem Gurkensalat (Seite 56) und grünem Blattsalat
Sonntag	Bananen-Mandel-Smoothie mit Zimt (Seite 17)	ein Kräutertee und ein Snack aus der Liste unten	spätes Mittagessen/frühes Abendessen: Mexikanisches Festessen (Seiten 72–73) oder Zitronen-Sumach-Huhn (Seite 70) und Quinoa mit Kürbis & Kräutern (Seite 62)	

Snackauswahl

- 1 Handvoll eingeweichte Mandeln
- 1 Orange
- 2 Medjool-Datteln
- einige Kokos-Feigen-Aprikosen-Kugeln (Seite 91)
- 1 Handvoll Blaubeeren
- etwas Rohkost mit Hummus (Seite 107)

REGISTER

DANKSAGUNGEN

Amber

Es gibt viele Menschen, denen ich meine Liebe und Dankbarkeit ausdrücken möchte.

Zunächst möchte ich meinem Sohn danken: Du bist eine ständige Quelle der Liebe und Inspiration, du treibst mich an. Danke für all deine Geduld und Unterstützung. Du bist die Liebe meines Lebens.

Ich möchte all den wunderbaren, talentierten, starken, unglaublichen Frauen in meinem Leben danken, die mir unendlich große Unterstützung, Liebe und Stärke gegeben haben. So konnte ich mir treu bleiben und weitermachen, wenn die Dinge nicht so gut liefen: Vanessa Cooke, India Waters, Nandi Boyle, Beshlie Mckelvie, Nicola Guinness, Ali Allen – ihr alle habt mir sehr geholfen, die zu werden, die ich heute bin. Ich liebe euch.

Dank an Rosie Scott für ihre tolle Unterstützung und Anleitung, für ihre ständige Ermutigung in allen Bereichen meines Lebens. Du bist toll, ich liebe dich.

Lucinda Carey – du bist eine erstaunliche Frau, die so viel zu geben hat. Du warst mir eine immense Unterstützung, und ich liebe und schätze dich und deine großartigen Kinder, die ich liebe und bewundere. Danke für deine Zuwendung all die Zeit.

Ieva Imsa und Ivor Guest – Dank für eure Unterstützung und Stärke, ihr wart bei mir auf so manch steinigem Weg. Es ist eine Freude und Inspiration, euch zu kennen.

Danke an all die Frauen in meiner Familie, die mir ihre Leidenschaft für Essen und Kochen, mitternächtliche Festessen und gemütliche Frühstücke, Sonntagsbraten und gartenfrische Salate weitergegeben haben. Vivien, Marion und Rachel, ihr seid super, ihr seid die besten Tanten, die man sich vorstellen kann. Danke, Maida, was ich nie vergessen werde, sind deine Bratenkruste, deine Ingwerplätzchen und die dampfend heiße Milch an kalten Wintertagen.

Danke, Mama, für den tollsten Garten voller wunderbarer Pflanzen, der Grund für meine lebenslange Begeisterung für Essen ist. Ich werde immer die ersten Pfirsiche vom Baum klauen und die ersten frischen Beeren pflücken. Ich hoffe, du drückst ein Auge zu!

Ich möchte auch Sadie Frost und Holly Davidson danken, die mich auf dieser Reise begleitet haben, die die Geduld und Leidenschaft hatten, unser gemeinsames Projekt durchzuziehen. Ihr seid beide tolle Frauen und wart mir eine Inspiration. Auf viele neue Abenteuer!

Sadie

Ich möchte meinen Geschwistern und Eltern und meinen vier wundervollen Kindern danken, dass ihr mich im Herzen jung haltet.

Dank auch an alle Gurus, bei denen ich Yoga gelernt habe: Nadia Narain, Stewart Gilchrist, Bryony Bird, Luiz Veiga und die wunderbare Hortense Suleyman. Hugh Poulton, der mir mein Gleichgewicht gezeigt hat. Dan Burt, der mich durch Pilates beweglich und stark hält.

Danke, Yehudi Gordon, der mich spirituell begleitet und mir in Körper, Geist und Seele geholfen hat. Sish Joshi für die Akupunktur und Heilung und natürlich Chip und Heidi Somers, die mich durch meine schwierigste Zeit begleitet haben.

Dank auch an die Menschen, die mir gezeigt haben, wie's geht: Kate Moss, Jemima French, Emma Comley, Rose Ferguson, Fran Cutler, Collette Cooper und Grimmy und alle meine anderen Schwestern im Geiste.

Mein Dank geht auch an meine fantastischen Transcendental-Meditation-Lehrer in London und Andy Puddicome von Head Space.

Ein großes Danke an die geistreichen Zoe Grace und Jade Davidson, ihr seid die wunderbarsten Seelen überhaupt!

Holly

Ich möchte jedem Einzelnen meiner Kunden danken. Ihr seid der Grund, weshalb dieses Buch zustande gekommen ist. Danke für eure Hilfe, Unterstützung, Ideen und Ermutigung. Ihr seid eine tägliche Inspiration für mich. Ein besonderer Dank geht an Sardia Khan und Sienna Guillory.

Julie Lane, du bist mein Schutzengel, und ich kann nicht in Worte fassen, wie sehr ich dir für deine Hilfe und Zeit danken möchte. Danke, dass du mich unter deine Fittiche genommen hast.

Vielen Dank, Angelo di Muro, dass du mich auf den richtigen Weg gebracht hast und immer cool bleibst und für deine fantastische Organisation und Planung.

Ich möchte allen Mentoren in meinem Leben danken. Ihr unglaubliches Wissen und ihre Leidenschaft, Wissen zu vermitteln, machen mich begierig, mehr zu erfahren.

Ein besonderer Dank geht an meinen ersten Yogalehrer Gerry Ross – dein Lächeln und deine Lebensenergie sind ansteckend – und an Stewart Gilchrist, ein wunderbarer Guru, der beständig meinen Körper und Geist herausfordert.

Mein Dank geht auch an Dai Master Rafael Nieto, der mir Stärke und Disziplin beigebracht hat, an alle Senseis bei Xen-Do, die mich über die Jahre angeleitet haben, und an Steve Harrison, ein großartiger Lehrer, danke für deine Leidenschaft.

Meine Schwester Jade Davidson, ich danke dir von Herzen für deine unendliche Freundlichkeit, Geduld, Klugheit und Freundschaft. Du bist meine Sonne.

Dank an meine tolle Familie, besonders meine Nichte Iris und meine Neffen Billy, Fin, Raff, Sean und Rudy – ihr bringt mich immer zum Lachen.

Auch bei allen meinen wunderbaren Freunden möchte ich mich bedanken. Ich hab euch schrecklich gern: Helen Bouillet, Jade Bevan, Natalie Ferstendik, Shelley Conn, Vicki Ballington, Bebhinn Gleeson, Triana Terry. Ein extradicker Kuss an Ania Sowinski.

Mein besonderer Dank geht an meine zweite Familie, die Baldwins – Tom, Rebecca, Frankie und Arthur –, für eure Unterstützung, Zuneigung und Freundschaft.

Mein NY-Boy, ich möchte dir für deine Geduld und Unterstützung danken.

Und natürlich ein riesiges Dankeschön an Sadie und Amber. Ihr wart und seid mir Stütze und Inspiration. Dass ich mit euch dieses Buch geschrieben habe, war eine wunderbare Erfahrung. Danke.

Von uns dreien

Zunächst möchten wir uns bei Kyle bedanken, für ihren Glauben an dieses Projekt, ihre unerschütterliche Unterstützung und dafür, dass sie, wenn nötig, auch auf den Tisch gehauen hat. Wir wären nichts ohne dich. Danke, dass wir dieses Buch zusammen gemacht haben und du uns unterstützt und angeleitet hast. Du warst einfach großartig, danke!!!

Wir möchten unserer Agentin Heather Brown danken: dafür, dass du uns bei diesem Projekt unterstützt und uns gezeigt hast, wo es langgeht. Du warst eine traumhafte Agentin, wir wären ohne dich nicht so weit gekommen.

Unser Dank geht an David Loftus, dass er unsere Vorstellungen mit Leben erfüllt hat. Danke für deine tollen Fotos und dein fantastisches Auge. Danke für deinen tollen Einsatz und die Unterstützung. Du hast dieses Projekt lebendig gemacht und ihm Schönheit und Eleganz verliehen. Danke!

Danke, Shiv, Fabiola, Jackie und Lilly! Ihr habt uns toll, schön und selbstbewusst aussehen lassen. Ihr seid richtig talentierte Ladys.

Unser besonderer Dank geht an Rukmini Iyer. Danke für deine Unterstützung und Hilfe in der Küche.

Ein zusätzlicher Dank geht an folgende PR-Agenturen und Hersteller für die großzügige Bereitstellung von Equipment und Outfits in diesem Buch:
Asquith London, Chinti and Parker, Didi Ilse Jewellery, Fabi-Atelier, Goodly PR, Karla Otto London, Isabel Marant, The Meditator, MIH Jeans, Zadig et Voltaire.